연세빈곤문제연구총서 ❾

한국
비판국제개발론

국제開發의 發展적 성찰

Critical International
Development Studies on Korea

김태균 저

박영사

　　연세대학교 빈곤문제국제개발연구원이 설립된 지 내년 2020년이
면 10년이 된다. 21세기 새천년을 맞이하면서 연세대학교 미래캠퍼스
(원주캠퍼스) 구성원들은 급격히 변화하는 국내외 환경에 대응하여 미
래캠퍼스의 새로운 위상으로서 연구와 교육의 특성화를 어떤 방향으
로 전환하고 어떤 사회공헌을 할 수 있을까를 고민하기 시작하였다.
당시 글로벌 사회에서는 UN이 21세기 새천년을 맞이하면서 개도국
을 중심으로 글로벌 빈곤을 퇴치하기 위해서 새천년개발목표들
(MDGs)을 한참 이행하고 있던 시기였다. 또한 한국은 마침내 OECD
의 원조기구인 DAC에 2009년에 가입함으로써 명실공히 원조수원국
에서 공여국으로 전환하여 본격적인 ODA정책을 통해 국제사회에 기
여를 시작한 시기이기도 하다.

　　그런 가운데 미래캠퍼스 내에서는 연세대학교 창립이념인 '섬김의
리더십'으로 연세대학교가 한 세기 넘게 대한민국의 근대화에 기여한
공헌을 다시 글로벌차원으로 환원하자는 합의가 이루어졌다. 이에 따
라 2010년 봄에 미래캠퍼스 정경대학의 지역발전연구소를 확대 개편
하여 연세대학교 범캠퍼스 차원의 교책연구원으로서 글로벌 빈곤과
국제개발을 주제로 사회과학에 기반한 융합연구를 지향하는 빈곤문제
국제개발연구원이 출범하였다. 아마 글로벌 빈곤과 국제개발을 대학
차원의 특성화 전략으로 내세운 것은 국내대학으로서는 아무도 선택
하지 않았던 새로운 시도라고 할 수 있다.

　　빈곤문제국제개발연구원은 2010년에 설립되면서 바로 한국연구재
단의 중점연구소 사업에 선정되었다. 연구원의 연구재단 중점연구소
사업의 주제는 지역에 기반하여 보건의료, 농업, 환경, 거버넌스 등

융합적인 접근을 통해 통합적인 지역발전모형을 개발하는 것이다. 그리고 연구원은 국제개발사업에도 직접 뛰어들었다. 국제개발연구의 특성상, 특히 지역기반 융합연구를 수행하려면, 자신 나름의 개발사업의 경험을 통해서 새로운 사례연구와 데이터의 구축이 필요하기 때문이다.

본 연구원은 2019년 8월에 연구재단의 중점연구소 사업을 3단계까지 9년을 무사히 마치게 되었다. 연구원은 그동안 각 단계별로 영역별 다양한 주제로 연구, 번역, 사례총서시리즈를 발간해왔다. 마지막 3단계 사업의 총서시리즈를 기획하는 과정에서 국제개발이론에 대한 전반적인 내용을 다루고 또한 우리나라가 공식적인 원조공여국이 되면서 수행해왔던 그동안 ODA사업의 특징을 이해하는 데에 도움을 주는 학술적 저술이 절실히 필요함을 느꼈다. 이 분야에서 선도적 연구를 하고 있는 서울대 국제대학원 김태균 교수에게 저술을 부탁드렸고, 흔쾌히 수락해 주셨다.

이 책은 관점이나 구성이 매우 독특하다. 우선 『한국비판국제개발론』이라는 제목부터 매우 의미심장하다. 한편으로는 익숙하지 않은데, 학문적으로 묵직한 무게가 느껴지는 제목이다. 전반부에서는 비판적 관점에서 그동안의 국제개발이론들을 비판하였다. 서구에서 국제개발학이 단순히 정부의 ODA정책의 도구로서의 학문이 아니라 인간사회의 총체적인 '발전'의 개념으로서 정립되어야 한다는 철학적 관점이 필요하다는 것을 강조하였다. 이러한 철학적 관점을 기반으로 그동안 국제개발학과 발전연구에서 제기되었던 이론적 패러다임과 관점들을 비판적으로 분석하고 있다. 특히 사회과학연구의 핵심 쟁점인 행위자와 제도의 관계 관점을 도입한 것이 매우 신선하다. 글로벌 차원에서 발전이론과 국제개발협력의 접근들을 한편으로는 구조적 차원에서의 거시적 맥락에서 제도와 구조를 형성하고 변화시키는 주요 행위자들의 역동적인 관점에서 비판적으로 바라본 것이다. 개개 이론의 장점과 한계를 입체적으로 이해할 수 있는 매우 유용한 틀을 제공해 주었다.

후반부에서는 이러한 틀에서 현재 한국의 국제개발정책의 특성과 문제점을 이해하기 위해서 한국의 발전과정의 정치경제, 이념들에 대한 분석을 시도하고, 국제개발의 역사적 과정을 비판하면서 미래의 방향을 제시하였다. 한국이 원조 수원국에서 공여국이 됨에 따라 우리의 국제개발 분야는 이제 빠르게 성장하고 있다. 그러나 우리의 국제개발 분야는 학문적으로나 정책적으로나 과거의 발전주의 유산에 비판적 대응 없이 파묻혀 진행되고 있다고 비판한다. 미래의 방향으로 우리의 발전경험을 바탕으로 새로운 지속가능한 발전의 시대에 부응하는 창의적인 국제개발의 철학을 정립할 필요성을 제기하고 있다.

이 저술이 연구원의 총서로서 개발(발전)이론과 국제개발 분야의 학계와 국제개발정책을 수립하는 정책관료와 이를 수행하는 전문가들에게 모두 유용하게 기여할 것으로 믿는다.

끝으로 이 저술을 흔쾌히 집필해주신 김태균 교수에게 감사를 드린다. 그리고 연구원의 연구 및 행정 책임을 총괄하고 있는 김영제 박사와 행정담당인 안나연 선생을 비롯하여 총서시리즈를 기획하고 출간되기까지 다양한 행정지원을 해준 모든 사람들에게 감사드린다. 마지막으로 이 책이 출간되는 데 물심양면으로 도와주신 박영사 안종만 회장님과 송병민 과장, 손준호 과장, 편집을 맡아준 이승현 과장 등 출판 관계자 분들에게 감사드린다.

연세대학교
빈곤문제국제개발연구원 원장
정무권

국제개발의 발전적 성찰을 위하여

서울대학교 국제대학원 교수
김태균

　　국제개발이라 알려진 학문의 영역이 한국에서 형성되고 성장하는 과정을 객관적으로 인식하기 위해서는 한국의 국제개발학에 대한 비판적인 성찰이 필요하며 비판적 성찰에 대한 적극적인 학술집단의 지지가 요구된다. 국제개발학이 사회과학의 독립된 분과로 제도화된 영국 및 서유럽 국가와 달리 한국에서의 국제개발학이 태동하게 된 계기는 순수한 학문적 요구가 아니라 다분히 정책적 필요성에서 비롯된다. 2010년 한국이 OECD DAC에 가입하면서 이른바 선진공여국 클럽의 일원이 되었고, 이에 따른 국제개발과 관련된 글로벌 규범과 원칙을 빠르게 습득하고 준수해야 하는 정책적 요구가 발생하게 된다. 정부의 정책적 순발력도 필요하지만 이론적으로 정부의 국제개발 정책에 지식적 토대를 제공하는 학문적 지지기반의 동원이 필요하게 되며, 이러한 현실적 필요성에 따라 학계와 정부 간의 급조된 파트너십이 제도화되기 시작하였다. 한국 국제개발학의 출생환경은 곧바로 학문의 깊이와 경계를 확정짓는 데 영향을 미치게 되고 즐비하게 늘어난 정부 연구용역과제가 국제개발학의 견인차 역할을 하게 되며 국제개발학 학문 자체의 탐구보다는 정책적 적실성과 효과성에 대한 논의가 주된 연구의 결과물로 정착되어왔다고 해도 과언이 아니다.

　　이제 곧 OECD DAC에 한국이 가입한 지 10년이 된다. ODA 추진체계의 분절성 등 고질적인 한국병에 대한 지속적인 비판을 받으면서도, 정책적으로 한국의 국제개발협력을 위한 국제개발협력기본법이 제정되고 국제개발협력기본계획이 5년 단위로 재정비되는 등 국제개발 정책의 제도화가 어느 정도 안착하였다고 평가할 수 있다. 반면, 학문적으로는 한국 국제개발학은 아직까지 사회과학 부문에서 다른 기존 학문 분야와 어깨를 나란히 할 정도의 독립된 위상을 구축했다고 평가하기에 무리가 있다. 학문이 정책에 보완재로서 역할을 수행할 때, 정부 정책을 인도하거나 재해석하는 성찰적 비판이 어렵게 되며 혁신적 이론이 설계될 기회구조가 제한될 수밖에 없다. 발전국가론을 방불케 하는 지금까지의 한국 국제개발정책은 개발을 도구적 가치로 접근하는 정부주도의 하향식 거버넌스에 의지해 왔다. 이제 도구적 가치로서의 개발을 지양하고 총체적 가치로서의 발전이라는 프레임으로 개발을 대체해야 하는 단계에 도달했으며, 이를 토대로 한국에서의 국제개발학을 하나의 독립된 사회과학으로 탈바꿈시키는 노력이 필요하다.

　본 연구는 한국 국제개발협력의 정책적 구조와 역사적 진화과정을 협의의 개발이 아닌 광의의 발전적 시각에서 비판적으로 접근한다. 국제개발을 비판적으로 접근하는 학자들은 일찌감치 개발주의의 위기와 개발의 해방구로서 개도국 스스로의 사회발전을 주장해 왔다. 실제로, 공여국은 개도국의 현지조건과 필요에 따라 스스로 구성되는 내부 발전의 역사적 궤적을 외부에서 지원하는 탐색자(searcher)의 소임을 수행하는 것이지, 자국의 국익을 추구하기 위하여 일방적으로 원조를 계획하고 협력대상국에 집행하는 기획자(planner) 역할은 사실상 원칙적으로 배제되어야 한다. 요컨대, 개발주의 시각에서 즉자적인 개발성과를 국제개발의 최종 결과물로 인식하는 "개발의 편협적 특수주의"에서 대자적인 상호책무성(mutual accountability)에 근거한

"발전의 포용적 보편주의"로의 전환을 모색하는 작업이 필요하다. 이로써, 지금까지 국내외 학자들이 집중하여 온 서구중심의 근대화와 경제성장에 입각한 국제개발연구의 전통을 비판적으로 접근하는 이른바 '비판국제개발론' 영역의 문을 열고 이를 통해 한국의 국제개발 역사를 새롭게 해부하고자 한다. 따라서 국제개발의 비판적 맥락에서는 한국의 국제개발론을 사회발전론 또는 발전사회학(sociology of development)의 시각에서 재해석하는 작업이 필요하며, 사실상 development studies의 우리말 표기도 개발학이 아닌 개발과 관련된 다각도의 사회·정치·경제 국면을 복합적으로 재구성할 수 있는 '발전학'으로 해석하고 통용하는 것이 합당하다.

총제적 가치로서의 발전을 위한 학술적 노력은 한국 국제개발의 철학과 비전에 관한 근원적인 토의부터 학문적 공공영역에서 수용할 수 있도록 기획되어야 한다. 감히 한국에서는 지금까지 국제개발협력의 철학적 논의가 학계에서나 정책기관에서 배제되었거나 대단히 낮은 수준의 논의만이 지속되었다고 평가할 수 있다. 즉, '한국이 왜 ODA를 국제사회에 지원해야 하는가?', '한국의 ODA는 한국의 국익을 위하여 어떤 역할을 하는가?' 등의 국제개발을 둘러싼 국정철학에 관한 논의가 한국에서는 다른 선진공여국에 비해 현저히 낮은 수준에 머물러 있다. 국제개발의 철학·원칙·비전이 제대로 공유되지 않으면 정부부처 간 ODA의 정합성이 떨어지게 되고 국제개발협력과 관련된 각 이행기관은 각자의 원칙과 목표를 설정하고 이를 독자적으로 추진하는 분절화된 국제개발정책이 쉽게 확장될 수 있다. 본 연구를 통해 한국사회에서 한국의 국제개발이 추구해야 하는 개발철학과 비전, 그리고 앞으로 한국이 지향해야 하는 국제개발의 가치에 대한 심도 있는 토론의 장이 열리기를 희망한다.

필자가 본 연구를 시작할 수 있었던 계기는 다름아닌 연세대학교

빈곤문제국제개발연구원(IPAID) 정무권 원장님의 따뜻한 격려와 전폭
적인 지원이었다. IPAID로부터 본래는 한국국제개발협력에 관한 입
문서의 집필을 의뢰받았지만, 필자에게 한국 사례의 입문서는 곧 한
국국제개발협력에 대한 비판적인 학문적 검토와 다를 바가 없었기에
한국의 국제개발에 대한 비판적 해석을 집필하기로 의견을 드렸고 이
에 정 원장님께서 적극적으로 지지를 해 주셨다. 다시 한번 이 기회
를 빌려 본 연구결과가 IPAID 총서 시리즈로 세상에 나오게 될 수 있
도록 물심양면으로 도움을 주신 정 원장님께 감사를 드린다. 아울러
필자가 지금까지 비판적 자세를 고수할 수 있도록 학문적 지원을 해
주신 한국학중앙연구원 이사장 임현진 명예교수님, 경희대학교 부총
장 손혁상 교수님, 이화여자대학교 김은미 교수님, 강릉원주대학교
황원규 교수님, 한국인권학회 이성훈 부회장님, 한국국제협력단 송진
호 이사님, 발전대안 피다 공동대표 한재광 박사님, 그리고 서강대학
교 장대업 교수님께 감사의 인사를 드린다.

| CONTENTS |

PART 06

나가며: 국제개발의 발전적 성찰

| CONTENTS |

그림차례

들어가며: '開發'에서 '發展'으로

특정 정부 또는 국가가 빈곤과 질병을 퇴치하고 시민의 권리를 보장하며 근대화를 위한 사회경제발전을 기획·추진하는 일련의 국정관리 정책과 이행과정을 지칭하는 포괄적인 개념으로 우리는 '개발(開發)'과 '발전(發展)'을 혼용하여 사용하고 있다. 개발과 발전은 모두 영어 단어 중 *development*라는 동일한 단어를 해석하는 개념들이지만 그 의미는 다분히 차별성을 가지게 된다. 개발이란 개념이 단기적인 기획에 의한 특정 목표 중심의 제한적인 대규모 국가시책을 의미한다면, 발전의 개념은 중장기적인 기획에 따라 다양한 발전 주체들 간의 상호작용으로 구성되는 총체적인 사회경제의 상향식 진보를 의미한다(김태균, 2016a). 이와 유사한 맥락에서 1970년대 노벨경제학상 수상자인 미르달(Myrdal, 1974: 729)은 사회경제의 *development*를 "사회체제의 총체적이고 지속적인 상향운동"으로 정의함으로써 한 사회의 발전을 거시적이면서도 총체적인 개념으로 이해하려고 노력했음을 알 수 있다. 아쉽게도 한국사회에서는 미시적이고 단기적인 개발과 거시적이며 장기적인 발전 가운데 발생하는 거대한 차이가 일상생활에서 감지되지 않고 있으며, 정부의 정책결정 단계 및 정책집행 단계에서도 개발과 발전은 큰 차이 없이 혼용되어온 것이 사실이다.[1]

---

1 개발과 발전의 혼용에 관한 좋은 사례로 외교부와 기획재정부를 비롯한 정부 기

이러한 개발과 발전의 혼용은 정부뿐만 아니라 시민사회단체에서도 쉽게 발견할 수 있으며, 한국사회에 개발도상국의 빈곤퇴치와 사회경제발전을 위한 대외원조 정책과 프로젝트를 지칭하는 용어에도 '개발원조' 또는 '공적개발원조(Official Development Assistance: ODA)'라는 표현으로 개발이 발전 대신 사용되고 있다는 것을 알 수 있다.[2] 다시 말해, 한국사회에서는 *development*에 관한 공식적인 해석을 '개발'이란 단어로 인식하는 경향이 강한 동시에, 특히 국제협력에 있어서는 개발이 발전과 동의어로 사용되거나 발전을 개발의 하위개념으로 인식하고 있다는 것을 의미한다. 이는 특정 단어의 단순한 의미론

관이 글로벌 규범 중 대표적인 'Sustainable Development Goals (SDGs)'를 국내 정책을 위해 어떻게 표기했는가를 추적할 수 있다. SDGs가 2015년 유엔총회에서 선포된 이후 한국정부는 국내 표기로 지속가능발전목표가 아닌 지속가능개발목표를 사용하였고, 시민사회단체와 학계에서 SDGs의 포괄적이며 총체적인 성격상 지속가능발전목표로 표기하는 것이 바람직하다고 제안했지만, 특정 정부기관이 정부연구용역보고서 등에 지속가능개발목표라는 표현을 사용하기를 주문한 경우가 빈번하였다.

2 한 국가가 국내에서 조달되는 조세 및 사회비용을 통해 해외 개발도상국을 지원하는 방식의 국가 간의 협력관계를 좁게는 ODA 또는 넓게는 국제개발(international development) 내지 개발협력(development cooperation)이라고 칭한다. 특히, ODA 용어를 사용할 경우 OECD DAC이 지정한 ODA 정의에 만족해야 ODA의 정확한 의미가 적용될 수 있다. 따라서 중국 원조는 ODA의 범주에 해당하지 않기 때문에 ODA로 분류할 수 없다. 현재 OECD DAC은 2018년부터 기존 ODA를 보완하는 새로운 '지속가능발전을 위한 총공적지원(Total Official Support for Sustainable Development: TOSSD)'을 도입해서 각 회원국이 TOSSD에 입각해서 ODA 보고를 준비하고 있다. 그러나, DAC은 TOSSD가 기존 ODA를 보완하기 위하여 도입된 개념이고 SDGs를 이행하기 위한 개발재원의 효과적 배분과 활용이 이 주목적이지 ODA를 대체하는 개념은 아니라는 점을 분명히 밝히고 있다 (OECD, 2015). 그럼에도 불구하고, 시민사회단체들은 TOSSD를 통해 민간자금을 유치하고 다양한 개발재원을 동원하여 실질적인 ODA의 증액이 아니라 재원의 복합적 동원을 통한 가시적인 증액의 효과만 창출할 위험이 있다고 비판적인 해석을 내놓고 있다.

적 해석에 관한 논의에 그치는 것이 아니라 국제개발의 경험적 영역과 정책 방향이 직결되는 대단히 중요한 원칙과 철학적 문제로 발전한다. 즉, 개발과 발전 중 어느 의미와 이에 배태된 가치를 선택하는가에 따라 대외원조의 철학적 배경이 원천적으로 바뀔 수 있으며, 처음 시작 단계에서는 큰 차이가 없을지라도 최종 단계에서는 개발과 발전 사이에서 대단히 차별화된 결과물을 만들어 낼 수 있다.

압축적 경제성장을 통한 신속한 근대화와 이를 통한 낙수주의에 입각한 복지와 민주화의 후천적 도입을 정당화하는 경제성장 우선주의의 발전국가론이 '개발' 중심의 접근법을 대표한다. 반면, '발전' 중심의 접근법은 개발 중심 접근법과 유사하게 발전국가론을 표방하더라도 다양한 사회구성원을 포용하여 특수 계층이 경제성장의 이익을 독점하는 것이 아니라 보편적인 복지혜택이 일반 납세자에게 고루 투명하게 배분되며 시민사회가 국가의 개발정책에 적극적으로 참여할 수 있는 공론장이 제도화된 경우를 일컫는다. 일국 내 경제와 사회발전에 있어서 개발 중심으로 또는 발전 중심으로 접근하는가에 따라 그 국가와 사회의 관계성이 다르게 형성되고 발전의 궤적도 차별화된다. 이러한 개발과 발전의 차등적 적용은 공여국과 협력대상국 간의 형성되는 관계성에서 더욱 명확하게 드러난다. 공여국이 협의의 개발에 입각한 원조정책을 고집하는 반면 협력대상국은 광의의 발전에 근거한 정책과 인식을 공유하고 있다면 개발과 발전의 간극은 더욱 심각한 수준으로 확장될 것이다. 공여국이 개발주의로 점철된 국제개발협력 정책을 추진하게 되면 실제로 개발원조의 효과성은 공여국의 단기적인 의도에 맞게 협소하게 재구성되고 협력대상국의 필요와는 관계없이 공여국 자신을 위한 원조로 전락하기에 십상이다.

본 연구는 한국 국제개발협력의 정책적 구조와 역사적 진화과정을 협의의 개발이 아닌 광의의 발전적 시각에서 비판적으로 접근한다. 국

제개발을 비판적으로 접근하는 학자들은 일찌감치 개발주의의 위기와
개발의 해방구로서 개도국 스스로의 사회발전을 주장해 왔다(Nederveen
Pieterse, 2010; Escobar, 1995; Amin, 1977). 실제로, 공여국은 개도국의
현지조건과 필요에 따라 스스로 구성되는 내부 발전의 역사적 궤적을
외부에서 지원하는 탐색자(searcher)의 소임을 수행하는 것이지, 자국
의 국익을 추구하기 위하여 일방적으로 원조를 계획하고 협력대상국
에 집행하는 기획자(planner) 역할은 사실상 원칙적으로 배제되어야
한다(Easterly, 2006). 요컨대, 개발주의 시각에서 즉자적인 개발성과를
국제개발의 최종 결과물로 인식하는 "개발의 편협적 특수주의"에서
대자적인 상호책무성(mutual accountability)에 근거한 "발전의 포용적
보편주의"로의 전환을 모색하는 작업이 필요하다(김태균, 2016a: 230;
Moncrieffe, 2011). 이로써, 지금까지 국내외 학자들이 집중하여 온 서
구중심의 근대화와 경제성장에 입각한 국제개발연구의 전통을 비판적
으로 접근하는 이른바 '비판국제개발론' 영역의 문을 열고 이를 통해
한국의 국제개발 역사를 새롭게 해부하고자 한다. 따라서 국제개발의
비판적 맥락에서는 한국의 국제개발론을 사회발전론 또는 발전사회학
(sociology of development)의 시각에서 재해석하는 작업이 필요하며, 사
실상 *development studies*의 우리말 표기도 개발학이 아닌 개발과 관
련된 다각도의 사회·정치·경제 국면을 복합적으로 재구성할 수 있는
'발전학'으로 해석하고 통용하는 것이 합당하다.[3]

---

3 발전사회학 내지 발전학 프레임에서 한국의 국제개발을 재조명해야 함에도 불구
하고, 현재 한국에서 공통적으로 사용하는 용어가 발전이 아닌 개발이기 때문에
편의상 그리고 수월한 논의를 위해서 한국국제개발론을 비롯하여 개발의 표현을
본 연구에서는 그대로 사용하기로 한다.

1.1. 국제개발에 관한 국정철학의 빈곤

한국의 비판국제개발론은 지금까지 한국 ODA 및 국제개발정책의 정체성과 방향성을 지지하는 원조의 원칙, 비전, 또는 국정철학이 과연 존재하는가에 대한 근본적인 질문에서 시작해야 한다. 이 질문은 앞서 언급한 한국의 국제개발정책이 협의의 경제개발론을 토대로 구성되었는가 아니면 광의의 사회발전론을 중심으로 구성되었는가에 대한 논의와 직접적으로 연결된다. 한국의 대외원조는 1963년 미국의 국제개발처(US Agency for International Development: USAID) 지원을 받아 한국정부가 개도국 연수사업을 시행했던 기록부터 거슬러 올라가야 하겠지만, 실제로 ODA를 본격적으로 이행하기 시작한 이명박 정부의 OECD 개발원조위원회(Development Assistance Committee: DAC) 가입 시기인 2009년부터 한국원조의 국정철학을 검토하는 것이 바람직하다. DAC라는 선진공여국 클럽에 가입한 한국은 DAC 회원국 중 원조를 받는 수원국에서 원조를 주는 공여국으로 전환한 유일한 국가라는 존재감을 과시하는 동시에 2010년 관계부처합동으로 '국제개발협력 선진화 방안'을 통해 한국이 2015년까지 ODA/GNI 비율을 0.25%까지 확대한다는 지키지 못할 약속을 국제사회에 선포하게 된다(이련주, 2010). 양적으로 급격한 성장을 공개적으로 선포한 한국의 ODA는 국제사회에 한국의 역할을 가시적으로 제고하는 데 성공했을지 몰라도, 실제로 양적 성장의 기초와 방향타가 되는 국제개발 핵심가치와 원칙 및 국정철학의 준비에는 부실공사로 일관하게 된다.

역사적으로 많은 학자들이 제도적 발전에 있어 사회변화 또는 사회이동의 속도와 이를 뒷받침하는 새로운 정치제도 도입의 속도 간에 발생하는 불균형을 끊임없이 지적하고 이러한 불균형에서 도래하는 사회적 문제를 책임 있는 제도의 적극적인 도입으로 대응하도록 불균형의 문제를 개념화해왔다. 19세기 프랑스의 사회학자인 뒤르켕(Durkheim, 2014)은 '아노미(anomie)'라는 개념을 사용하여 당시 프랑스 사회에서 목도하였던 사회적 규범의 동요·이완·붕괴 등에 의하여 일어나는 혼돈상태 또는 구성원의 욕구나 행위의 무규제 상태를 공론화하였다. 근대사회가 기계적 연대(mechanical solidarity)에서 유기적 연대(organic solidarity)로 전환하는 과정에서 불완전한 상태의 분업(division of labor)이 분업을 제도적으로 뒷받침해야 할 도덕적 기초보다 빨리 진행됨에 따라 규제대상이 부적절하게 규제되는 아노미가 발생하게 된다. 아노미와 유사한 맥락에서 20세기 미국 정치학자 헌팅턴(Huntington, 1968)은 '정치적 부패(political decay)'라는 개념을 사회적 변화의 속도를 제도적 지원이 따라가지 못하게 되어 발생하는 정치질서의 혼돈상태로 정의하였다. 최근 21세기에 들어와서는 후쿠야마(Fukuyama, 2011, 2014)가 헌팅턴의 개념을 토대로 정치적 부패를 저지하고 정치질서를 유지하기 위해서는 국가가 정치적 이념과 상관없이 책무성(accountability)이 담보된 제도적 장치를 적절하게 제공하여야 한다는 주장을 설파하고 있다. 수 세기를 걸쳐 수많은 학자가 사회변화와 정책변화의 연계가 책임을 수반한 제도로 이어지는 고민을 공통으로 공유해 온 것이다.

한국의 ODA 정책과 집행을 위한 도덕적 기초와 국정철학이 부재하거나 부족하다고 비판하는 해석이 아노미 또는 정치적 부패에 해당할 정도로 극단적인 상태를 의미하는 것은 아닐 것이다. 하지만 국제개발 정책을 위한 국정관리의 핵심가치와 철학이 부재하다는 것은 거시적 수준에서의 국정철학와 국가비전이 제도화되지 않았기 때문에 개별적인 국제개발 정책과 미시적 수준의 ODA 집행에 있어 정합성이 떨어지게 되는 문제를 양산하게 된다(임원혁, 2019). 정책의 정합성이 부족한 문제는 늘어나는 ODA 예산과 이에 기관의 영향력을 높이려는 다양한 정부부처 및 공공기관의 경쟁적인 개입으로 점철되는 분절화 현상으로 귀결된다고 평가할 수 있다. 상위제도로서 국정철학이 부재한다는 것은 결국 내부 질서의 법적·제도적 기초가 부재한다는 것을 의미하기 때문에, 정책주관기관인 외교부와 기획재정부, 그리고 집행기관인 한국국제협력단(Korea International Cooperation Agency: KOICA)과 수출입은행 대외경제협력기금(Economic Development Cooperation Fund: EDCF) 등 아래 단계로 내려갈수록 명확한 기조로 통합될 수 없으며 체계적인 정합성을 높이기 위한 효과적인 거버넌스가 불가능해진다. 한국 ODA 추진체계의 분절화 현상에 대한 해석은 아직도 논쟁하에 있지만, 분절화 논쟁의 궁극적인 시발점은 국제개발에 관한 철학적 논의에 대한 명확한 정리 과정이 생략되었다는 문제로 항상 귀결된다.[4] 이러한 이유로 한국의 국제개발을 위한 토대가 될 수 있는 주요 원칙, 철학, 그리고 방향에 대한 비판적 논의가 반드시 필요한 것이

---

4 분절화 논쟁은 2010년 한국이 OECD DAC에 가입한 이후 2010년대 중반까지 학계와 시민사회를 중심으로 치열하게 이루어졌다(주동주·차문중·권율 외, 2012; 김상태·한상연, 2018; 이학교 외, 2011). 무상원조의 외교부와 유상원조의 기재부로 분절화된 구조와 무상원조 내부에서도 30여 개가 넘는 중앙부처, 지방자치단체, 공공기관 등의 분절화 현상이 ODA 추진체계의 통합화와 한국원조의 효과성 제고라는 측면에서 한국정부와 시민사회가 처한 가장 심각한 문제로 취급되었다. 특히, ODA 추진체계의 개선을 위한 다양한 대안적 제안이 다양한 연구를 통해 제시되었으며, 대안의 스펙트럼은 완전한 독립기구로서 국제개발청, 시행기관(한국국제협력단과 대외경제협력기금)의 통합, 외교부 안으로의 통합, 현 구조를 유지하되 실질적인 정책의 질 제고 및 기관 간의 협력 방안 등 다양하게 구성되었다. 그러나 이러한 노력에도 불구하고 청와대의 국정과제 기조에 따라 국제개발협력 방향이 좌지우지되고 ODA 추진체계의 개혁에 대한 구체적인 구상으로 발전하지 못하여 분절화에 대한 논의는 더 이상 확장되지 않고 그 추동력을 잃게 된다. 2010년대 후반으로 갈수록 분절화에 대한 연구 또는 토론회는 학계와 시민사회단체의 주요 행사에서 사라지게 되고 분절화 구조를 그대로 인정하고 그 구조하에서 어떻게 한국의 국제개발협력을 질적으로 개선할 수 있는가에 대한 논의로 이슈영역이 전환되었다.

며, 아노미의 수준은 아니지만 국제개발 영역에서 아노미로 이어질 가능성을 제거하기 위한 전초전에 해당할 정도로 철학의 빈곤은 매우 중요한 이슈로 취급되어야 한다.

DAC 회원국 중 대표적인 선진공여국들은 자국이 처한 외교환경과 국내환경에 따라 ODA 및 국제개발협력의 효과성을 최대한 확장하기 위하여 특정 국정철학을 오랜 기간 노력하여 정립해왔다. 국정철학은 보통 선진공여국이 개발원조를 시행하는 이데올로기적 동기와 전략적 이해관계로 환치할 수 있으며, 원조동기에 관한 유형론은 이미 많은 학자들에 의해 연구가 되어 다음과 같이 네 가지 유형으로 정리할 수 있다(Brech and Potrafke, 2014; Riddell, 2007; Rapley, 2007). 첫째, 안보와 외교정책의 하나로 국제개발 정책을 전략화함으로써 공여국의 안보를 위하여 협력대상국의 개발을 지원한다는 국정철학의 유형이다. 대표적으로, 미국이 마셜 계획(Marshall Plan)부터 냉전 시기 동맹국을 위한 개발원조 등 자국의 안보 및 외교정책을 집행하기 위하여 국제개발 정책을 지속적으로 활용한 사례를 들 수 있다.[5] 둘째, 국제개발 정책을 공여국의 상업적 이익을 위한 수단으로 전략화하고 자국의 기업진출 교두보로 활용하는 방식의 상업화된 유형이다. 대표적인 사례는 일본으로, 일본 정부는 'ODA 헌장(ODA Charter)'을 1992년 제정한 이래 '철학(Philosophy)'이란 부문을 독립적으로 지정하

---

5 미국의 안보중심 국제개발을 설명해 주는 정책사례로 2009년 오바마 행정부가 처음으로 도입한 '4년 단위 외교·개발리뷰(Quadrennial Diplomacy and Development Review: QDDR)'를 분석할 필요가 있다. QDDR은 미국이 외교와 개발을 등가로 놓고 4년 단위로 외교 대전략을 수립할 때 국제개발의 이슈를 중요하게 다루고 국가적 차원의 주요 외교 목표와 원칙을 USAID가 주요 사업과 활동사항으로 적용할 수 있도록 기획하는 전략문서이다. 미국의 QDDR에 관한 자세한 내용은 https://www.usaid.gov/sites/default/files/documents/1870/FY%202012%20APR %20FY%202014%20APP_FINAL_4−2−2013.pdf 참조.

고 여기에 ODA 목적과 기본원칙을 상술해 왔는데 일본의 경제성장 경험, 주요 ODA 이해파트너로서 일본기업 강조, 그리고 ODA가 일본 국익에 일조할 것이라는 내용을 강조하고 있다.[6] 실제로, 일본 유상원조의 비율이 DAC 회원국 중 가장 높은 ODA의 50%에 육박할 정도로 일본 정부는 개발원조를 투자의 개념으로 활용하고 있다. 세 번째 유형은 노르웨이, 스웨덴 등의 북유럽 국가들이 채택하고 있는 인도주의(humanitarianism)와 인권에 기반한 국정철학으로 이 유형은 무상원조(증여)의 비율이 거의 100%에 달하고 국제사회가 권고하는 ODA/GNI 비율인 0.7%를 만족하는 공여국 중 대부분이 이 유형에 속한다. 마지막으로, 중국을 비롯한 BRICS의 원조유형은 기존 국제개발 질서에 도전하는 남남협력(South-South Cooperation) 방식을 취하고 있으며, 앞의 세 가지 유형으로 압축되는 DAC 회원국의 ODA 비전과 핵심가치와는 완전히 다른 유형의 철학적 배경과 원칙을 보여주고 있다(Carter, 2017; Stuenkel, 2015; Brautigam, 2009). 남남협력의 대표적인 핵심원칙은 정치적 비개입, 무조건부 원조, 상호존중 및 연대의식 등으로 실제의 정치적 이해관계를 떠나서 개발원조에 대한 다른 방식의 접근법을 구사하고 있다는 사실을 확인할 수 있다(김태균·이일청, 2018).

그렇다면 과연 한국의 국제개발 원조철학과 장기비전은 어느 유형에 속할 수 있는가? 특정 유형으로 한국의 정체성을 설명할 수 없다면 앞으로 한국은 어떠한 방향으로 국제개발 정책과 실행을 위한 비전과 철학을 준비할 것인가? 사실 국제개발 철학과 비전의 네 가지 유형 중 어느 한 가지를 선택하여 한국을 특정 유형의 한 형태로 인

---

6 일본의 ODA Charter는 자세한 내용은 https://www.mofa.go.jp/policy/oda/page_000138.html 참조.

위적인 해석을 시도할 필요는 없다. 이는 장기적인 비전으로 한국의 개발원조 철학을 준비하는 과정 자체가 사회적 합의를 끌어낼 수 있는 지난한 소통과 공론장 형성이 선행되어야 하는 작업이기 때문이다. 또한, 혹자는 한국의 국제개발협력기본법에 이미 철학적 배경이 반영되어 있다거나 또는 개발협력에 국정철학이 굳이 필요하냐고 반문할 수도 있다. 제4장에서 국제개발협력기본법에 관한 상세한 분석을 제시하겠지만, 기본법에 나와 있는 한국의 국제개발 원칙과 목적은 사실상 국제개발정책의 근간이 되는 철학과 비전이 아닌 기본법의 구색을 맞추기 위한 인류보편적인 시각을 빌린 미봉책에 불과하다. 앞서도 강조했지만, 국제개발을 위한 국정철학이 마련되지 않으면 ODA 추진체계가 안정적으로 제도화되기 어려워서 지속가능하고 효과적인 결과물을 생산하기 어려워진다. 더 나아가 국제개발정책을 수행하는 다양한 기관 간의 정책일관성이 떨어지게 되어 사실상의 국가정책으로서 효과성에 문제가 발생할뿐더러 협력대상국과의 관계에서도 개발효과성은 감소하게 된다. 실제로 한국 ODA의 대표 시행기관인 한국국제협력단과 한국수출입은행에서 강조하는 개발원조사업의 방향성은 상이하게 표현되고 있으며, 이러한 무상원조와 유상원조 간에 발생하는 다른 방식의 개발사업 접근방식이 글로벌 개발규범과 연결되면 그 불일치는 더욱 심화된다.

국제개발의 원조철학을 모색하는 프로젝트는 궁극적으로 국익과 개발원조의 관계성을 사회적으로 정립하는 간주관적인(intersubjective) 작업이다. 공여국 국내 재원을 통해 개도국을 지원한다는 국제개발의 인도주의적 특성으로 인해 전통적인 국익을 국제개발정책을 통해 일방적으로 관철하기는 어렵다. 그럼에도 불구하고 국제개발정책이 국가의 외교정책과 완전히 동떨어진 독립된 정책으로 집행되는 것도 불가능하다. 대부분의 선진공여국과 경험과 마찬가지로, 한국의 국제개발정책은 전통적인 국익과 글로벌 규범 사이에서 일정 정도 선택적 타협을 시도해야 한다(김태균, 2016b). 이러한 선택적 타협에 있어서 국정철학이 제대로 갖추어지지 않을 경우 타협을 시도하는 원조기관의 이해관계에 따라 국익과 글로벌 규범 간의 균형점은 다양하게 나타나게 되고 중장기적인 국제개발의 방향성은 혼선을 빚게 된다. 또한 일국의 개발원조 철학은 정부 수준에서 일방적으로 결정되는 것이 아니라 시민사회를 비롯한 사회구성원과 끊임없는 소통을 통한 사회적 합의의 프로세스가 전제되어야 한다. 공적개발원조를 포함한 대외원조를 시행하는 공여국 정부는 국제개발정책을 수행하는 데 있어 다양한 국내외 행위주체들과 끊임없이 소통하고 사회적 상호작용에 노출되어 있다. 상위원칙인 원조철학이 이에 근거하여 움직이는 정책결정기관 및 정책이행기관과 유기적으로 연계된다면 정부 조직 내부에서는 높은 통합성과 정합성을 보일 수 있지만(김다혜 외, 2018), 원조철학이 정부에 의해 일방적으로 제시되고 시민사회와 충분한 소통과 협의가 생략된 상태에서 강제적으로 통용된다면 국정철학 자체가 국가와 사회를 동시에 포용하는 것이 아니라 국가만을 대표하는 반쪽짜리 원칙으로 전락한다(김태균, 2017a). 따라서 온전한 원조철학으로 국가와 사회로부터 정당성을 갖기 위해서는 국가뿐만 아니라 시민사회의 다양한 원조주체들과의 사회적 컨센서스가 기본이 되어야 한다.

따라서 국제개발에 대한 비판적 접근은 국제개발의 비전과 철학이 형성되고 제도화되는 과정을 중요한 시발점으로 간주하여야 하며, "개발학의 정체성을 좁은 의미의 소극적인 정책분석에 국한하지 않고, 이론과 실천이 적극적으로 결합되는 광의의 '발전론'으로 환원하는 것"에 초점을 맞추어 비판국제개발론을 구성해야 한다(김태균, 2018: 17). 따라서, 발전이라는 포용적이고 장기적인 프레임 하에 한국의 국제개발 관련 국정철학과 비전에 대한 비판적 검토와 한국이 앞으로 어떠한 방향으로 ODA 정책을 수립하고 집행해야 하는가에 대한 로드맵을 비판적으로 모색하는 것을 본 연구의 핵심 목표로 상정한다. 한국 국제개발정책을 비판적으로 분석함으로써 정책적인 함의를 도출함과 동시에, 개발학의 한 세부분과로 비판국제개발론이라는 독자적인 학문영역을 구축하여 한국의 국제개발 레짐이 역사적으로 어떠한 주체들에 의해 형성되고 제도적으로 진화해 왔는가를 '發展'적으로 해부한다.

1.2. 비판적 국제개발론: 자기성찰적 급진성

국제개발학 또는 개발학은 이론과 경험을 적절하게 섞은 혼합재와 흡사하지만 실제로 개발사업에 적용되고 개발효과성을 높이기 위한 현실 세계 중심의 경험적 학문에 가깝다고 정리할 수 있다. 따라서 개발정책의 경험적 효과성을 제고하기 위하여 개발이론이 후발적으로 동원되는 구조라고 해석할 수 있다. 개발효과성을 향상하기 위한 다양한 경험적 실험을 반복하고 이를 통해 모범사례(best practice)를 발굴하여 이론화 작업까지 연결하는 귀납적(inductive) 방법론이 개발학 분야에서 논리적으로 선호될 접근법이라 할 수 있다. 이런 맥락에서 개도국 현장의 개발조건, 현지의 개발수요, 그리고 협력대상국의 오너십(ownership) 및 개발역량의 중요성이 글로벌 개발원칙으로 부상하게 되고, 현장의 이해가 생략된 개발협력사업은 원조효과성이 떨어지면서 결국 협력대상국에게 피해를 입히게 되는 부정적인 결과를 양산하게 된다.

그러나 공여국 중심의 사고에 근거하여 특정 개발이론과 전략적 원칙을 먼저 설정하고 이에 맞게 개발사업을 설계하는 경우가 국제개발 역사상 끊임없이 반복됐으며, 여기서 발생하는 부정적 결과와 그 사회적 파괴력은 역사의 다양한 국면에서 확인할 수 있다. 제2차 세계대전 이후 미국 트루먼 행정부가 대규모 원조를 기획하여 마샬플랜(Marshall Plan)을 시도한 사례, 1960년대부터 팽배했던 근대화(modernization) 사조에 입각한 개도국의 경제성장 방식을 주입한 사례, 1980년대부터 신사조로 등장한 신자유주의(neoliberal) 구조조정 모델 등이 특정 개발 이념을 먼저 기획하고 이에 따라 개도국 현지조건의 차별성을 고려하지 않고 원조정책이 이행된 사례 등이 이에 해당한다. 특히, 신자유주의 사조에 입각한 세계은행(World Bank)의 구조조정(structural adjustment program: SAP)과 같이 일방적인 원조조건(conditionality)을 'one – size – fits – all' 원칙에 의거하여 모든 개도국에 적용한 사례는 先설정된 개발이론의 무리한 일반화에 따른 부작용의 전형이라 할 수 있다 (Goldman, 2005; Peet, 2010; Harriss, 2001).

서구식 개발주의의 하향식 이행으로 점철된 국제개발의 역사는 역설적으로 비판적 발전이론이 태동할 수 있는 계기를 제공하였고 개도국 중심의 아래로부터의 오너십이 개발원조의 핵심원칙으로 공식화되는 데 일조하였다(Preston, 1982). 대표적으로, 제2차 세계대전 후 주로 라틴아메리카 학자들에 의해 제기된 종속이론(dependency theory)은 당시 라틴아메리카가 겪고 있는 저발전의 문제를 글로벌 남반구가 선진국 중심의 자본주의에 종속되었다는 구조적인 관계성에서 찾는다. 한편, 1955년 반둥회의를 필두로 제3세계의 비동맹주의(non-aligned movement)가 글로벌 남반구 전역에 확산되면서 UN 내부에 G – 77을 형성하고 1970년대에는 신국제경제질서(New International Economic Order: NIEO)를 표방하는 동력이 되었던 '제3세계론'도 대표적인 비판적 국제개발 사조이다(Prashad, 2012). 비록 제3세계론이 1990년대에 들어와 냉전붕괴에 따른 미국 중심의 신자유주의 국제경제질서에 위기를 맞게 되고 그 영향력이 급격히 쇠퇴하였을지라도, '남남협력(South-South Cooperation)'이라는 현실적 협력체로 그 정치적 생명력을 이어가고 있다(김태균·이일청, 2018). 따라서, 우리가 국제개발에 관한 이론 및 원칙을 논할 때 서구 주류이론에 대항하고 남반구 개도국의 견해를 대변하는 비판적 개발이론을 배제하는 오류를 범하지 않아야 한다.

비판적 국제개발론은 단지 이론적 측면에서만 유효한 것이 아니라 경험적인 현실에서도 중요한 시각을 제공한다. 실제로 비판국제개발론은 특정 공여국이 원조정책을 기획하고 집행하는 일련의 과정에서 나타나는 개발행위 주체 간의 정치적 상호작용, 제도적 프로세스, 추진체계의 구조적 문제 등에 관한 이슈영역을 비판적으로 고찰하는 분석력을 제공한다. 그러나, 비판적 접근법은 무조건의 비판을 위한 비판이 목적이 아니라 '자기성찰적 급진성'에 기초한 학술적 적실성과 정당성을 갖는다. 다시 말해, 서구식 지배 담론을 여과 없이 적용하여 주류 국제개발학이 의도적으로 배제하거나 간과한 진실을 재생시키고 성찰적 비판을 통해 잊혀진 진실의 회복력을 급진적으로 강화한다(Gouldner, 1970). 국제개발학의 비판성 회복에 초점을 맞춘 *비판*국제개발론에 있어서 성찰적 비판은 필수불가결의 요소로 작동하게 된다. 국제개발정책을 주로 공여국·개도국·국제원조기구 등 공공주체에 의해 추진되는 일종의 공공정책으로 간주한다면, 정책에 대한 공공성과 책무성을 객관적으로 확보하기 위하여 더더욱 이러한 비판적 분석이 필요하다. 특히, 개발원조의 주인-대리인 이론(principal-agent theory)에서 볼 때 협력대상국인 개도국이 선진공여국의 정책을 비판하는 것은 현실적으로 많은 제약이 따르기 때문에, 개도국의 입장을 적극적으로 반영하고 소외된 목소리를 소환하는 비판적 학문영역이 필요하다(Gailmard, 2014). 물론 공여국에 관한 성찰과 동시에 개도국 정부의 원조이행 과정과 정부부패 및 변용성(fungibility) 등에 관한 비판적 검토도 당연히 비판국제개발론의 주요 연구영역에 포함된다(김태균, 2013a). 결론적으로 비판국제개발론을 개발학의 독립분과로 인정하고 거시적 수준의 원조철학부터 구체적인 개발프로젝트까지 성찰적 비판을 체계적으로 시도할 수 있는 대안적 학문생태계를 구축하는 것이 관건이다.

한국적 맥락에서 비판국제개발론의 도입은 마치 동맥경화로 굳어가는 혈관에 탄력성을 불어넣는 외과시술과 같다. 이는 지금까지의 한국 국제개발 및 개발협력에 관한 연구가 다분히 기계적이고 단편적이었다는 평가에서 비롯된다(김태균, 2018). 이러한 기계적 접근법은 개발협력 이슈를 단순히 개발프로젝트의 효과성을 높이고 사업 성공의 결정요인을 찾는 등 도식화된 정책목표에 한정한 나머지, 맥락(context) 중심의 관계성에 기초한 거시적 인과분석 등이 사실상 연구범주에 포함되지 않는 문제를 양산한다(구정우·김대욱, 2011; 김석우·이슬기, 2017; Kim and Oh, 2012). 따라서, 개발협력을 기계적 도구로만 인식하는 것이 아니라, 주요 행위자 간의 정치적 담합구조 또는 갈등관계, 개발원조 제도의 거시적 맥락 비교, 책무성(accountability)의 사회적 구성 등 기존 국제개발학의 도구적 관성에서 벗어나 총체적 사회관계를 탄력적으로 연구할 수 있는 비판적 국제개발의 분석프레임이 필요한 것이다(Yi and Mkandawire, 2014; 손혁상, 2015; 김태균, 2018; 주동주, 2016; Kwon and Koo, 2014; Chang, 2019; Choi et al., 2017).

이러한 이유로 한국의 국제개발학은 긴 호흡의 비판적 성찰이 토대가 되는 사회과학 연구의 활성화가 필요하다. 비판적 성찰을 강조하는 목적은 지금까지의 정책제언 연구의 중요성을 폄훼하려는 것이 아니라 이를 보완하기 위한 대안적인 학문의 도입과 확장을 권장하기 위함이다. 기계적이고 단편적인 연구가 기여하는 성과에 관계성 연구와 성찰적 분석이 보완될 경우 국제개발에 관한 총체적인 이해와 정책적 방향에 대한 다양한 논리가 개발될 수 있다. 반대로, 비판적 국제개발론의 논의가 충분히 숙성되지 않다면, 앞서 경고한 원조철학의 빈곤과 편협한 개발주의(developmentalism)의 팽배로 인해 높은 정합성의 추진체계 구축이 불가능해지고 개발협력사업을 추진하는 다양한 기관에서 명확한 비전과 원조방향이 공유되지 않은 상태에서 서로의 이해관계와 영향력을 제고하려는 기관 간의 이기주의로 전락할 가능성이 높아진다. 한국의 비판국제개발론은 단기적으로는 한국형 개발모델 중심의 원조기관 간에 발생하는 할거주의를 비판적 성찰을 통해 차단하고, 장기적으로는 한국형 개발모델에 대한 맹신의 함정에서 벗어나 한국과 협력대상국이 상호 총체적인 발전과 연계될 수 있는 新국익형 국제개발 정책을 모색하는 것을 지향한다. 여기서 말하는 '新국익'의 의미는 단순히 공여국으로서 한국이 추구하는 외교적, 경제적, 정치적 이익을 원조를 통해 극대화하자는 제한적인 개념이 아니라, 개발원조를 통해 빈곤퇴치와 기후변화 등 글로벌 규범과 가치실현에 적극적으로 참여함으로써 국제사회와 공여국이 공생하고 발전할 수 있도록 기여하자는 포괄적인 개념이다. 이로써, 비판국제개발론의 자기성찰적 급진성은 글로벌 수준의 국제개발 담론 및 원칙과 국내수준의 개발원조 행위를 연계하고 상호 제한 및 성찰함으로써 끊임없이 변화, 수정 및 보완이 자발적으로 발생하는 구성주의적 역할을 모색한다.

비판적 국제개발론은 아직 한국 사회과학 학계에서 국제개발에 관한 정책과 집행을 역사적으로 추적하여 비판적으로 분석·정리하는 작업이 본격적으로 진행되지 않았다는 점에서 더욱 필요한 학문적 영역이다. 지금까지 한국국제개발에 관한 논의는 극단적으로 양분화되어 진행되었다고 해도 과언이 아니다. 이 중 한 극단은 한국사회의 발전문제를 국가 중심의 경제개발로 환치하여 정치경제학적으로 풀어 나가려는 거시적 접근으로, 국제개발은 이러한 유형에서 국가가 전략적인 도구로 활용했다는 해석과 연결된다. 대표적으로 발전국가론이 이 유형에 속하며, 또한 발전국가론과 달리 한국의 자본주의를 비판적으로 해석했던 1980년대의 종속이론과 제3세계론도 국제개발 이슈를 경제발전에 한정하여 국가자본주의를 해부했다는 점에서 발전국가론과 유사한 국가와 자본 중심의 분석방식을 취했다고 평가할 수 있다. 반면, 다른 극단은 미시적 수준에서 한국형 경제발전 모형을 지식화하여 '한국경제발전경험공유사업(KSP)'과 같이 한국 경제개발정책의 역사를 특정 이슈에 맞게 해석하고 개도국에게 전수하는 국가상품으로 국제개발론을 활용하는 경우이다. 결국, 거시와 미시 사이를 비판적으로 연결하는 중범위(middle-ranged) 이론이 부재한 상태라고 평가할 수 있으며, 두 극단 모두 발전의 문제를 협의의 개발로 인식하고 있다는 한계점을 공유한다(Thelen and Steinmo, 1992; Mahoney and Rueschemeyer, 2003). 두 극단이 생산하는 중범위 수준의 공백은 사회발전의 역사를 구조와 행위라는 제도적 관계성에서 새롭게 재구성하는 비판적 국제개발론을 통해 채워나가야 하며, 이를 위한 방법론적 상상력으로 본 연구는 국제정치사회학을 적극적으로 수용한다.

1.3. 국제정치사회학적 상상력

비판국제개발론은 경제개발과 사회개발을 측정하는 지수의 높낮이에 따라 개발의 정도를 측정하는 개발경제학적 경험치와 함께, 특정 사회의 발전을 역사적 맥락과 정치기회구조에 따라 시민의 정치참여와 국제개발의 정치화를 유도하는 정치사회학적 변수와 국제개발이라는 특성 자체에서 발생하는 공여국과 협력대상국 간의 관계를 설명하는 국제관계학적 변수가 중요한 보완장치로 동원되어야 한다. 또한, 국가 수준에서 형성되는 경제성장 중심의 개발주의와 한국형 경제성장의 신화화 현상을 비판적으로 성찰하는 중범위 단위의 역사적 제도주의가 국제개발을 둘러싼 총체적인 사회주체와 구조 간의 상호작용을 역사적으로 이해하는 데 필수적이다. 요컨대, 비판국제개발론은 국제개발을 국제정치현상의 하나로 인식하고 여기에 국제개발 정책이 형성되는 국내 정치과정의 변천을 역사적으로 추적하기 위하여 정치사회학과 역사사회학을 적극적으로 수용한다. 이는 경험적으로 국제개발의 국정철학과 원칙을 분석하는 위로부터의 접근법과 개발협력사업의 현장 중심의 아래로부터의 접근법을 역사적 진화과정과 정치적 상호작용에 대입하여 연계와 절충을 시도하는 학술적 작업으로 수렴된다.

따라서, 비판국제개발론은 내재화된 방법론적 다원성(methodological pluralism)의 특징을 갖게 된다(Buzan, 2014). 국제개발의 이슈영역에서 국내 정치과정과 협력대상국과의 국가 간 관계가 다층적으로 교차한다는 특징 때문에 특정 국제관계이론이나 개별적인 사회이론만으로 국제개발의 복합성을 적절하게 설명할 수 없다. 이러한 복합성으로 인하여 비판국제개발론을 국제관계이론과 정치사회학 및 역사사회학 등이 결합 또는 절충하는 이론적 방법론의 다원화가 필요하다(김태균, 2012). 본 연구는 복합적인 비판국제개발론의 특성에 부합하는 대안이론이자 방법론으로 '국제정치사회학(International Political Sociology: IPS)' 중심의 사회과학적 상상력을 강조한다. 2000년대에 유럽과 캐나다의 국제정치학자와 사회학자들이 중심이 되어 국제관계를 사회학적으로 재해석하는 국제정치사회학을 세계국제학회(International Studies Association: ISA)의 독립분과로 개설하고 기존 국제정치경제(international political economy: IPE)

와 유사한 방식으로 학제 간의 연계를 강화하고 있다.[7] 특히, 국제정
치사회학은 지금까지 국제정치학에서 간과해 온 국내문제의 국제화,
국제문제의 국내화, 비정부기구 등 사회적 주체의 국제관계와 같이
이른바 '사회적인 것(the social)'을 다시 국제정치학으로 소환하고 이를
사회학적 방법론을 통해 재해석하는 분석틀을 제공한다(Searle, 2010;
Berger and Luckmann, 1967; Keohane and Milner, 1996).

국제정치사회학이 제공하는 방법론적 다원성의 주요 특징은 다음과
같이 네 가지로 정리할 수 있다(Basaran et al., 2017; 김태균·이일청, 2018).

(1) IPS는 기존 사회과학의 분과학문(정치학, 인류학, 지리학, 사회학 등) 간
의 단절된 소통을 복구하고 때로는 치열한 논쟁을 통해 국제개발
영역에서 형성되는 권력의 단층과 헤게모니 전환에 관한 이해도
를 높이고 권력의 지속과 변화에 대한 정치과정을 성찰한다.

(2) IPS는 국제개발 관계에서 발생하는 다양한 현상들을 사회학적 상
상력을 동원하여 기존 학문의 목적론적이고 교조적인 시각에 도
전하는 성찰적 학문(reflexive scholarship)을 지향한다.

(3) IPS는 사회를 논하는 사회학, 정치과정을 논하는 정치학, 국제현
상을 논하는 국제정치학을 동시에 관통하는 역사적 접근법으로
국제개발에 관하여 기존 사회과학의 단절적인 해석을 새롭게 재
구성한다.

(4) IPS는 특정 국제개발 이슈를 분석하는 데 있어 다양한 분석수준
과 분석단위를 인정하고 적극적인 융합을 선호하며, 기존 정통파

---

7 ISA 분과영역의 하나로 신설된 IPS는 프랑스의 Didier Bigo와 캐나다의 R.B.J.
Walker가 선도하여 2007년부터 *International Political Sociology*라는 학술저널
을 출판하고 있으며, 사회학과 국제관계학 경계를 넘나드는 다양한 주제를 가지
고 활발한 연구성과를 올리고 있다.

학문분과가 간과했거나 의도적으로 배제했던 권력관계의 이질성, 전환성, 헤게모니 투쟁 등을 사회학적으로 새롭게 재조명하는 총체적인 접근법이다.

결국, 국제정치사회학을 통해 비판국제개발론은 한국이 처한 두 개의 단면을 동시에 재해석한다. 첫째, 한국이라는 공여국 내부의 개발협력 정책결정과정 및 이행구조, 그리고 이와 관련된 문제점에 관한 사회발전론적 접근법은 국내 수준의 분석을 요구한다. 둘째, 공여국으로서 한국의 개발원조가 협력대상국 발전에 미치는 영향에 대한 사회발전론적 해석은 국제 수준의 분석을 요구한다. 이처럼 국내 수준과 국제 수준의 분석이 동시에 요구될 때 국제정치사회학의 방법론적 다원성은 빛을 보게 되는 것이며, 앞서 논의한 개발이 아닌 발전적 시각으로 거시와 미시를 연계하는 중범위 단위의 분석이 국제정치사회학을 통해 가능해지는 것이다.

한국의 비판국제개발론을 분석하기 위하여 앞으로 본 연구는 다음과 같이 여섯 장으로 구성된다. 제2장은 국제개발의 비판이론을 비교·정리하여 소개한다. 국제개발이 개발한 전형적인 비판이론은 찾기가 어렵지만, 국제개발을 발전적 시각으로 확장하면 인접 학문에서 국제개발 현상을 비판적으로 접근하는 다양한 이론을 포착할 수 있다. 제2장은 종속이론과 글로벌 남반구 연구 등으로 대표되는 글로벌 수준의 구조적 이론, 인류학적 비판이론과 구조화이론 등으로 대표되는 국가 수준에서의 구조-행위자 관계 이론, 그리고 국제사회론과 같은 국제-국내 연계이론 등 크게 비판이론의 세 영역을 설명한다.

제3장은 국제개발의 정책과 이행이 사회적으로 구성되는 과정을 분석하기 위한 플랫폼으로서 국제개발 행위자, 제도화 과정, 그리고

정치화 과정을 분석한다. 국제개발은 단순히 정부가 결정하여 하향식으로 정책을 하달하고 이행을 주문하는 방식이 아니라, 복수의 행위자가 주체가 되고 특정 제도를 통해 정치적 상호작용을 형성하며 이를 토대로 정치적 기회구조의 확장성이 결정된다.

제4장은 앞서 논의한 이론과 분석틀을 기반으로 한국의 국제개발이 어떠한 역사적 과정을 통해 형성되어 왔는가에 대한 분석을 시도한다. 여기서는 한국 국제개발 역사의 단계별로 주요 행위자와 제도장치를 정리하고, 특히 행위자와 제도가 정치현상으로 확산되는 역사의 변천과정에 주목한다. 한국 국제개발 형성과정의 역사적 분석에 이어 2010년 한국이 OECD DAC에 가입한 이후 국제개발정책의 주요 특징과 문제점을 중심으로 한국 국제개발의 현주소를 분석한다. DAC에 가입함으로써 선진공여국 대열에 합류한 한국은 국제개발 관련 글로벌 규범을 준수할 자발적 의무가 발생하는 한편, 국내적으로는 글로벌 규범을 제대로 인식하지 못하는 국제규범과 국내제도 사이의 괴리현상을 경험하게 된다.

제5장은 제3장과 제4장에서 분석한 내용을 가지고 한국의 국제개발을 비판적으로 성찰하고 비교·분석한다. 아직까지 개발주의의 사회적 관성에서 벗어나지 못하고 국제개발을 도구적 가치로서 접근하는 전통적인 접근법과 사회발전론을 소환하여 국제개발을 총체적 가치로서의 발전으로 접근하는 방식으로 양분하고 전자에서 후자로 전환할 것을 강조한다.

마지막으로, 제6장은 결론으로서 향후 한국 국제개발정책의 로드맵을 제안한다. 지금까지 논의한 한국의 국제개발 정책에 관한 비판적 해석을 다시 요약하고 이와 대비되는 북유럽 국가의 국제개발정책이 보유하고 있는 철학과 원칙을 중심으로 한국의 미래지향적 국제개발정책의 청사진을 제시한다.

PART 2

국제개발의 비판이론

　　대부분의 사회과학 분과학문은 특정 사회문제 및 외교문제 해결의 필요성과 이에 관한 사회적 요구가 부상함에 따라 그 학문적 태동과 존치가 결정되어왔다. 주지하다시피, 사회학은 18세기 프랑스혁명과 산업혁명 등 개인의 합리성을 강조하며 분출된 양대 혁명이 오히려 개인의 합리성을 파괴하면서 발생하게 된 사회문제를 해결하기 위하여 사회학적 해법을 고민하기 시작하였다. 국제정치학은 양차 대전 동안 발생한 각 국가의 이권 경쟁과 전쟁과정, 그리고 제2차 세계대전 이후 전후 처리과정과 국제질서 재정비에 있어 개별국가의 국익을 최적화하는 데 필요한 현실주의적 해법을 위하여 미국에서 독립된 학문으로 시작되었다. 국제개발학도 국제정치학과 유사하게 상대적으로 신생학문에 속하며 제2차 세계대전 이후 개발원조의 문제와 탈식민지화 및 개도국의 발전문제를 종합적으로 다루기 위하여 고안되었고 특화된 연구영역을 구축하기보다 기존 사회과학의 각 분과에서 개발과 관련된 이슈와 방법론을 수용하는 다학제적 접근법을 취하고 있다. 특히, 식민지 경영의 경험이 있는 서유럽 국가들은 독립된 학문으로 개발학을 대학에 적극적으로 권장해 왔고, 서유럽 국가의 이전 식민지였던 개도국에 개발원조를 제공함으로써 '문제해결(problem-solving)'의 임무를 중심으로 국제개발학의 분석단위와 주요 연구영역을 진화

시켜 왔다.

그러나 제3세계의 개발 및 발전이라는 거대 명제는 대규모 원조를 투입한다고 해서 순식간에 해결될 단순한 문제가 아니다. 오랜 역사 동안 강대국의 식민지로 억압과 착취를 받았던 글로벌 남반구 개도국에게 발전의 문제는 경제성장의 목표로만 한정되지 않고 탈식민주의(decolonization) 및 후기식민주의(post-colonization) 과정을 거치면서 발생하는 다양한 정치·사회·문화적 차원의 복합적인 문제로 끊임없이 재생산되어왔다(Prashad, 2012). 제3세계의 발전은 결국 글로벌 남반구에서 삶을 이어가는 후기식민주의 시대의 인민이 진정한 의미의 독립을 쟁취하고 구식민지 제도의 폭력을 종식하는 실질적인 자유 상태를 구현하는 것을 의미한다(김태균·이일청, 2018). 이를 위한 비판적 개발이론은 지속적으로 발전해 왔으며, 서구식의 문제해결이 아닌 신생국에게 실질적인 대안이 되는 발전론을 강조하게 된다. 따라서 공여국 중심의 이슈영역에 초점을 맞추는 문제해결의 기능을 넘어서 협력대상국의 역사적 가치와 문화적 차원을 종합적으로 고려하는 사회발전의 해법이 비판국제개발론의 핵심으로 인식되어야 한다.

이러한 맥락에서 본 장은 사회과학 중 경제학을 제외한 사회학, 인류학, (국제)정치학, 그리고 개발학 도처에 혼재해 있는 비판적 개발이론을 크게 세 가지 분류에 따라 정리하고자 한다. 첫째, 글로벌 수준에서 글로벌 남반구의 발전 이슈를 구조적으로 접근하는 비판이론을 종속이론/세계체제론, 글로벌 역사사회학(global historical sociology), 그리고 제3세계론/글로벌 남반구 연구에 집중하여 소개한다. 둘째, 글로벌 수준에서 국가 수준으로 분석수준을 하향 조정해서 비판적 발전국가론, 책무성(accountability) 이론, 그리고 혼합적 거버넌스(mixed governance) 이론 등을 중심으로 국가 수준에서의 구조-행위자 접근법을 소개한다. 마지막으로, 글로벌 수준과 국가 수준을 연계하는 국제정치사회학적 접근법으로 구조화이론(structuration) 중심의 사회구성주의, 국제사회론(international society), 압축적 근대성(compressed modernity), 그리고 글로벌 가치사슬(Global Value Chains: GVCs) 등을 소개한다.

2.1. 글로벌 수준의 구조적 접근

제2차 세계대전 이후에 많은 수의 개도국이 대거 식민지배에서 독립하게 되고 신생독립국으로서 새로운 국제질서에 편입하게 된다. 신생독립국은 미국 중심의 자유주의 진영과 소련 중심의 공산주의 진영으로 나누어진 냉전시대가 도래하면서 독자적인 제3의 길을 걷기 위해 1955년 인도네시아 반둥에서 '아시아－아프리카 회의(Asian-African Conference)'를 개최하고 비동맹운동(NAM)을 주류화하였다(Phạm and Shilliam, 2016; 김태균·이일청, 2018). 반둥회의 이후에도 제3세계 개도국은 비동맹주의를 주요 공동의제로 공식화하였지만, 경제정책에 있어서 글로벌 북반구의 이전 식민지배국이었던 선진국에게 국가 독립 이후에도 계속해서 종속되는 관계가 이어져갔다. 이러한 거시적 국제구조의 종속성은 1980년대 신자유주의가 국제경제질서의 사조로 부상하면서 더욱 가속화된다. 이는 신고전주의 경제학자들과 신자유주의 구조조정의 보편주의자들이 개발학 영역의 주인공인 개도국을 통제하고 규제하기 때문에 거시적인 구조적 측면에서 개발학의 기초를 허무는 부정적인 효과를 양산한다는 논리와 연결된다(Nederveen Pieterse, 2010). 또한, 더는 서구중심의 근대화이론에 입각한 개발이론이 개도국에게 매력적이지 않다는 비판적인 입장과도 상통한다(Nisbet, 1969; Escobar, 1995). 이러한 맥락에서 비판적 국제개발이론을 글로벌 수준의 구조적 접근이라는 범주로 각색하여 종속이론/세계체제론, 글로벌

역사사회학, 그리고 제3세계론/글로벌 남반구 연구 등과 같이 크게
세 가지 세부이론으로 정리하여 소개할 수 있다.

(1) 종속이론(Dependency Theories)/
세계체제론(World-System Theory)

우리는 기존 서구중심의 근대화이론과 신고전주의 경제성장론에
대항하는 비판적 개발담론으로 종속이론(dependency theory)을 가장 먼
저 떠올리게 된다. 제2차 세계대전 이후 라틴아메리카에서 해방신학
과 더불어 세계자본주의의 왜곡된 구조를 비판적으로 접근하는 이론
적 토대로 종속이론은 개도국의 주목을 받기 시작하였다. 종속이론은
경제발전 과정에서 제3세계 개도국의 후진성과 저발전이 지속되는 근
본적인 원인을 국제경제체제의 중심(center)과 주변(periphery)으로 양분
된 구조적 제약에서 찾고 있으며, 중심부-주변부로 구성되는 세계자
본주의의 구조에 의해 규정된 개도국의 경제발전 궤적은 자국의 경제
정책 기획과 노력에 의해 스스로 개척해 나가는 대상이 아니라 세계
체제에서 주어지는 구조적인 부산물로 인지하게 된다(Frank, 2007). 라
틴아메리카에서 경제성장의 대안으로 대두되었던 수입대체 산업화 정
책이 실패하고, 다국적 기업의 세력이 전 세계로 확장하며, 개도국과
선진국 간의 소득 격차가 확대됨에 따라 중심부에 위치한 선진국의
주변부 개도국에 대한 착취와 종속 관계가 구조적으로 지속되고 일종
의 국제정치 질서로 일반화되는 왜곡된 현상이 발생하게 되었다.[8]

---

8 제2차 세계대전 이후, 개도국의 경제성장에 관하여 많은 이론적 제안이 다양한
   학자들에 의해 제기되었는데 크게 '균형성장론(Balanced Growth)'과 '불균형성장
   론(Unbalanced Growth)'으로 양분할 수 있다. 균형성장론자는 개도국의 각 산업
   부문이 동시다발적으로 정부기획에 의해 성장할 수 있으며 정부의 지원을 통해
   내수시장을 보호하고 국제경쟁력을 갖춘다는 목표로 볼 때 수입대체산업전략과

이러한 종속이론의 연원은 1948년에 설립된 유엔 산하 '라틴아메리카카리브경제위원회(Economic Commission for Latin America and the Caribbean: ECLA)' 프레비쉬(Raúl Prebisch) 위원장이 '라틴아메리카의 경제발전과 주요 문제(The Economic Development of Latin America and its Principal Problems)' 연구를 발촉하고 본 연구를 통해 이른바 '프레비쉬-싱거 가설(Prebisch-Singer Hypothesis)'[9]이 세상의 주목을 받는 일련의 역사적 과정에서 찾을 수 있다. 프레비쉬가 시작한 중심부-주변부 구조주의 접근법은 그 이후 바란(Paul Baran)과 스위지(Paul Sweezy)의 독점자본주의 논쟁을 통해 마르크스주의 또는 신마르크스주의가 종속이론에 가미되면서 지속해서 이론적 발전을 꾀하게 된다(Baran and Sweezy, 1966). 종속이론 속에는 각기 다른 분석방법을 가진 구조주의와 신마르크스주의의 양대 계보가 혼재되어 있는데, 종속이론으로 분류되는 연구 범위와 내용은 반드시 일치하지 않는다. 결국, 종속이론

일맥상통한 면이 있다(Nurkse, 1955; Rosenstein-Rodan, 1944). 반면, 균형성장론을 비판하며 개도국 정부는 전 산업부문을 총괄하기보다 특정 대표부문을 선정하여 전략적으로 정부지원을 집중하는 불균형성장론을 제기하는 학자들이 등장하면서 불균형성장론은 수출지향산업전략과 연계되어 개도국 정부에 정부정책으로 채택되기도 하였다(Hirschman, 1958).

9 프레비쉬와 독일 경제학자인 싱거(Hans Singer)가 개별적으로 별도의 연구를 통해 유사한 결론에 도달한 가설로, 주변부 국가가 중심부 국가에게 1차 생산품을 수출하고 중심부는 2차 생산품을 주변부에 수출하는 관계를 1950년대 세계무역질서에서 나타나는 공통적인 현상으로 두 학자가 유사한 시기에 주장하였다. 다시 말해, 프레비쉬-싱거 가설은 중심부 공업제품의 교역조건이 지속적으로 개선되고 기술발전의 혜택이 주로 중심부 선진국으로 집중되기 때문에 개도국의 1차 생산품이 보유하는 교역조건은 장기적으로 악화되어 양측의 교역에서 발생하는 무역이익이 중심부로 흡수되고 주변부의 경제적 저발전이 반복된다는 해석에 기초한다. 또한, 이 가설은 중심부의 노동조합과 민간기업이 높은 수준의 임금과 이익을 주장하고 스스로의 권리를 보장받을 수 있는 반면 주변부의 기업과 노동자는 낮은 수준의 임금과 이익창출에 관하여 강하게 주장하지 못하는 바람에 기술발전과 국제무역의 혜택이 최종적으로는 중심부로 환원된다는 주장을 담고 있다.

에는 한 가지로 통일된 견해만이 가능하지 않고 몇 가지 다른 견해가 존재해 왔으며 다음과 같이 세계자본주의의 비판적 해석을 크게 세 가지로 분류할 수 있다.

첫째, '저개발의 발전(development of under-development)'의 개념으로 중심부는 주변부를 착취함으로써 발전하고 주변부는 저개발 단계가 지속되거나 더욱 악화됨으로써 중심부와 주변부 간의 격차가 계속 벌어진다는 종속이론의 전형적인 구조주의적 해석이다(Frank, 2007; Amin, 1977). 이로써, 저개발의 발전으로 주변화된 주변부는 더는 경제개발의 도약이 불가능해지고 국내 정치적으로 억압적인 독재 또는 전체주의 체제가 반영구적으로 장악하게 되어 저발전과 부패의 악순환이 되풀이된다. 둘째, '종속적 발전'이란 개념으로 종속이론 중에는 주변부에서도 중심부와 경제발전의 속도와 규모의 차이는 있지만 일정 수준까지 경제구조에 따라 발전할 수 있다는 주장도 있다(Cardoso and Faletto, 1979). 종속적 발전은 점진적인 급진주의라고도 분류되는데, 중심부의 발전속도와 비례하지 않지만 중심부와 교환과정과 주변부 국내 준비 정도에 따라 중심부의 통제하에 느린 속도이지만 발전을 기획할 수 있으며 특정 단계에 진입하면 중심부의 통제를 극복할 수 있다는 희망론도 혼재해 있다. 마지막으로, 주변부와 중심부의 이분법적인 구조적 접근법에 반주변부(semi-periphery)를 절충적 중간단계로 새롭게 포함하면서 더욱 정교한 '세계체제론(World-System theory)'이 종속이론의 계보를 잇게 된다(Wallerstein, 2011; Arrighi, 2010).

세계체제론에서 반주변부의 역할은 이론적으로 매우 중요하며, 그 중요성은 위치권력의 변화가능성에서 비롯된다(Wallerstein, 1976). 이론적으로 반주변부를 설정함으로써 주변부에 속하는 국가도 반주변부로 상승이동할 수 있고 반대로 중심부 국가도 반주변부로 좌천될 수 있다는 점에서 주변부 국가가 지속적인 발전을 통해 반주변부를 통해

그림 2-1 세계체제 안에서 국가의 위치변동

		1938-1950 간의 위치					
		C	PC	SP	PP	P	총합
1975-1983 간의 위치	C	11	4	3			18
	PC		1	4			5
	SP		1	23	5	1	30
	PP			2	4	2	8
	P			1	4	27	32
	총합	11	6	33	13	30	93

자료: Arrighi and Drangel (1986: 43). C = Core; PC = Perimeter of Core; SP = Semi-Periphery; PP = Perimeter of Periphery; P = Periphery.

최종적으로 중심부까지 진출할 수 있다는 가능성을 제공하고 있다. [그림 2-1]이 보여주고 있듯이, 1938년부터 1950년까지 기간의 중심부(C), 準중심부(PC), 반주변부(SP), 準주변부(PP), 주변부(P)에 각각 위치하는 국가의 수가 1975년부터 1983년에 걸친 기간의 수와 변화가 있다는 것을 확인할 수 있고, 이는 곧 세계자본주의체제 내부에서 국가의 종속성은 구조적으로 고정된 것이 아니라 소폭이나마 변화가 가능하다는 사실을 시사하고 있다. 주변부에서 반주변부로의 위치상승을 보여주는 주요 사례로 아시아의 네 마리 용이 거론되고 있으며, 중심부 국가가 세계자본주의 체제를 변호하고 정당화할 수 있는 근거로서 반주변부 국가들이 이용될 수 있다. 이로써 반주변부는 중심부와 주변부 사이에 일종의 완충지대 역할을 수행하게 되고, 더 나아가 세계자본주의가 굴곡을 겪으면서도 지금까지 그 탄탄한 생명력을 유지하는 데 중요한 기초가 되어 왔다. 중심부-반주변부-주변부로 이어지는 세계체제의 계층화 현상은 프랑스 아날학파가 주창했던 역사적 장기지속(longue durée)을 통해 더욱 가시적으로 확인할 수 있으며, 세계자본주의 형성과 지속에 관한 비판적인 분석의 구조사로서 작동한다(Arrighi, 2010; Braudel, 1992; Anievas and Matin, 2016).

결국, 세계자본주의 체제가 용인하는 방식의 경제발전 해법을 주변부 개도국이 받아들일 수밖에 없는 구조가 주변부에 내재화되고, 개도국이 자생적으로 내적 발전을 도모하기에 어려운 구조적인 장애가 발생하게 된다.[10] 중심부와 주변부라는 이분법적인 사고로 인하여 개도국 내부의 정치엘리트 권력층이 중심부의 권력층과 결탁하여 주변부의 내부 지배 구조를 장악함으로써 내생적 발전의 가능성을 스스로 배제하는 악효과도 양산하게 된다. 따라서 종속이론/세계체제론은 중심부가 어떻게 주변부의 저발전을 유도하고 반주변부를 통해 세계자본주의를 안정적으로 관리하는가를 이해할 수 있도록 글로벌 수준의 구조적인 접근에 기반을 둔 비판적 이론을 제공한다.

동시에 종속이론/세계체제론은 이론적 한계도 내포하고 있는데, 이를 크게 두 가지 쟁점으로 나누어 정리할 수 있다. 첫째, 종속이론과 세계체제론의 분석단위는 국가로 수렴되기 때문에 시민사회와 같은 비정부주체가 어떻게 국가와의 관계를 형성하는가에 대한 해석을 내리기에 한계가 있다. 특정 국가가 중심부, 반주변부, 주변부 중 어

---

10 종속이론과 세계체제론으로 한국의 자본주의 형성과정을 본격적으로 분석한 연구는 1980년대 이후 시작되었다(임현진, 1987; 임현진 편저, 1987). 단기간에 성공적으로 세계자본주의에 편입된 한국은 대표적인 반주변부 국가의 사례로서 세계체제론에 의해 한국의 경제발전 형성과정이 비판적으로 해석되고, 세계체제에 편입되는 과정에서 발생하는 국내의 왜곡된 자본주의 시스템의 문제들이 거론되었다. 그럼에도 불구하고, 1990년대 본격적인 신자유주의가 글로벌 사조로 등장하면서 종속이론이 힘을 잃게 되고 한국 자본주의를 비판적으로 접근하는 연구도 점차 신자유주의 중심의 연구로 선회하게 되었다.

느 그룹에 편입되어 있는가, 그리고 그 그룹의 자본주의적 요소가 국가 내로 침투하여 세계체제의 일부로 재편된다는 점을 하향식으로 인식하고 있지만, 그 국가 내에서 자본주의적 조건에 대항하는 비정부 주체 및 민족주체에 의한 내적 발전의 동태적 과정에 관한 상향식 설명은 쉽게 제시하지 못한다. 따라서 주변부 국가의 중심부에 대한 종속성을 탈피하는 과정과 방향성을 명확하게 제시하지 못하게 되는 것이다. 둘째, 두 이론이 제기하는 세계자본주의의 종속성은 다분히 경제적 결정요인에 따라 그 수위가 정해지기 때문에 경제발전 이외의 사회발전의 이슈는 분석대상에 포함되지 않을 위험이 있다. 세계자본주의 체제의 변혁과 그 체제에서의 이탈, 그리고 세계자본주의 내부에서 내적 발전 중 주변부 국가가 선택할 수 있는 발전 전략은 경제적 선택으로 제한될 수밖에 없으며, 자연히 시민운동과 노동운동과 같은 사회적 요소들은 쉽게 배제될 수 있다는 비판적 평가가 있다.

1980년대부터 불붙기 시작한 신자유주의적 경제개혁이 1990년대 본격적으로 전 세계적인 현상처럼 퍼지기 시작하면서 사실상 종속이론의 시대는 막을 내렸다는 비관적인 평가가 팽배하였다(임현진, 1997). 개도국이 경제개발을 위한 해외원조 및 개발협력 프로젝트에 신자유주의적 원조조건(conditionality)이 필수요건으로 부과되었고, 과도한 원조조건으로 인해 종속성을 비판하며 세계자본주의 체제에 도전하는 것보다 현실적으로 신자유주의적 처방에 적응하는 정책이 개도국에게는 당면과제로 부상하였다(Killick et al., 1998). 이는 사실상 종속이론과 세계체제론 자체가 구체적으로 개도국이 어떻게 종속성을 극복하고 주변부를 탈피할 수 있는 전략과 방법을 제시하지 않고 있기 때문이기도 하다. 신자유주의의 영향으로 종속이론/세계체제론이 쇠락의 길을 걷게 될 것이라는 예상과 달리 이른바 '신종속이론'이 2000년대에 들어와 — 특히, 2008년 미국발 금융위기 이후 — 등장하게 된다

(Palan, 2013; Amadi, 2012). 기존 종속이론이 강조했던 글로벌 자본의 공격적인 이전은 주변부의 국별 또는 지역 수준에서 주로 이루어지는 데 반해, 신종속이론은 글로벌 금융시장의 거대자본 유출이 주변부의 국가와 지역에 한정되는 것이 아니라 중심부 국가에게도 치명적인 악영향을 미칠 수 있다는 차별성에 초점을 맞추고 있다. 따라서 신종속이론은 중심부와 주변부 간에 발생하는 전통적인 불평등 문제뿐만 아니라, 중심부와 주변부 각각의 내부에서 발생하는 국가별 불평등 문제를 동시에 중요한 분석대상으로 다루기 때문에 더욱 종속이론과 세계체제론에 입각한 비판적인 연구를 시도할 수 있다(김태균, 2016a).

(2) 글로벌 역사사회학(Global Historical Sociology)

경제적 요인 중심인 종속이론/세계체제론이 다루지 못하는 비경제 요인을 분석대상에 포함하고 동시에 종속이론/세계체제론과 유사하게 글로벌 수준에서 국제개발을 거시적으로 접근할 수 있는 비판이론으로 '글로벌 역사사회학(global historical sociology)'에 주목할 필요가 있다. 글로벌 역사사회학은 단어 자체에서 인지할 수 있듯이 글로벌 수준에서 '사회적인 것(the social)'을 역사 현상으로 분석하는 포괄적인 비판이론이다. 실제로 글로벌 역사사회학은 ① 글로벌 역사학(global history), ② 세계화 연구(globalization studies), ③ 글로벌 사회학(global sociology)이 사후적(ex post)으로 필요에 따라 적극적으로 결합하여 코스모폴리탄적인 정체성과 글로벌 수준에서 발생하는 사회과정을 추적하는 대안적인 이론틀을 제공한다(Go and Lawson, 2017; Anievas and Matin, 2016). 먼저 역사학자들이 일개 국가를 넘어서는 초국적 이슈를 역사적으로 기술하는 글로벌 역사학을 역사학의 하부 영역으로 정립하면서 글로벌 역사사회학의 구성요소로 조우하게 된다(Iriye, 1989). 앞서 언급한 아날학파의 구조사와 장기지속 접근법도 글로벌 역사학의 토대가 이론적으로 확장할 수 있는 주요한 근거로 작동하였다. 이러한 글로벌 역사학은 세계화 현상을 연구하는 세계화 연구가 급속도로 확장됨에 따라, 그리고 글로벌 사회학을 주창하면서 일국의 사회현상에 집중되었던 사회학의 영역이 글로벌 수준으로 확대되면서 다양한 국제관계 문제와 글로벌 현상을 사회과정의 하나로 이해하고 역사적으로 추적하는 연구를 추진하게 된다.[11]

이러한 대안적인 프레임은 기존 국제관계이론(international relations theory)을 장악해 온 현실주의와 자유주의 전통에 도전하여 국제관계학 분야에서 놓쳐 왔거나 의도적으로 배제해 온 국제관계 현상을 역사사회학적으로 분석하는 비판적 이론의 역할도 수행한다. 글로벌 역사사회학이 태생적으로 비판적인 특징을 보유하게 되는 이유는 기존 국제관계이론 자체가 대부분 서구 유럽과 미국 중심의 국익개념, 외교전략, 국가 주권 등에 역사적으로 깊은 뿌리를 두고 있다는 치명적인 한계를 갖고 있기 때문이다(Hoffman, 1987; Waever, 1998; Buzan and Little, 2001; Shilliam, 2011). 서구중심의 국제관계이론(특히, (신)현실주의 이론)에 비판적으로 대항하며 대안적인 사회이론과 역사적 경험을 강조하여 탈서구화와 시각의 다변화를 추구하는 학술적 노력을 국제관

---

11 세계화 현상을 분석대상으로 역사학과 사회학 방법론을 동원했던 학자들로는 카스텔(Castells, 1996), 헬드 외(Held et al., 1999), 벡(Beck, 2006, 2012) 등이 대표적이다. 세계화 연구는 1990년대 급속도로 확장되어 신자유주의적 세계화 현상을 비판적으로 검토하는 연구방향을 공유하는 경향이 강하였다. 반면, 글로벌 사회학은 부라보이(Burawoy, 2000, 2008)를 중심으로 국제사회학회(International Sociological Association)에 분과영역을 신설하여 활발하게 연구를 진행해 왔다. 기존의 국가 중심의 국제관계학이 제공할 수 있는 설명력에 문제를 제기하고, 사회운동, 비정부기관의 역할, 이주와 국제이동 등을 중심으로 대안적인 그리고 비판적인 접근을 다각도로 시도하고 있다. 이러한 글로벌 사회학이 역사학적 방법론과 연계될 때 더욱 긴 호흡의 연구가 가능해지고 글로벌 현상의 시작과 경과과정을 추적할 수 있는 근거가 마련된다.

계이론 중에서도 '비판이론(critical theory)'으로 분류하고 있다(Cox and Timothy, 1996; Cox, 1987). 비판이론으로서 글로벌 역사사회학은 기존 국제관계이론에서 대부분 배제되었던 분석수준과 분석단위를 소환하고 이를 중심으로 재구성한다. 분석수준의 경우 국제 수준의 현상에 국한되었던 국제관계이론의 기존 관행을 수정하기 위하여 글로벌 역사사회학은 국내 수준과 국제 수준을 연계하거나 국내 수준에서 발현하는 요인들을 핵심적인 독립변수로 채택한다. 분석단위의 경우도 국제관계이론이 전통적으로 천착해 온 국가 중심의 분석단위만을 고수하지 않고 노동조합, 시민사회, 사회운동 등 국가 단위보다 작은 규모의 사회주체들을 적극적으로 분석단위로 수용하거나 국제기구 등 일개 국가 단위를 넘어서는 집합체(collectivities)를 수용함으로써 기존 서구의 국가중심적 국제관계질서에 이론적으로 저항하며 탈서구화 이론 작업을 모색하고 있다(Murphy, 2004).

글로벌 역사사회학은 기존 국제관계이론의 문제해결(problem-solving)을 위한 방법론을 비판하고 국제관계의 원천과 역사적 형성과정, 그리고 사회적 구성에 관한 거시적이면서 장기적인 연구의 중요성을 강조한다(Go and Lawson, 2017; Cox, 1987; Ashley, 1984). 이에 따라 연구주제가 특정 국제현상의 역사적인 변천과정을 추적하는 사례가 다음과 같이 크게 세 가지 연구로 나누어질 수 있다. 첫째, 근대국가의 형성과정을 전쟁과 혁명 및 독재와 민주주의라는 국제 변수와 국내 변수를 모두 고려하여 사회적 관계성과 그 역사적 궤적을 분석하는 연구주제이다(Tilly, 1990; Moore, 1966; Giddens, 1985; Mann, 2014; Poggi, 1978). 둘째, 제국주의와 식민화 과정 및 운영기제, 그리고 식민주의에 배태된 인종차별주의와 젠더, 섹슈얼리티 등의 거시-미시 연계 이슈에 사회학적 분석을 시도하는 연구주제이다(Patil, 2017; Magubane, 2017). 마지막 연구주제는 앞서 논의한 종속이론과도 연결될 수 있는 세계자본주의 형성과정을 글로벌 수준에서 역사사회학을 통해 고찰하는 이슈영역으로, 주로 서구에서 태동된 자본주의가 어떠한 과정을 통해 전 지구적으로 확장되고 다른 국가와 지역을 흡수하게 되었는가에 대한 연구이다(Hung, 2009; Pomeranz, 2000). 세 가지 연구주제는 모두 국제개발이라는 이슈와 연계가 되어 있으며, 기존 개발학에서 접근하는 방식보다 다분히 거시적이고 역사적인 비판이론에 가깝다. 단편적인 개발협력에 관한 기술적 분석이 아니라 거대한 역사적 조건하에 개도국의 개발이 어떻게 발전되어 왔는가 그리고 선진공여국은 어떠한 역사과정을 통해 개도국을 식민지화하고 탈식민주의 과정에서 그리고 그 이후 개발원조를 제공하게 되었는가에 대한 거시적인 논의이다. 따라서 글로벌 역사사사회학은 국제개발을 적극적인 발전의 개념에서 접근하고 소극적인 개발의 개념은 지양하려는 특성을 가진다.

글로벌 역사사회학은 역사적으로 과거에 발생한 이슈 및 사례를 비판적으로 연구하는 것과 함께 과거의 경험을 토대로 미래의 세계자본주의와 개도국의 발전문제에 대한 예견적 연구를 시도한다. 대표적으로 아민(Amin, 2019)이 글로벌 남반구의 장기혁명을 성취하기 위한 '비판적 세계주의(critical globalism)'를 주창한 연구사례가 이에 해당한다. 비판적 세계주의는 국제개발에 관한 미래예견적 담론분석에 있어 크게 두 가지 주장으로 구성된다. 무엇보다도, 개도국의 개발담론과 발전문제가 지속적으로 서구식 사고와 경제성장 중심의 해법에 따라 종속화되고 있으며, 이를 지원하는 진화와 진보에 맹목적으로 경제성장을 접목하여 서구방식의 경제성장론을 맹신하게 되는 문제를 비판적으로 분석한다. 개발이론의 계보학을 추적하여 서구의 개발사조 내부에 발생하는 분절성과 단절성을 강조하고, 서구중심 사고의 근본주의적 폐쇄성을 밝히며, 외부에서 개발사조가 일방적으로 이식되는 것을 비판하고 개도국의 내생변수에 대한 새로운 재인식을 강조한다.

둘째로, 비판적 세계주의는 발전이론의 다양성을 인정하고 다양한 발전경로가 경제학 이론뿐만 아니라 사회학 이론에 따라 개도국 내부 조건과 섹터별로 달리 모색될 수 있으며, 이를 위한 전문화된 발전논리와 전략이 외부가 아닌 주변부 국가에 의해 자생적으로 정의되고 비판적으로 대비될 수 있도록 당위적인 제3세계의 미래상을 제시하고 있다.

(3) 제3세계론(Third World)/글로벌 남반구 연구(Global South Studies)

우리가 주목해야 할 글로벌 수준에서의 국제개발에 대한 구조적 접근의 마지막 비판이론은 앞서 논의한 종속이론/세계체제론과 글로벌 역사사회학이 공통적으로 연계될 수 있는 '제3세계론' 내지 '글로벌 남반구 연구'이라 할 수 있다(김태균·이일청, 2018). 제3세계가 가지는 사전적 의미는 냉전붕괴 이전 시기까지 자유진영을 제1세계, 공산주의 진영을 제2세계로 구분하고 이에 속하지 않는 개도국을 통칭하는 개념으로 사용되었다.[12] 냉전시대가 종료된 후 제3세계와 이를 국제정치에서 주류화시키는 데 일등공신 역할을 한 '비동맹운동(NAM)'이 점차 쇠퇴하게 되고 제3세계는 개도국의 집합체로서 단합된 정체성을 상징하는 '상상된 공동체(imagined community)'로의 최전선에서 점

---

12 제3세계라는 용어는 1952년 프랑스 인구학자이자 역사인류학자였던 소비(Albert Sauvy)가 *L'Observateur*에서 신생독립국을 편의상 구분하기 위하여 사용했던 것이 시발이 되어서 그 이후 영어권에서는 1964년 워슬리(Worsley, 1964)의 제3세계에 관한 단행본이 출간된 이후 본격적으로 공론화되었다는 것이 중론이다. 흥미롭게도, 소비는 프랑스혁명에 등장하는 제1계급(clergy) 및 제2계급(aristocracy)과 구별되는 혁명의 주역이었던 제3계급(Third Estate)에서 영감을 얻어 제3세계라는 개념을 만들게 되었으며 제3세계 국가들에 의해 새로운 국제정치질서를 정립할 수 있는 기대감을 가지고 있었던 것으로 전해지고 있다.

차 후퇴하게 된다(Lee, 2010; Anderson, 1983). 제3세계론의 쇠퇴는 이를 대체하는 글로벌 남반구 연구로 이어지게 되며, 글로벌 남반구에 위치한 개도국의 발전문제 제반에 걸쳐 연구하는 광범위한 학문적 공론장으로 글로벌 남반구 연구가 더욱 확장력을 갖게 된다. 국제개발 논의에서 최근 자주 등장하는 '남남협력(South-South Cooperation)'의 경우도 글로벌 남반구 연구의 일환으로 포함되며, 아프리카·아시아·라틴아메리카 등 현지에서 생산되는 소설·영화·음악·미술 등 문화적 작품을 통한 남반구 현지인의 사고방식과 생활양식에 관한 연구도 글로벌 남반구 프로젝트의 대표적인 연구 분과에 속한다.[13]

제3세계론은 엄밀한 의미에서 비판적 개발이론이라기보다는 개도국의 상징적인 문명화 프로젝트이자 글로벌 남반구 국가의 비동맹운동과 탈식민주의를 선언하는 정치적 매니페스토(manifesto)라 정의할 수 있다(Du Bois, 1945; Wright, 1957; Fanon, 1963; Memmi, 1965; Césaire, 1972; Padmore, 1972). 제국주의와 식민주의에서 독립한 글로벌 남반구의 신생독립국들이 반식민주의·탈식민주의를 표방하고 단순히 일국 차원의 프롤레타리아 혁명을 달성하려는 목적을 넘어서, 제3세계

---

13 글로벌 남반구의 문화산업으로 볼 수 있는 대표적인 사례로 칠레 시인 네루다(Pablo Neruda), 이집트 가수 쿨숨(Umm Kulthum), 인도네시아 화가 커튼(Sudjana Kerton), 이란의 문인 알레 아흐마드(Jalal Al−e Ahmad) 등을 손꼽을 수 있다. 특히, 알레 아흐마드는 1962년에 출간한 *Gharbzadegi: Weststruckness*라는 책을 통해서 오리엔탈리즘의 시초격인 '서구중독증'의 개념을 주창하고 1984년에 *Occidentosis: A Plague from the West*를 통해 서구 식민주의의 문화적 잔재를 극복을 위한 문맹퇴치를 사회개발의 최전선에 배치할 것을 강조한다. 탈식민주의 운동이 정치권에서만 통용되는 정치적 사안이 아니라 모든 제3세계 인민들의 일상생활의 한 부분으로 편입되는 과정을 알레 아흐마드의 문화운동을 통해 확인할 수 있다. 한편, 아프리카의 현대 문학이 태동하는 계기를 부여했던 1934년부터 1948년까지 프랑스의 '네그리튀드(negritude)' 운동을 통해 문화운동이 특정 정치이념과 연결되는 현상을 상징적으로 보여준다.

론은 전 세계의 인종차별과 파시즘을 종식하고 식민주의 체제를 혁명적으로 개조하려는 당대의 가장 역사적인 운동을 대표하는 진정한 문명화 프로젝트였다. 이러한 제3세계의 국제주의적 정체성이 확립된 역사적 계기는 1955년 4월 인도네시아 수카르노, 이집트 나세르, 그리고 중국 저우언라이가 합작하여 29개 신생독립국 정상들이 인도네시아 반둥에서 개최한 아시아-아프리카 회의(반둥회의)라 할 수 있다. 반둥회의에서 제3세계 지도자들은 전후 식민주의를 일국가 수준이 아닌 지구상에서 타파하기 위한 국제 연대의 필요성을 강조하였고, 개별 신생독립국에서 출현하는 민족주의에 국제주의적 에토스를 추가하여 제3세계가 반제국주의의 특징을 공유할 수 있도록 권장하였다 (Singham and Hume, 1986; Prashad, 2007). 이렇듯, 제3세계의 집합적 정체성(collective identity)은 수많은 반식민주의 민족주의 전선에서 발생한 시행착오를 토대로 사회적으로 재구성되었지만, 실제로 독립 이후에도 식민주의의 잔재가 국가 간 불평등과 인종차별을 양산하는 과정에서 중심부 강대국에게 대항하는 정치 투쟁과 문화투쟁의 국제주의적 결과물이라 할 수 있다(Fanon, 1952; Sartre, 1948; Petersson, 2014). 이러한 제3세계의 정체성은 반둥회의 이후 비동맹운동(NAM)을 비롯하여 1960년대 77그룹(G-77), 그리고 1970년대의 신국제경제질서 (New International Economic Order: NIEO)로 발전하면서 UN 내의 다양한 제3세계 협의체를 다층적으로 구축하였다.

그러나 제3세계론은 앞서 언급했듯이 냉전시대가 종료됨에 따라 서서히 쇠락의 길을 걷게 된다. 개도국의 입장을 대변하고 집합적인 목소리를 국제기구에서 적극적으로 개진하는데 제3세계론은 국제주의적 사조로서 상상공동체의 역할을 수행하였지만, 비판이론으로 개도국 발전에 명확한 정책 방향성과 이론적 프레임을 제공하지 못했다는 평가가 중론이다(South Commission, 1990; Okihiro, 2016). 이와 더불어, 제3세계 외부의 변화로 신자유주의적 글로벌 거버넌스의 확장, 그리고 냉전종식이라는 정치적 변수가 제1세계의 국제정치 주도권 장악과 제2세계의 분열을 유도하였으며, 특히 1970년대 후반의 두 차례 오일쇼크와 1980년대 라틴아메리카의 연쇄적인 모라토리엄 선언이 제3세계 중심의 국제정치경제질서 개편인 NIEO와 같은 시도를 좌초시키고 신자유주의적 구조조정을 제1세계 공여국이 부과하는 공식적인 원조조건으로 정착할 수 있도록 만드는 역사적 계기를 제공하였다.[14] 이러한 제1세계의 신자유주의적 팽창은 1990년대 미국 일변도의 국제정치질서가 재편되면서 더욱 가속화되고, 결국 신자유주의적 개발원조는 개도국 간의 연대의식을 저하시키는 효과를 낳게 되고 제3세계론은 "남반구에 잔존하는 개도국의 문화민족주의 정도로 간주"될 정도로 그 세가 축소되었다(김태균·이일청, 2018: 76).

제3세계론의 쇠퇴는 제3세계 프로젝트가 완전히 역사의 뒤안길로 사라진 것을 의미하지 않는다. 기존의 단일된 집합적 정체성을 보존하는 데에는 실패했지만, BRICS의 등장과 남남협력의 확장 등 다양한 활로의 등장으로 제3세계론이 다층적으로 재구성되면서 글로벌 남반구 연구라는 넓은 스펙트럼의 비판이론으로 확대·재생산되었다(김태균·이일청, 2018). BRICS는 글로벌 남반구에서도 정치적 헤게모니를 장악하는 중심부 국가가 탄생하여 남반구 내부에 중심부와 주변부가 형성되는 정치권력 및 경제권력의 불평등 현상을 생산하고 있다(Stuenkel, 2015; Paul, 2018; Chaturvedi et a., 2012). 또한 남남협력이라는 기치하에 개도국 간의 경제협력 및 개발원조를 상호 지원하는 협치를

---

14 대표적인 제3세계 프로젝트의 쇠퇴를 의미하는 예로서, 1979년 하바나에서 개최된 제6차 NAM 정상회의에서 탄자니아의 니에레레(Julius Nyerere)가 "NAM은 진보적인 운동이지만, 진보적인 국가들의 운동은 아니다"라고 NAM의 분열과 쇠퇴를 경고하고 있다(Singham and Hume, 1986).

강조하면서 기존의 남북협력 방식을 대체하려는 글로벌 남반구의 대안적인 노력은 상생과 연대라는 제3세계론의 전통적 가치를 발전시키기보다는 오히려 남남협력의 혜택을 받기 위한 수원국의 입장과 남남협력을 통해 헤게모니 권력을 확장하려는 공여국의 입장이 복합적으로 혼재하는 제3세계 내 현실주의적 권력장을 창출하게 된다. 결론적으로, 제3세계론의 쇠퇴는 다층적인 글로벌 남반구 연구로 그 명맥을 이어갔지만, 개도국 공동의 상상공동체로서 제3세계 이미지는 상쇄되고 국제관계의 현실주의적 질서가 글로벌 남반구 내에 정착되고 있다고 평가할 수 있다. 이런 맥락에서, 2010년 세계은행(World Bank) 졸릭(Robert Zoellick) 총재는 제3세계의 종말을 선언하였고, 개도국의 신흥경제국으로 부상, 국제경제 환경 내 경제발전의 중요성, 그리고 다극화된 세계 경제를 공식화하면서 개도국의 국제경제질서에 편입과 남반구－북반구 간의 이념적 대결이 아닌 현실주의적 경쟁과 협력을 강조하였다(Zoellick, 2010).

2.2. 국가 수준의 구조 – 행위자 관계성

앞서 논의한 비판적 국제개발이론은 주로 글로벌 수준의 구조적 분석을 추진하는 비판이론을 소개하였다면, 여기서는 분석수준을 글로벌 수준에서 국가 단위로 하향 조정하여 개발협력 및 국가발전의 이슈영역에서 국내의 구조 – 행위자(structure-agent) 관계가 어떻게 형성되는가에 관한 비판적 접근을 시도한다. 국가 수준에서 취사선택할 수 있는 비판적 개발이론은 사회과학 전반에 걸쳐 다양하게 분포되어 있지만, 여기서는 기존 발전국가를 비판적으로 해석하는 비판적 발전국가론, 개발원조의 책무를 둘러싼 주인과 대리인 문제를 다루는 책무성 이론, 그리고 국가와 사회를 대립관계가 아닌 협치의 파트너로 시너지(synergy) 효과를 강조하는 혼합적 거버넌스 이론을 중심으로 설명한다.

(1) 비판적 발전국가론(Critical Developmental State)

국가 수준에서 개발 또는 발전문제를 다루는 이론적 프레임 중 '발전국가론(developmental state thesis)'은 시장 중심의 경제학적 정통 개발이론과 차별성을 갖는 국가·정부주도의 대안적 발전이론이다. 주지하다시피, 발전국가론의 시작은 일본의 통산성(Ministry of International Trade and Industry: MITI)을 사례연구로 분석한 존슨(Chalmers Johnson)의 1982년 역작 ― *MITI and the Japanese Miracle* ― 에서 비롯되었으며, 그 이후 일본의 발전국가 사례는 한국, 대만, 홍콩, 싱가포르까지 확장되면서 발전국가론은 마치 동아시아 발전모델을 상징하는 테제로 인식되기도 하였다(Amsden, 1989; Wade, 1990). 1997년 아시아에 불어닥친 외환위기로 발전국가론의 대표적인 성공사례인 한국을 비롯하여 아시아 개도국들이 국제통화기금(IMF)의 구제금융 처방을 받게 됨으로써, 동아시아의 성공신화에 관한 비판적 고찰이 제기되었고 심지어는 동아시아의 기적은 끝났다라는 혹평까지 제기되었다(Williams, 2014). 그러나 이 국가들이 다시 외환위기를 극복하고 안정적으로 경제를 회복시킴에 따라 발전국가의 신자유주의적 적응도에 관하여 재조명되었다. 다시 재충전된 발전국가론은 동아시아를 넘어서 라틴아메리카·중국·아프리카 등 주변부 개도국 전체에 적용되는 국가주도 발전모델의 일반적인 이론으로 확장되고 있다(Kohli, 2004; Singh and Ovadia, 2019).

정통적인 발전국가론의 핵심은 넓게는 국가, 좁게는 정부의 자율성이며, 특히 정부 기관의 주요 뼈대인 관료체제의 발전이다(Johnson,

1982; Woo-Cumings, 1999; 임혜란, 2018). 발전국가론의 초기 연구들은 정부 관료제의 역할과 리더십 및 지휘능력을 발전국가가 성공할 수 있는 가장 중요한 핵심요소로 간주하였다. 정부 중심의 산업화 전략이 수립되고 정부가 선도적으로 특정 산업에 전략적 지원을 배분하게 되면 경제성장이 빠르게 성취될 수 있는데, 여기에 강하면서도 상대적으로 투명한 관료제가 정부주도 경제성장의 핵심 동력으로 작동해야 한다(Cumings, 1999). 특히, 존슨은 일본이 발전국가 시스템을 통해 단기간 내에 경제성장을 이루어낼 수 있는 가장 핵심적인 요인으로 통산성의 강력한 리더십과 행정역량을 강조한 나머지, 통산성과 여타 정부부처와의 관계, 정부와 집권여당과의 관계, 정부와 주요 민간기업 간의 관계 등의 중요성이 상대적으로 묵과되었다는 비판을 받게 된다(Johnson, 1982). 이에 이른바 '존슨 수정주의(Johnson Revisionists)' 패러다임이 조성되고 많은 학자가 발전국가론의 정부주도형을 인정하면서 동시에 정부가 주요 국정 파트너로부터 유기적인 관계와 협력을 도출하기 위해 큰 노력을 기울였다는 것을 강조하고 있다(van Wolferen, 1989; Calder, 1988; Alexander, 2002). 한국의 경우, 정부와 기업 간의 공생관계를 한국적 발전국가의 중요한 특징으로 분석한 연구가 있으며 (Kim, 1997), 발전국가론의 중요한 논객 중 한 명인 에반스(Peter Evans)도 이른바 '배태된 자율성(embededded autonomy)'이라는 개념을 통해 국가가 비정부주체인 기업 및 시민사회와 협치를 유도할 수 있는 제도적 장치를 발전국가가 다른 지역이 아닌 동아시아에서 활발하게 구축될 수 있었다고 평가하고 있다(Evans, 1995).

이러한 정통적 발전국가론에 대안적인 시각을 가미하여 구조로서 국가와 행위자로서 비정부주체가 상호의존적으로 관계성을 재조정하거나 행위자가 국가 중심의 발전국가에 도전하여 그 궤도를 수정하는 연구가 이른바 '비판적 발전국가론'이라는 새로운 범주로 자리 잡게 된다(Evans, 1997; 이연호, 2009; 임혜란, 2018; 이주하, 2017; 윤상우, 2005; 강정구 외, 2003; Pirie, 2008; 김철규, 2002; 국민호, 2002).[15] 앞서도 논의했지만, 1997년 외환위기 이후 세계은행이 '동아시아의 기적'이라 칭송했던 발전국가의 위상이 비판을 받게 되고 급기야는 발전국가론의 폐기까지 공론화되었다(World Bank, 1993; Carroll and Jarvis, 2017). 발전국가의 폐기론은 기존의 정통적 발전국가론을 비판적 지지를 통해 수정·보완을 제안하는 일련의 연구성과로 대체되고 있다. 특히, 임혜란(2018)과 이연호(2009)는 1997년 동아시아 외환위기 이후 심각한 비판에 직면한 동아시아 발전국가 모델을 새로운 대외환경변화에 따라 국가의 자율성, 관료체제의 발전, 국가와 기업 간 협력, 그리고 외부환경의 도전과 기회에 대한 포착 등의 동아시아 발전국가 속성의 변천과정을 추적하였다. 이를 토대로 한국형 발전국가 모델이 후발개도국의 발전모델로 적용가능하다는 주장을 설파하고 있다.

비판적 발전국가론은 동아시아 발전국가 모델의 재해석을 토대로 21세기형 발전국가의 대안적인 노정을 제안함으로써 그 이론적 확장성을 강화하고 있다. 임현진(2009)은 세계체제론과 발전국가론을 동시에 혼용하면서 한국이 중심부로 진입하기 위한 21세기형 대안적인 발전국가 모델로 강한 국가가 아닌 시민사회와 시장 사이의 견제와 균형을 통해 시너지 효과가 창출할 수 있도록 국가의 역할이 저강도로 재조정되기를 제안하고 있다. 같은 맥락에서 아래로부터의 형성되는 국가-사회 시너지(state-society synergy) 효과가 배태적 자율성을 확장하여 이전 발전국가론에서 배제되었던 시민사회의 민주적 참여와 시민의 역량발전을 국가발전의 전제로 제안하는 21세기형 민주적 발전

---

15 비판적 발전국가론이라는 개념은 기존에 사용되거나 정착된 학술용어가 아니라, 저자가 본 연구를 위해 새롭게 제시한 범주이자 개념이다.

국가론도 서구 학계에서 강조되고 있다(Evans, 1997, 2008; Hsu, 2017). 특히, 에반스는 빈곤에서 탈출하고 진정한 의미로 발전을 개인의 자유 (freedom)를 위한 민주적 시민의 '권리중심접근(rights-based approach)'에 서 찾는 센(Amartya Sen)의 역량이론에서 착안하여 기존의 발전국가론 을 수정하고 21세기형 모델을 제안함으로써 아직 발전국가론의 효용 은 개도국의 발전에 있어 중요한 위치를 차지한다고 강조한다(Sen, 1999; Evans, 2008). 결론적으로 국가와 시민사회가 적대적 관계가 아 닌 상호 협치의 파트너로서 시너지 효과를 창출할 수 있는 제도적 환 경을 국가가 제공하고 그 제도 안에서 다양한 행위자가 개발과 발전 의 주체가 될 수 있도록 배태된 자율성의 성격을 조율하는 것이 관건 이다.

(2) 책무성(Accountability) 이론

국가 수준에서 구조와 행위자 간의 관계성을 분석할 수 있는 비 판이론 중 대표적인 사례가 개발책무성(development accountability)을 둘러싼 역학관계를 연구하는 이론이다(Woods, 2007; Goetz and Jenkins, 2005; Held and Koenig-Archibugi, 2005; 김태균, 2018). 기존의 효율성 (efficiency) 중심으로 이행되어 온 국제개발 프로젝트를 비판적으로 고찰하고 효율성과 함께 원조의 책무성을 강조하는 총체적인 개발효 과성(development effectiveness) 제고가 2011년 한국의 부산에서 개최 된 제4차 '원조효과성을 위한 고위급포럼(High-Level Forum on Aid Effectiveness: HLF)'에서 재차 강조되면서 책무성 이슈는 2005년 제2차 HLF에서 채택된 파리선언(Paris Declaration) 5원칙의 하나로 포함된 이 후 다시 국제원조사회의 주목을 받게 되었다(Kim and Lee, 2013).[16] 그

---

16 2005년 파리에서 개최된 제2차 원조효과성을 위한 HLF에서 회의 결과물로 5개

럼에도 불구하고, 파리선언의 상호책무성(mutual accountability) 원칙은 5가지 원칙 중 가장 이행하기 어렵고 개발주체로부터 큰 호응을 받지 못하게 되어 일종의 '고아(orphan)'와 유사하다는 부정적인 견해도 있다(Kim and Lim, 2017; AusAid, 2008).

이러한 개발책무성 논의의 파급력은 다분히 기존 국제개발 연구에 대하여 비판적이며 원조의 본질적인 존재가치에 관한 도전적인 질문에서 시작된다. 개발프로젝트는 원래 기획했던 개발목표가 최대한 효율적으로 달성하도록 인력과 물자를 배치하고 이행과정의 속도를 높이기 위하여 공여기관은 상대적으로 인권침해와 원조 책무성을 인지하지 못하거나 의도적으로 소외시킬 가능성이 있다. 따라서 책임지지 않는 개발원조를 비판적으로 검토하고 무책임한 원조의 가치와 실적에 도전할 수 있는 이론적 장치로 책무성은 대단히 중요한 비판국제개발론의 플랫폼 역할을 한다. 책무성 문제로 자주 거론되는 사례는 세계은행을 비롯한 국제통화기금, 그리고 세계무역기구(WTO) 등 이른바 '브레튼우즈(Bretton Woods)' 체제의 주요 다자개발은행 및 국제금

원칙으로 구성된 파리선언(Paris Declaration)을 채택하였다. 파리선언의 5원칙은 다음과 같다. 첫째, 개도국 파트너 국가의 주인의식(ownership)을 존중한다. 둘째, 원조 공여주체 간의 정책 및 사업 조율을 선행하여 공여주체 측의 조화(harmonization)를 꾀한다. 셋째, 공여주체는 협력대상국이 요청하는 개발정책과 사업에 개발프로젝트의 방향과 내용을 일치(alignment)시켜야 한다. 넷째, 공여주체와 협력대상국은 상호 책임(mutual accountability)의 의무가 있다. 다섯째, 모니터링과 평가를 동원하여 개발프로젝트의 성과물을 관리(managing with results)할 수 있어야 한다. 제4차 HLF가 열린 부산개발원조총회에서 파리선언의 5대원칙이 발전적으로 개편되어 '부산결과문서(Busan Outcome Document)'라는 최종결과물이 채택되었는데, 부산결과문서는 ① 주인의식(ownership of development priorities by developing countries), ② 성과중심(focus on results), ③ 포용적 파트너십(inclusive development partnerships), ④ 투명성과 상호책무성(transparency and accountability to each other)와 같이 4개의 원칙으로 구성되어 있다.

융/무역기구들이다(Peet, 2009; Weaver, 2008; Harriss, 2002; Goldman, 2005; 김태균, 2013b). UN기구와 달리 다자개발은행은 가시성이 높은 인프라 중심의 고비용 사업을 주로 양허성 차관인 유상원조 방식으로 진행해 왔기 때문에 사업의 최종 성과를 성공적으로 달성했는가의 효율성 측면에 대단히 민감할 수밖에 없다(김태균, 2013b). 이러한 다자개발은행과 국제금융기구는 쉽게 효율성 성취에 매달리게 되고 책무성 문제의 중요성을 인식하기가 어려운 경우가 다반사이기 때문에 외부 시민사회단체 및 현지주민으로부터 책무성 결핍에 대한 비판의 주 표적이 되어 왔다. 외부 비판에 대응하기 위하여 주요 다자개발은행은 내부적으로 책무성에 관한 전담기관을 설치하고 1990년대 중반부터 개발사업에서 발생하는 현지주민의 피해와 세이프가드 위반 사례를 신청받고 이 사건들을 조사하여 기관과 개발사업의 책무성을 제고하기 위한 자구책을 실시해왔다.[17]

---

17 다자개발은행의 책무성 제도에 관한 광범위한 연구 결과는 김태균(2018b)를 참조하길 바람. 다자개발은행 중 가장 먼저 책무성 제도를 도입한 사례가 세계은행의 조사패널(Inspection Panel)이다(Clark et al., 2003; Shihata, 2000). 세계은행은 증가하는 책무성 결핍에 대한 외부의 비판에 대응하기 위하여 1993년에 조사패널을 설치하였고, 그 이후 세계은행이 책정한 10개의 세이프가드에 위반되는 사례에 관한 법적 제소를 접수받기 시작하였다. 조사패널의 기능에 관해서는 의견이 분분하나, 최소한 세계은행이 다자개발은행 중 최초로 공식 제소 접수와 심의를 추진할 수 있는 제도적 장치를 내부에 설치하였다는데 큰 의의가 있다고 평가할 수 있다. 책무성 제도의 진행 과정은 먼저 세계은행 개발프로젝트가 시행되는 현지에서 주민들이 피해 사항을 인지하고 이를 직접 조사패널에 제소하는 절차에서 시작된다. 현지주민이 조사패널 프로세스가 있다는 사실을 인지하지 못할 경우가 대부분이기 때문에 현지주민을 대신해서 지역NGO 또는 국제NGO가 조사패널에 대신 제소할 수 있다. 조사패널에 사건이 접수되면 내부 절차를 통해 조사패널이 패널리스트를 현장에 투입해 사건을 조사하고 조사결과에 따라 적절한 수습방안을 세계은행 이사회(Executive Board)에 제출하고 최종적으로 이사회가 결정하여 책무성 제고에 대한 조치를 취하게 된다.

이러한 맥락에서 책무성 이론은 비판국제개발론이 보여줄 수 있는 일국 내의 구조와 행위자 간의 관계성을 구체적으로 분석한다. 일반적으로 주인－대리인(principal-agent) 프레임을 통해 책무성 이론은 국가 내 구조와 행위자 간에 형성되는 관계성을 추적하고 있는데, 주인과 대리인을 원조기관 내부 또는 외부에서 찾는가에 따라 내부적 책무성(internal accountability)과 외부적 책무성(external accountability)으로 구분하게 된다(Steets, 2010; Fox and Brown, 1998; Woods, 2001; Knapp and Feldman, 2012).[18] 다양한 책무성 유형이 거론될 수 있지만, 내부

---

[18] 책무성 제도의 유형은 기준에 따라 다양하게 분류할 수 있다는 측면에서 책무성 개념의 유연성을 확인할 수 있다(김태균, 2018; Bovens et al., 2014; Tilley, 2014). 다양한 구분법 중 위에서 설명하고 있는 내부적 책무성과 외부적 책무성 이외에 대표적으로 ① 수직적 책무성(vertical accountability)과 수평적 책무성(horizontal accountability), ② 경성적 책무성(hard accountability)과 연성적 책무성(soft accountability), ③ 절차적 책무성(procedural accountability)과 관계적 책무성(relational accountability), ④ 제재중심 책무성(sanction－based accountability)과 신뢰중심 책무성(trust－based accountability) 등 네 가지의 구분법이 주로 사용된다. 수평적 책무성은 원조기관 내외에 활동하는 수평적 조직 간의 견제와 균형을 통한 상호책임 관계를 의미하며, 수직적 책무성은 원조기관 내외에 활동하는 수직적 관계에 놓인 조직 간에 하향식 책무와 상향식 책무가 교차하는 관계를 의미한다. 따라서 많은 경우에 실제로 수평적 책무성은 외부적 책무성과 유사한 현상을 설명할 가능성이 크고 수직적 책무성은 내부적 책무성과 연결될 가능성이 크다. 한편, 경성적 책무성은 개발원조 파트너십에 관여된 모든 행위주체가 완전한 형태의 책무성에 구속되고 각 구성요소를 만족시키기 위한 의무적 관계에 놓인 경우를 의미하는 데 반해, 연성적 책무성은 기존의 책무성 구성요소를 모두 갖추지 못하더라도 유사한 강도 또는 저강도로 개발협력의 책무에 대한 압박을 가할 수 있는 경우에 해당한다. 절차적 책무성은 행위 규제를 목표로 작동하는 구체적이고도 명확한 제도적 기제를 상정하기 때문에 공식적인 계약관계를 중심으로 이루어지는 책무성 방식인 데 반해, 관계적 책무성은 미시적인 맥락을 넘어서 광의의 사회체계와 정치·사회적 관계를 중심으로 비공식적·함축적·내재적·우연적인 책무성 규칙과 기준에 주목하고 법으로 제정할 수 없거나 지표로 측정할 수 없는 관계성을 중시한다. 마지막으로 제재중심 책무성은 기존의 경성적 책무성과 절차적 책무성과 그 궤적을 공유하기 때문에 처음 약속했던

적·외부적 책무성을 활용해서 책무성 이론의 비판적 구조-행위자 관계성 분석을 검토하는 이유는 다른 유형보다 내부적·외부적 책무성이 명확하게 이 관계성을 보여줄 수 있기 때문이다. 내부적 책무성의 경우 책무성에 대한 요구가 원조기관 내부에서 자발적으로 태동한다면 내부 행위자의 요구가 기존 거버넌스의 구조를 개선하는 적극적인 내부 개혁의 원동력이 될 가능성이 크다. 그러나 현실정치에서는 기관 내에서 스스로 거버넌스 구조의 책임을 확장하기 위하여 하부구조의 내부 행위자가 요구사항을 제기한다고 해서 상부 구조에 있는 권력기관이 책무성 제고 요청을 긍정적으로 검토하기가 어렵다. 따라서 대부분의 책무성 정치는 내부 행위자가 아닌 외부 행위자인 시민사회단체(civil society organization: CSO)에 의해 주로 시발되며, 외부적 책무성이 일단 발동되면 원조기관 내부의 책무성 기제가 이에 반응하기 위하여 모종의 대응 프로세스를 작동하게 된다(Buntaine, 2014).[19]

내용들이 집행되지 않을 경우 계약에 따라 적절한 제재를 가하는 기계적인 프로세스를 전제로 하는 반면, 신뢰중심 책무성은 개발협력에 참여하는 파트너들 간에 조성되는 신뢰를 바탕으로 행위자 공동의 네트워크에서 발산되는 압박으로 책무성을 관철시키는 유형이다.

19 시민사회단체(CSO)는 사회과학 분과학문에서 다양한 표기와 개념으로 혼용되고 있어서 아직까지 명확하게 통일된 개념적 용어로 정착하지 못했다. 기본적으로 CSO는 시민사회 영역에서 활동하는 자발적 협의체로 구성된다는 공통점이 있기 때문에 보통 자원단체(voluntary organization)라고 명명되기도 한다(Kim, 2008). CSO는 시민사회의 전통과 역사가 다른 국가의 맥락에 따라 조금씩 다르게 개념적으로 정의되고 있다. 영국에서는 보수당과 노동당 모두 시민사회를 중요한 국정 파트너로 인식하고 주로 '자원섹터(voluntary sector)'로 개념화하면서 강제가 아닌 자발적인 참여를 강조한다. 신자유주의적 시장경제 전통이 강한 미국이나 국가주도의 시장경제 중심인 일본은 CSO를 보통 '비영리기구(non-profit organization: NPO)'의 개념으로 특화한다. 한편, 프랑스와 독일 등 유럽 국가에서는 국가와 시장과 구분되는 개념인 제3섹터(third sector)로 통칭하는 경향을 보인다. 이러한 다양한 방식의 표현을 통합하는 역할을 비정부기구(non-governmental organization: NGO)라는 개념이 대신해 왔는데, NGO는

물론 외부적 책무성을 동원해서 내부적으로 해결해야 할 책무성 문제를 온전히 해결할 수는 없지만, 내부적 책무성이 원조기관 내에 고착된 행위자와 구조 간의 경직성을 적극적으로 대응하지 못한다는 비판적 접근을 일정 정도 외부적 책무성의 동원으로 무마할 수 있다(Woods, 2001).

특정 국가 수준에서 적용되는 책무성 연구가 다른 국가와 비교를 통해 확장될 경우 그 개념과 적용방식의 차이를 발견하게 된다. 국가 간 차이는 곧 특정 국가의 시각에서는 비판의 도구가 되고 책무성 이론의 차등적인 적용을 요구하는 비판적 해석으로 이어지게 된다. 다시 말해, 책무성 개념과 이론이 다분히 서구중심에서 만들어진 사고틀이라는 비판이 가능하며, 책무성 이론을 비판적으로 수정하지 않고 개도국 사례에 그대로 적용할 수 없다는 논리가 가능해진다. 일반적으로 책무성의 개념은 이론적으로 ① 책임성(responsibility), ② 응답성(answerability), ③ 강제집행성(enforceability), ④ 민주참여성(democratic participation) 등의 4가지 구성요소를 포함한다고 알려져 있다(김태균, 2018; United Nations, 2013).[20] 특히, 이 구성요소 중 가장 이행하기가

사전적으로 정부에 대항하는 시민사회기구를 대표한다는 의미에서 미국과 일본의 시장친화적인 NPO 유형을 포괄하기 어렵다는 회의적인 시각이 대두하였다. NGO의 개념적 한계를 극복하기 위하여 CSO가 부각되는 추세이며, 이는 CSO의 개념적 범주가 국가와 시장 이외의 다양한 유형의 시민사회단체를 포함할 수 있을 정도로 충분히 넓기 때문이다. 특히, 개발협력 영역에서는, 정부·기업·국제기구 등의 개발원조를 공여하는 주체들에 대한 감시와 협치를 주요 임무로 간주하고, 일반적인 이익 실현을 추구하는 단체(직능단체, 이익단체 등)와 구분되며, 영리를 목적으로 활동하는 단체를 배제한 공통영역인 공공의 이익을 위한 개발사업을 직접 운영하거나 사법적 활동의 수행을 목적으로 하지 않고, 독립적이고 자발적 의사에 의해 조직되고 재정적으로 운영되는 상시적 자원단체로 개발CSO를 정의할 수 있다(Lewis, 2001; Salamon, 1995).
20 책무성의 구성요소를 책임성, 응답성, 그리고 강제집행성의 3가지로 정의하는 경

어려운 요소가 강제집행성으로, 실제 개발현장에서 특정 개발파트너가 의무사항을 위반했다고 해서 강제로 법적 제재를 일방적으로 부과하기가 대단히 어렵다. 개발원조가 일국 내에서 발생하는 이슈가 아니라 국가 간에 일어나는 다국적 이슈이기 때문에, 서구식 책무성 기준을 협력대상국인 개도국에게 무리하게 적용하기 어려우며 개도국은 이러한 서구중심의 책무성에 대항하는 문제를 제기하고 비판적인 대응을 강구할 수 있는 것이다. 대표적인 사례로, 남남협력이라는 특수한 개도국 중심의 맥락에 전통적인 남북협력의 서구식 책무성을 적용할 경우 발생할 수 있는 책무성의 일반화 오류를 비판하며, 서구중심의 책무성을 '경성적 책무성(hard accountability)'이라고 구분하고 이에 대안적인 개념으로 '연성적 책무성(soft accountability)'을 제안한 연구가 있다(Kim and Lim, 2017; Scharpf, 1999).

책무성 이론을 통해 비판이론을 극대화할 수 있는 또 하나의 근거가 책무성 제도를 통해 현장의 목소리를 적극적으로 수용할 수 있다는 방법론적 특징에서 비롯된다. 책무성은 결국 원조의 최종수혜자가

우가 일반적이다(United Nations, 2013). UN에서 정의한 위의 3가지 책무성 구성요소에 최근에 김태균(2018b)이 민주참여성이라는 새로운 요소를 첨가하는 것을 제안하였다. 책임성은 개발프로젝트에 참여하는 모든 파트너 기관 간에 어느 정도의 책임을 상호 배분하는 과정을 일컫는다. 응답성은 개발프로젝트를 투명하게 운영하기 위하여 프로젝트의 전 이행과정과 자료를 외부에 공개하는 과정을 의미하며, 개발사업의 주체인 정부 및 국제기구는 현지주민과 CSO가 자료공개를 요청하면 언제든지 공개해야 할 의무가 있다. 강제집행성은 개발프로젝트와 관련된 의무사항 또는 세이프가드에 위반되는 행위를 파트너 기관이 했을 경우 이에 합당한 제재를 가할 수 있는 과정을 의미하지만, 현실적으로 외국 정부와 CSO 등에게 적절한 사법조치와 제재를 가할 수 있는 제도적 사례는 쉽게 찾아보기 어렵다. 마지막으로 민주참여성은 책임성·응답성·강제집행성 등 책무성의 모든 구성요소에 공히 적용되는 일종의 매개척도(parameter)로서 시민의 민주적 참여도가 높을수록 각 구성요소의 강도가 높아질 가능성이 높다는 것을 의미한다.

원하는 방향의 지원을 하였는가, 그리고 공여국 국민의 세금으로 지원되는 개발원조 이전과정에서 부패와 오용 또는 남용이 발생하는가에 대한 제도적 검증을 의미한다. 따라서 개발현장의 행위자로서 현지주민들의 요구가 원조기관과 서구식 원조 담론으로 대표되는 기존의 구조적 요소와 어떻게 상호작용하는가를 분석하는 비판이론이 바로 책무성 논쟁인 것이다. 이는 곧 '인류학적 비판이론(anthropological criticism)'으로 구분할 수 있는 현장 중심의 개발학 방법론과 환치될 수 있다(Escobar, 1995; Scott, 1999; 이태주, 2003, 2011). 이론보다는 현실 세계에서 발생하는 현상을 먼저 이해하고 분석하여 모범사례(best practice)를 발굴하고 이를 토대로 개발원조가 성공할 수 있는 제반 조건들을 현장에 맞추어 귀납적으로 모델화하는 작업이 강조된다 (Stewart and Knaus, 2011; Grindle, 2007). 다시 말해, 책무성이 동반되는 개발원조의 지식은 서구에서 개발한 이론적인 지식이 아니라 현장 경험에서 나오는 실제적인 지식을 필요로 한다.

(3) 혼합적 거버넌스(Mixed Governance)

발전국가론이 강조한 '배태된 자율성'의 개념은 개도국이 정부주도의 관료제와 시장친화적인 정책을 동시에 추구할 수 있는 획기적인 행위자-구조의 관계적 프레임을 제공한다(Evans, 1995). 에반스의 배태된 자율성은 발전국가라는 특수한 조건을 벗어나 다양한 방식의 이론화 과정을 거쳐 거시적인 수준에서 특정 국가 내부의 국가와 사회 간에 형성될 수 있는 긍정적 효과를 극대화하는 '국가-사회 시너지 (state-society synergy)'로 확장되었다(Evans, 1997; Ostrom, 1996; Heller, 1996; Lam, 1996). 국가-사회 관계와 관련된 기존의 주요 문헌은 국가와 사회가 다분히 적대적인 관계성을 보유하고 있어서 국가는 사회를 통제의 대상 또는 동원의 대상으로 인식하는 반면 사회는 국가를 감시와 도전의 대상으로 인식하게 된다. 이러한 불편한 관계에 놓인 국가와 사회를 개발프로젝트에 공동 파트너로 유인하여 상호 보완적인 관계성을 스스로 인정하게끔 만드는 대안적인 시도가 점차 확산되어 왔다. 특히, 사회적 자본(social capital)을 매개로 활용하여 행위자 사이에 집합적 정체성이 형성되고, 국가(정부)는 사회적 자본의 집합적 정체성이 강화되고 확산될 수 있도록 재정적으로 또는 제도적으로 지원함으로써 국가와 사회 모두 서로에게 필요한 존재로 관계성을 새롭게 전환할 수 있다.

이러한 맥락에서 국가-사회 시너지 효과는 국가 수준에서 구조-행위자 간의 관계성을 추적할 수 있는 효과적인 이론틀을 제공한다. 그러나 이러한 시너지 효과는 기존의 관계성을 비판적으로 접근하기보다 긴장 관계에 있는 국가와 사회에 긍정적인 협치의 가능성을 가미하기 위하여 무리하게 국가와 사회가 처한 위험요소를 배제할 수 있다는 비판에 처하게 된다. 국가-사회 관계가 비판국제개발론을 위한 비판이론 중 하나로 자리매김하기 위해서는 국가와 사회가 어떤 구조적 조건으로 상호 시너지 효과를 생산할 수 있는가를 분석할 수 있어야 한다. 이러한 구조적 조건을 비판적으로 접근할 수 있을 때 비로소 국가-사회 관계는 비판이론의 토대를 갖추게 되는 것이다.

'국가-사회 시너지 효과'와 같은 다소 낭만적인 접근법에 비판적인 시각을 투입하여 시너지를 창출하는 데 필요한 구조적 조건, 그리고 조건을 형성하기 위하여 행위자가 취해야 할 전략을 '혼합적 거버넌스(mixed governance)'라는 이론틀로 수렴하려는 연구가 시선을 끌고 있다(Ringen et al., 2011; Kim et al., 2011; Blank and Cheng, 2015). 국가-사회 시너지와는 달리 혼합거버넌스의 이론은 시너지 효과가 나오는 구체적인 조건과 맥락을 찾아내기 위하여 협치라는 거버넌스를 다수의 파트너가 공동의 프로젝트에 참여할 때 조성되는 다양한 조합의

결과물을 상정한다. 따라서 혼합거버넌스의 스펙트럼은 최선의 결과인 시너지 효과부터 최악의 결과인 협치의 파국까지 다양한 경우를 동시에 포함한다. 한국의 1960년대·1970년대 고속 경제성장 기간에 표출된 정부와 기업·시민사회 간의 관계를 흔히 배태된 자율성이라는 다분히 긍정적인 개념으로 설명되어 왔지만, 혼합적 거버넌스의 입장에서는 정부와 협치에 동원된 비정부주체 간에 어떠한 정치적 권력관계가 누구의 주도로 관리되었는가에 초점을 맞추어 배태된 자율성부터 다소 부정적인 개념까지 모두 포괄하게 된다. 배태된 자율성이 고속성장의 성공신화 초·중기단계에 구축된 한국 국가 - 사회 관계성의 특징이라면 경제성장이 지속되고 일정 정도 안정기에 접어들어 정부의 주도적인 개입보다는 시장에 맡기는 민간부문의 주도성이 강화되는 구조적 조건으로 변화하게 되고 이를 반영하는 국가 - 사회 관계성도 혼합적 거버넌스에 포함되어야 한다.

혼합적 거버넌스를 비판이론으로 채택하게 되면 국가와 사회의 관계에 관하여 역사의 단층만을 분석하여 근거로 내세우지 않고 자연스럽게 장기지속까지는 아닐지라도 특정 기간의 역사적 변화를 추적하는 국제정치사회학적 방법론과 조우하게 된다. 역사적 변화를 추적함으로써, 한국의 발전국가 양식이 계속해서 변천해 왔지만 혼합적 거버넌스를 통해 다양한 역사적 국면에서 발전국가의 위기가 도래해도 극복할 수 있었던 공통적인 요인으로 '개발주의'의 역할을 찾아낼 수 있다(Chang, 2007).

2.3. 글로벌 - 로컬 연계의 국제정치사회학

지금까지 논의한 국제개발의 비판이론은 글로벌 수준과 국가 수준에서 각각 개별적으로 독립된 영역으로 비판국제개발론을 접근할 수 있도록 설계되어 있다고 평가할 수 있다. 이를 토대로 여기에서는 글로벌 수준과 국가 수준을 연계할 수 있는 비판이론을 소개하고, 제1장에서 언급한 국제정치사회학적 상상력의 역사사회학과 정치사회학을 통해 일국 수준의 비판국제개발론이 국제 수준까지 — 또는 국제 수준에서 국내 수준으로 — 확장되는 과정을 설명하고자 한다. 반드시 국제개발 현상이 글로벌에서 로컬로 또는 로컬에서 글로벌로 향하는 특정 방향성을 가질 필요는 없다. 글로벌라이제이션 현상은 글로벌과 로컬 수준에서 동시에 발현될 수 있듯이, 국제개발 현상도 양 수준에서 동시다발적으로 발생하여 후천적으로 글로벌과 로컬이 연계될 가능성도 배제할 수 없는 것이다(Sassen, 2007). 글로벌 – 로컬 연계에 관한 비판이론을 크게 구조화이론과 사회구성주의, 국제사회론, 그리고 글로벌 가치사슬로 나누어 설명한다.

(1) 구조화이론(Structuration)/ 사회구성주의(Social Constructivism)

영국의 기든스(Anthony Giddens)가 주창한 구조화이론(structuration theory)은 우리가 흔히 알고 있는 미국 중심의 구조주의(structuralism) 또는 기능주의(functionalism), 아니면 구조기능주의(structural functionalism)와 다른 결을 가지고 있는 비판이론이다. 구조주의와 기능주의는 상대적인 차이는 있으나 공통적으로 특정 사회에서 운영되는 구조(structure)는 이미 주어진 조건으로 인식되고 이 구조조건을 수정하거나 변형하려는 노력은 불가능하거나 불필요하다고 간주한다. 따라서 사회구성원인 행위자(agent)는 사전적으로 조성된 사회구조에 맞게 자신의 위치를 선정하고 역할을 유기적으로 수행하게 되어 사회체계의 운영을 위한 구조기능론이 주류 사회이론으로 지배하게 된다(Parsons,

1951). 그러나 구조기능론은 동적인 이론이 아니라 정적이면서도 사회순응적인 사회체계론을 옹호하기 때문에 사회변동 과정을 설명할 수 없으며 행위자는 단순히 사회구조의 부품으로 취급하는 등 사회를 비판적으로 접근할 수 있는 이론적 통로가 원천적으로 차단된다는 단점을 가지고 있다(Parsons, 1951).

이러한 미국식 구조기능론의 이론적 한계를 비판하고 이를 전면적으로 수정한 비판이론이 영국 사회학자인 기든스가 주창한 '구조화이론'이다(Giddens, 1984). 구조화이론은 사회구조가 선험적으로 미리 주어지는 것이 아니라 행위자로서 시민 개개인이 집합행동(collective action)을 통하여 끊임없이 사회구조와 갈등과 소통을 반복한 결과로 구조라는 굴레이자 통제기제를 변화시킬 수 있다는 가능성을 시사한다. 행위주체의 기본 단위인 개개인의 기능이 사회 전체구조에 유기적인 윤활유 역할을 수행한다는 식으로 행위자의 역할을 수동적인 자세로 인지하는 것이 아니라, 사회구조화이론은 행위자의 의지에 따라 사회를 지배하는 구조가 변화할 수 있다는 능동적인 시각으로 행위자의 역할을 분석하고 있다(Giddens, 1979). 이러한 구조화이론은 실제로 구조와 행위자 중 특정 주체에게 분석의 무게중심을 두는 것이 아니라 양자 모두를 동일하게 중요한 주체로 인식하며, 구조와 행위자가 어떠한 사회적 관계를 구성하여 사회변동이 발생하는가에 주목하는 사회구성주의와 맥을 같이 한다고 해석할 수 있다(Bryant and Jary, 1991). 행위자가 구조의 변화를 위하여 동원하는 사회운동의 프로세스와 이에 대응하기 위하여 구조를 통제하는 주체가 동원하는 제도적 장치 간의 역학관계를 추적하여 분석하는 것이 구조화이론의 주요 분석대상이 된다.

기든스의 구조화이론은 인접 사회과학 분과학문에 지대한 영향을 미쳤는데, 그 중 대표적인 사례가 국제정치학의 사회구성주의(social constructivism)이다. 사회구성주의가 주류화되기 전에 국제정치이론은 크게 현실주의(realism)과 자유주의(liberalism) 전통으로 양분되었으며 다분히 일차원적인 이론적 토대 위에 두 전통은 상이한 시각으로 국제정치질서를 경쟁적으로 분석해왔다.[21] 현실주의와 자유주의 모두 동일하게 특정 국제관계 현상을 해결하기 위한 문제해결형 이론으로 국제현상과 정책대응이 (재)구성되는 과정에 대한 설명을 하지 못한다는 이론적 한계가 분명하며, 두 이론 모두 철저히 서구 사회과학의 정통적 실증주의(positivism)에 입각한 논리적 흐름을 공유하고 있다(Cox, 1987; Ashley, 1984; Keohane, 1986). 1980년대부터 본격적으로 사회구성주의가 대안이론으로 현실주의/자유주의 중심의 국제정치이론 한계에 도전하게 되고, 실증주의적 전통에 대항하여 이른바 '성찰주의(reflectivism)'적 사조를 도입하여 실증주의와 성찰주의 간에 이론적 가교 역할을 제공한다(Lamy et al., 2017).

사회구성주의가 기존의 국제정치이론을 비판적으로 평가하고 사회학의 구조화이론을 토대로 구조-행위자 관계가 국내 수준에서 글로벌 수준으로 격상되는 대안적 이론을 제공한다는 점에서 큰 의의를

---

21 주지하다시피, 현실주의는 국가를 분석단위로 삼고 무정부 상태와 힘의 정치가 난무한 국제질서 구조하에서 개별국가는 생존하기 위하여 군사적·경제적 파워를 증가하게 되고 이는 곧 타국가에게는 위협으로 다가오게 되어 모든 국가가 이론적으로는 자조(self-help)에 대비하기 때문에 이른바 영합게임(zero-sum game) 현상이 나타나고 안보딜레마(security dilemma) 현상으로 발전한다. 반면, 자유주의는 분석단위 자체가 국가에 한정되지 않고 국제기구 등 국가 이외의 단위를 포함하고 있으며, 무정부 상태의 국제질서하에서도 군사력 중심의 자조 방식이 아니라 국제기구와 국제법, 그리고 외교 수단을 통해 국가 간의 경쟁보다 협력 관계를 유도할 수 있다는 이론이다. 전통적으로 현실주의가 국제정치이론의 주류를 지배해 왔으며, 무정부 국제질서하에 힘의 대결과 합리적 선택행위자로 국가를 이해하는 이론적 플랫폼으로 대단히 강력한 정책적 함의를 제공하고 있다. 자세한 국제정치이론에 관한 해설은 Lamy et al. (2017)과 하영선 (1995)을 참고.

찾을 수 있다(Wendt, 1999). 다시 말해, 기존 주류 국제정치이론인 현실주의가 국제구조는 행위자인 국가가 바꿀 수 있는 대상이 아닌 이미 주어진 조건이라는 대전제에 사회구성주의는 도전장을 내밀고 구조화이론이 국내사회에 적용했던 방식의 존재론과 인식론을 국제사회에 적용하여 비판적인 사회구성 과정의 결과물을 도출해낸다. 사회구성주의가 적극적으로 구조화이론을 수용한 대표적인 사례가 국제 수준에서 권력정치가 사회적으로 구성되는 과정을 구조와 행위자 간의 상호작용으로 추적하면서 무정부 상태의 국제정치 구조가 선험적으로 주어진 조건이 아니라 실제로는 국가들이 만들어낸 작품(Anarchy is what states make of it)이라는 획기적인 분석이다(Wendt, 1992).

구조화이론과 사회구성주의가 국제개발 영역에 적용되면 국제개발의 글로벌 규범과 공여국의 원조정책이 최종적으로 수원국 현지주민의 삶과 어떻게 연결이 되는가에 관한 역사적 과정과 정치화 과정을 분석하는 비판이론이 제공된다. 이는 글로벌과 로컬이 연계되는 사회적 구성과정의 분석을 의미하며, 국제개발에서 강조되는 파리선언을 비롯하여 국제 – 국내연계(Keohane and Milner, 1996) 국제개발에서 발생하는 모든 형태의 결정은 공여국과 수원국 국내 상황에 따라 형성되는 정치적인 결과물이기 때문에 개발원조에서 정치성을 탈색하는 순간 그 원조는 최종목표인 개도국 현지주민들에게 피해를 줄 가능성이 높아진다(Bates, 2010).

(2) 국제사회론(International Society)

영국학파(English School)로 통칭하기도 하는 '국제사회론'은 태동 자체가 역설적인 역사의 시작이었다. 제2차대전 이후 미국 중심의 국제정치이론이 판을 치고 있는 상황에서 미국 록펠러재단(Rockefeller Foundation)의 재정후원으로 영국국제정치이론위원회(British Commission on Theory of International Politics)가 설립되고 미국 국제정치이론을 탈피하여 대안적인 이론을 연구하게 되어 미국의 재정후원으로 영국학파의 규범 이론으로서 국제사회론이 태동하게 되었다(마상윤, 2008; Dunne, 1998). 국제사회론이 비판이론으로 미국의 주류 국제정치이론에 대항할 수 있었던 이론적 무기는 우선적으로 현실주의적 국제체제(international system)에 '사회적인 것(the social)'을 적극적으로 수용했다는 점이다(김태균, 2016b: 110). 국제체제를 넘어서 정의(justice)와 질서(order) 사이에 간주관적으로 존재하는 국제 수준에서 형성되는 '국제사회(international society)'에 국내사회의 구성요소를 주입해서 국제사회를 국가 간에 존재하는 사회로 이론화한다(Buzan, 2014; Bull, 1977).[22]

국제사회론은 영국 특유의 제3의 길을 비판적으로 모색하는 전통적 학문풍토와 주요 이론적 특징을 공유한다. 첫째, [그림 2-2]가 보여주듯이, 국제사회는 현실주의(realism)적 국제체제와 혁명주의(revolutionism)적 세계사회(world society) 사이에 제3의 영역인 합리주의(rationalism)에 기반하여 양극단의 균형을 맞춘 정치적 기회공간을 제공하고 있다.[23] 국제체제는 전형적인 미국식 현실주의에 입각한 홉스주의적 국가 간 권력정치가 방어적 안보와 제국주의적 권력 극대화 사이에서 어떠한 현상으로 표출되는가에 주요 관심사가 있는 반면, 세계사회는 칸트주의에 입각한 초국가주의 내지 보편주의적 사회주체가 메시아적 보편

---

22 불(Hedley Bull)에 따르면, 국제사회는 "어떤 공통의 이익들과 공통의 가치들을 의식하는 일단의 국가들이 다른 집단에 속한 국가와의 관계에서 스스로 공통의 규칙에 따라 구속받는 것으로 인식하고 공통의 제도 운용에 함께 한다는 의미에서 하나의 사회를 형성할 때"에 존재한다(Bull, 1977: 13).

23 영국학파의 수장이었던 와이트(Martin Wight)가 국제체제, 국제사회, 세계사회 영역을 각각 현실주의(Realism), 합리주의(Rationalism), 혁명주의(Revolutionism)의 '3R'로 재분류하고 잭슨(Robert Jackson)이 각각의 R마다 다른 수위의 책임성 소재를 적용하였다(Wight, 1991; Jackson, 2000).

그림 2-2 부잔(Buzan)의 국제사회론 개념적 구성도

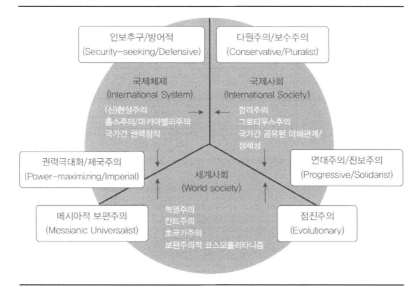

자료: Buzan (2004: 9). 일부 재구성.

주의부터 점진적 진화까지 다양한 가능성을 전제한 채 혁명적 행보를 기획하는 상상적 공간에 가깝다. 한편, 제3의 지대인 국제사회는 두 개의 경계선을 두고 국제체제 및 세계사회와 이웃하게 되는데, 국제체제와의 경계선에 가까워질수록 합리주의에 기반한 국제사회는 국제체제의 특징을 어느 정도 수용하게 되고 개별국가의 주권을 보수적으로 인정하는 다원주의(pluralism)적 성격을 보이는 동시에, 세계사회와의 경계선으로 기울어질수록 국제사회는 세계사회의 초국가적인 특징을 부분 수용하게 되어 진보적인 연대주의(solidarism)의 성격을 보이게 된다(Buzan, 2004). 결론적으로 국내사회의 유사한 방식으로 국제사회를 접근하지만 국제 수준의 특수성으로 인하여 국제사회는 국제체제와 세계사회 사이에서 이중생활을 위한 고유의 제3지대를 구축하고

질서 중심의 다원주의와 정의 중심의 연대주의를 모두 포괄하는 방법론적 다원성(methodological pluralism)을 보여준다(Buzan, 2014).

역사사회학과 정치사회학적 요소를 핵심 분석대상에 투입한다는 측면에서 국제사회론은 국제정치사회학의 일환으로 환치할 수 있다. 국제사회론이 중요하게 다루는 이슈영역 중 하나가 바로 국제사회의 역사적 형성과정과 팽창 및 진화과정에 관한 연구이다(Bull and Watson, 1984; Watson, 1991). 서유럽에 발생한 국제사회가 제국주의와 식민화 과정을 거쳐 전 지구적으로 팽창하게 되고 탈식민주의와 자유민주주의 국제질서와 연결되면서 힘에 의존한 팽창주의가 아닌 국제협력을 위한 다자주의에 기반한 국제사회로 진화하게 된다. 또한 국제사회론은 기존의 국제정치이론 중 특정 이론로 설명할 수 없는 복합적 이슈영역을 방법론적 다원성을 이용하여 복잡한 이슈 간의 정치화 현상을 분석할 수 있다.

이러한 맥락에서 국제사회론이 국제개발이라는 이슈영역과 만나게 될 때 복합적인 국제개발 영역에서 어떠한 정치화 과정을 설명할 수 있는가를 살펴볼 수 있다. 국제사회론자들에게 국제개발 이슈영역은 정의의 연대주의와 질서의 다원주의가 교차하는 지점에서 발생하는 복합적 분석대상으로 인식된다(김태균, 2016b: 112). 국제개발 이슈를 둘러싸고 다원주의 측면에서 개도국과 취약국의 개발정책을 지원함으로써 국제체제의 질서를 유지할 수 있다는 해석과, 연대주의 측면에서 개도국과 취약국의 빈곤 및 인도주의적 문제가 확산될 경우 국제사회의 적극적인 개입이 필요하다는 당위적인 해석이 교차하면서 특정 국가가 다원주의와 연대주의 중 어느 노선을 선택하는가에 따라 국제개발 문제에 대한 해법이 달라진다. 개발이슈 자체는 주권국가에 속하는 국내문제지만 국제사회에서 글로벌 공공재로 인식되는 원조의 목표와 가치가 역사적으로 공여국 간에 공유되고 정치적으로 확산

된다는 점에서 볼 때 국제사회론은 국제개발 이슈에 본질적으로 글로벌－로컬 연계라는 총체적인 시각에서 접근한다는 사실을 알 수 있다.

(3) 글로벌 가치사슬(Global Value Chain)

글로벌과 로컬을 연결하는 마지막 비판이론의 후보로 최근에 중요하게 거론되고 있는 '글로벌 가치사슬(Global Value Chain: GVC)'을 소개한다. 기존의 글로벌 생산전략에 관한 비판적인 연구는 주로 초국적 기업(Transnational Corporation: TNC)의 공격적인 개도국 시장개입으로 발생하는 시장교란 및 현지 노동자의 권리박탈 및 인권침해 등 책무성 결핍에 초점이 맞춰져 있었다(Omoteso and Yusuf, 2017; 박명준 외, 2017). 그러나 2000년대에 들어와 개발학 분야에서는 TNC에 관한 비판적 연구보다 GVC를 중심으로 개도국 현지주민과 글로벌 수준으로 분업화되어 있는 가치사슬 및 공급망이 어떻게 서로 얽혀 있는가에 대한 비판적 접근이 활발히 확산되었다(De Marchi et al., 2018; Farole and Winkler, 2014; Gereffi and Lee, 2012; Giuliani, 2008). 공산품 및 서비스를 생산하고 공급·배분·선분양(post-sale)하는 일련의 공급사슬(supply chain)이 특정 지리적 공간을 넘어서 글로벌 수준으로 확산될 때 단순히 공급사슬과 생산과정에 한정된 논의만 하는 것이 아니라, 공급사슬에 연루된 노동과 젠더 이슈와 같은 사회적 가치를 분석해야 하며 이를 GVC라는 개념하에서 비판적으로 접근하는 것이다(Carr et al., 2000).

GVC가 제공하는 이론적 함의는 무엇보다 GVC를 통해 다양한 행위자가 국내 공급사슬이라는 구조에서 글로벌 가치사슬이라는 대안적인 구조로 전환되는 과정에서 과연 빠르게 변화하는 기술과 가치에 적응할 수 있는가에 관한 비판적인 접근을 할 수 있다는 점이다. 아시아에서 휴대전화기를 생산할 때 일국에서 생산과정을 모두 해결하지 못하고 부품에 따라 아시아뿐만 아니라 그 외 지역까지 생산라인이 광범위하게 확장되기 때문에 여기서 발생하는 가치사슬의 복합적인 구조화 과정은 아시아 지역을 하나의 GVC로 연결하는 긍정적인 효과를 창출하지만 GVC를 계속 관리·운영하는 비용과 가치사슬 중 어느 한 곳이 끊어질 경우 발생하는 부정적인 효과까지 감안해야 한다(Lee and Lim, 2018). 이는 구조-행위자 관계를 분석하는데 GVC라는 대안적인 이론틀을 제시하는 효과가 있으며, 동시에 사회구성주의와 국제사회론과 유사하게 구조-행위자 관계성의 거시적인 총체적 거버넌스 측면을 제공하는 것이 아니라 생산과정에 국한된 상대적으로 미시적인 수준의 거버넌스 문제를 다루게 된다.

GVC의 비판이론적 성격은 GVC 스스로를 비판적으로 진단하는 분석에서도 확인할 수 있다. GVC의 부정적인 영향에 관한 연구가 최근 다양하게 이루어지고 있는데, 대표적으로 가치사슬 안에 젠더와 같은 사회적 가치는 배제되기 쉽고 생산의 다각화와 관련된 경제적 가치가 우선적으로 고려된다는 비판이다(박명준 외, 2017; Roy, 2017). 또한, 보다 궁극적으로 GVC는 기술력이 확보되어 있고 자본집약(capital-intensive) 역량이 많을수록 가치사슬을 지배하기 쉽기 때문에 아직까지 개도국보다는 선진국에 의해 좌지우지될 가능성이 높다(Farole and Winkler, 2014). 따라서 국제개발의 이슈영역으로 GVC를 도입할 때 개도국이 개입할 수 있는 가치사슬의 위치와 역할, 그리고 가치사슬 상단에서 국제교역망을 점유·통제하는 선진국과의 갈등과 협력관계 등이 중점적으로 고려해야 할 분석대상이 된다.

지금까지 비판국제개발론을 추진하기 위한 다양한 비판이론을 — 비판이론의 모든 후보군을 분석하지는 않았지만 — 글로벌 수준, 국내 수준, 그리고 글로벌과 국내를 연계하는 수준으로 구분해서 소개하였다. 이론마다 어느 정도 차이는 있지만, 공통적으로 주목해야 할 발견은 비판국제개발론의 주요 내용이 역사사회학과 정치사회학적 관점을 적극적으로 수용한 국제정치사회학적 상상력에 이론적인 기반을 두고 있다는 사실이다. 환언하면, 이는 특정 국제개발 이슈의 역사적 변천 과정과 정치화 과정을 분석하는 과정이 필요조건으로 비판국제개발론 연구에 반드시 반영되어야 한다는 것을 의미하고, 국제정치사회학적 상상력을 토대로 기존의 주류제도로 정착된 국제개발의 구조와 원칙을 그대로 수용하지 않고 비판적으로 재구성하는 학술적 도전의 필요성을 재차 강조하게 된다. 이를 바탕으로 다음 장에서는 국제개발 정책과 집행의 사회적 구성에 필요한 행위자, 제도화 과정, 그리고 정치화 과정을 분석한다.

3

국제개발의 사회적 구성: 행위자, 제도화 과정, 정치화

Part 03 | 국제개발의 사회적 구성: 행위자, 제도화 과정, 정치화

본 장은 앞서 열거한 국제개발의 비판이론을 토대로 비판국제개발론의 분석내용이 담보해야 할 중요한 요소들을 나열하고 이를 총체적으로 연계하는 국제개발을 위한 사회적 구성과정을 추적한다.[24] 즉, 국제개발이 사회적으로 어떠한 과정을 거쳐 관련 행위자들에 의해 구성되고 재구성되는가에 대한 제도화 과정과 정치화 과정을 국제정치사회학적 시각에서 다루는 것을 의미한다. 국제개발의 사회적 구성은 기본적으로 국내 정치행위자 중 국제개발에 관련된 행위주체, 행위자들 간의 상호작용 및 행위자와 구조 간에 이루어지는 도전과 개선의 성과물로서 국제개발 관련 제도의 도입과 운영, 그리고 모든 과정에서 공통적으로 발견되는 정치화 현상을 포함한다.

행위자-제도화-정치화로 이어지는 국제개발 사회구성의 삼각구도는 국제개발 정책과 집행과정이 국가의 이익과 원조철학, 그리고 주요 원조행위자와 개발원조 제도가 국가와 사회라는 거시적 관계성에서 구성되고 재구성되는 일련의 역사적 과정으로 수렴된다(Groves and Hinton, 2004). 즉, 특정 국가 내의 국제개발 정책결정과 집행과정

---

24 본 연구는 한국의 국제개발에 관하여 비판적인 분석을 시도하는 것이 목적이기 때문에 원조행위자, 제도화 및 정치화 과정을 원조공여국(특히, DAC 회원국)에 한하여 정리한다.

은 행위자와 제도 사이에서 형성되는 권력관계의 정치적 변화가 사회적으로 구성된다는 것을 의미한다. 제1장에서도 거듭 강조했지만, 국제개발에 관한 철저한 철학적 검증이 동반되지 않으면 원조철학의 빈곤은 결국 원조행위자가 소속된 기관의 이해관계에 따라 분절적으로 국제개발 정책과 집행에 접근하게 되어 사실상 제도적으로 행위자들을 체계적으로 통일시키는 작업은 불가능하고 오히려 분절화된 제도를 활성화할 우려가 커진다. 따라서 국제개발의 사회적 구성은 사실상 명확한 원조철학이 상부에 존재하고 이에 행위자－제도화－정치화가 정치하게 부합할 경우 보다 정합성이 높은 체계로 발전하게 된다. 본 장에는 앞서 논의한 원조철학의 문제점을 상기해서 국제개발의 주요 행위자, 제도화 과정, 그리고 정치화 현상을 OECD DAC 회원국인 선진공여국과 한국의 비교연구를 통해 분석하도록 한다.

3.1. 국제개발의 주요 행위자

국제개발의 주요 행위자는 국가마다 그 역사적 조건에 따라 다르게 형성된다. 원조공여국마다 다른 방식의 국익을 원조철학에 담게 되고 이에 맞게 국제개발 추진체계를 주도할 원조행위자가 결정된다 (Riddell, 2007). 행위자는 사회와 시대가 요구하는 국제개발의 정책과 집행을 추진해야 하고 행위자가 어떤 결정과 행동을 취하는가에 따라 국제개발의 방향성과 구체적인 제도가 결정된다는 점에서 원조행위자는 구조적 외부환경과 제도적 결과물 사이에 위치한 간주관적 사회구성체라고 평가할 수 있다. 원조공여국 내 주요 행위자를 크게 정부기관과 비정부기관으로 양분할 수 있고, 정부기관은 다시 국제개발정책기관, 국제개발집행기관, 그리고 국가에 따라 국제개발 관계부처 조정기관으로 삼분화할 수 있다. 비정부기관은 시민사회단체와 민간기업으로 크게 양분할 수 있는데, CSO의 경우 정부의 ODA 사업을 파트너로서 참여하는 서비스전달(service delivery) 행위자로서의 개발CSO와 정부의 ODA 정책과 사업에 비판적으로 도전하고 감시하는 정치적 옹호자(political advocacy) 역할의 개발CSO로 구분할 수 있다(김태균, 2017a; 한재광, 2016; Kendall, 2003). 민간기업은 보통 ODA를 시행하는 정부기관과 이른바 '민관협력(Public-Private Partnership: PPP)' 방식으로 개발파트너십을 구축해서 개발사업에 중요한 행위자로 참여한다 (Bexell and Mörth, 2010). 물론 CSO도 정부기관과 PPP 방식으로 협력할 수 있지만, 민간부문의 경우 정부기관과 협력할 수 있는 유일한 방식이 PPP라는 점에서 차별성을 갖는다.

(1) 정부기관

정부기관의 경우, OECD DAC 회원국마다 차이는 있지만 ODA 정책을 책임지는 주무기관과 ODA를 시행하는 집행기관으로 구분하며 예외적으로 한국 같은 경우 정책기관과 집행기관과 더불어 관계부처를 조정하는 상위기관도 존재할 수 있다. [표 3-1]의 2016년 기준 DAC 회원국 전수조사에 따르면, 국가마다 편차가 존재하지만 대부분 외교부(Ministry of Foreign Affairs: MOFA)가 ODA 추진체계를 관리하는 경우가 대세인 것을 확인할 수 있다. 이는 대부분의 DAC 회원국들이 ODA를 포함한 국제개발정책을 외교정책의 일환으로 기획하는 경향성을 띠고 있으며, 외교적 국익과 연성파워(soft power)의 중요한 기제로서 국제개발을 적극적으로 활용하고 있다는 것을 의미한다(Kim, 2017).[25] 경제부처가 ODA 추진체계에 포함된 DAC 회원국은 프랑스, 한국, 독일 정도에 한정되며, 24개국은 직접적으로 외교부의 관리하

---

25 연성파워의 이론과 실제에 관한 논의는 Nye (2004)와 Lee (2009)를 참조.

에 추진되고 여타 4개국은 외교부가 직간접적으로 ODA 정책과 집행
에 관여하고 있다.

표 3-1 OECD DAC 회원국의 ODA 추진체계(2016년 9월 기준)

		회원국	ODA 책임기관	주요 집행기관	ODA 총규모 (백만USD)	ODA/GNI 비율(%)	무상:유상 비율
외교부 관리형 (24개국)	외교부 통합형	노르웨이	MOFA	Norad	5,085.9	1.00	100:0
		덴마크	MOFA	South Group	3,000.3	0.86	98:2
		네델란드	MOFA	Social Development Department	5,573.0	0.64	100:0
		핀란드	MOFA	MOFA	1,634.6	0.59	95:5
		스위스	Federal Department of Foreign Affairs	SDC	3,521.9	0.51	97:3
		아일랜드	Department of Foreign Affairs and Trade	Irish Aid	815.8	0.38	100:0
		뉴질랜드	Ministry of Foreign Affairs and Trade	NZAID	506.1	0.27	100:0
		캐나다	MOFA	MOFA	4,240.0	0.24	94.6:5.4
		이탈리아	MOFA	Development Cooperation Office	4,009.2	0.19	96.8:3.2
		슬로베니아	MOFA	MOFA	61.5	0.13	100:0
		그리스	MOFA	Hellenic Aid	247.4	0.11	100:0
		폴란드	MOFA	MOFA	451.8	0.09	63.3:36.7
	외교부 산하 기관형	스웨덴	MOFA	Sida	6,232.7	1.09	98.7:1.3
		룩셈부르크	MOFA	Lux−Development	423.2	1.06	100:0

		벨기에	MOFA	BTC	2,448.0	0.46	99.7:0.3
외교부 관리형 (24개국)	외교부 산하 기관형	호주	Department of Foreign Affairs and Trade	AusAID	4,382.4	0.31	99.4:0.6
		오스트리아	MOFA	ADA	1,234.5	0.28	98.2:1.8
		아이슬란드	MOFA	ICEIDA	37.3	0.22	100:0
		미국	Department of State	USAID	33,095.5	0.19	100:0
		일본	MOFA	JICA	9,266.3	0.19	40.8:59.2
		포르투갈	MOFA	IPAD	430.2	0.19	46.3:53.7
		스페인	MOFA	AECID	1,876.8	0.13	96.2:3.8
		체코	MOFA	CZDA	212.2	0.11	100:0
		슬로바키아	MOFA	Slovak Aid	83.2	0.09	100:0
독립부처형 (2개국)		영국	DFID	DFID	19,305.7	0.70	96.2:3.8
		독일	BMZ	GIZ, KfW	16,566.2	0.42	65.5:34.5
기타 (2개국)		프랑스	MOFA(무상) /Ministry of Economic Affairs(유상)	AFD	10,620.3	0.37	55.4:44.6
		한국	MOFA(무상) /MOSF(유상)	KOICA(무상) /EDCF(유상)	1,856.7	0.13	59.8:40.2

자료: OECD Statistics (2019년 7월 7일 확인).
Norad: Norwegian Agency for Development Cooperation; SDC: Swiss Agency for Development Cooperation; NZAID: New Zealand Agency for International Development; Sida: Swedish International Development Cooperation Agency; BTC: Belgian Development Agency; ADA: Austrian Development Agency; ICEIDA: Icelandic International Development Agency; USAID: United States Agency for International Development; JICA: Japan International Cooperation Agency; IPAD: Portuguese Institute for Development Support; AECID: Spanish Agency for International Development Cooperation; CZDA: Czech Development Agency; DFID: Department for International Development; BMZ: Federal Ministry for Economic Cooperation and Development; GIZ: German Society for International Cooperation.

구체적으로 DAC 회원국의 ODA 관련 정부기관을 분석해 보면, 총 28개국 중 24개국(약 85.7%)이 외교부 관리형에 해당하며, 나머지 4개국은 독립부처형이 2개국, 그리고 기타로 예외적인 사례가 2개국으로 집계된다. 외교부 관리형은 다시 외교부 통합형(12개국)과 외교부 산하 기관형(12개국)으로 세분화할 수 있는데, 외교부 통합형은 국제개발 정책기관과 집행기관이 모두 외교부 내 통합되어 있는 유형을 의미하며, 외교부 산하 기관형은 정책기관은 외교부가 지휘하지만 집행기관은 외교부 산하에 있는 공공기관이 ODA 사업을 맡아서 시행하는 유형을 말한다. 외교부 통합형은 노르웨이·덴마크·네델란드·핀란드·스위스·아일랜드·뉴질랜드·캐나다·이탈리아·슬로베니아·그리스·폴란드 등이 해당되고, 외교부 산하 기관형은 스웨덴·룩셈부르크·벨기에·호주·오스트리아·아이슬란드·미국·일본·포르투갈·스페인·체코·슬로바키아 등이 해당된다. 외교부 외곽지대에서 ODA를 부분적으로 관리했던 선진공여국도 최근에 들어와 외교부 중심으로 추진체계를 통합화하고 있다. 2008년 한국과 유사하게 유상원조는 경제부처가 무상원조는 외무성이 나누어 추진하였던 일본 ODA 추진체계가 이른바 '新JICA' 시대를 표방하면서 외교부 관리형으로 통합되었다. 2013년에는 호주국제개발청(AusAid)이 폐쇄되고 호주 외교부로 통합되었으며, 동년에 캐나다국제개발청(Canadian International Development Agency)도 캐나다 외교부로 흡수되었다.

한편, 외교부 관리형 이외의 소수이지만 독립부처형으로 영국의 국제개발부(Department of International Development: DFID)와 독일의 연방경제협력개발부(Bundesministerium für wirtschaftliche Zusammenarbeit und Entwicklung: BMZ)를 포함할 수 있다. DFID는 1997년 영국 외무성(Foreign and Commonwealth Office)에서 독립하여 독자적인 권한으로 영국 ODA 정책과 집행을 진두지휘해 왔으며, 외무성과 같은 다른 부처

와 동등한 지위에서 2013년 DFID는 2014년부터 국제권장 기준인 GNI 대비 ODA 비율인 0.7%를 만족하기로 공식적으로 선포하는 등 국제사회에서 선진공여국의 모범적인 사례로 거론되고 있다(문경연, 2013; Riddell, 2007).[26] 영국과 유사하게 독일도 BMZ를 중심으로 독자적인 ODA 정책을 추진하고 있으나, DFID와 달리 집행기관은 기술협력 중심의 독일국제협력공사(Gesellschaft für Internationale Zusammenarbeit: GIZ)와 유상원조를 전담하는 독일재건은행(Kreditanstalt für Wiederaufbau: KfW)으로 분리되어 운영하고 있다. 영국은 정책단계와 집행단계가 모두 독립부처 소관으로 통합되어 있는 반면, 독일은 정책단계와 집행단계가 어느 정도 분리되어 있는 차별성을 보이고 있다. 국제개발에 있어 가장 강력한 행위자인 정부기관이 영국과 독일처럼 독자적인 위치를 선점하고 있는 경우 국제개발 정책과 집행을 독자적으로 관리할 수 있고 타 부처의 압력에 상대적으로 자유로운 행보를 유지할 수 있다는 장점이 있다. 이러한 독립형 ODA 추진체계가 DAC 회원국 28개국 전체에 단 2개국에 해당할 정도로 현실적으로 흔한 사례는 아니라는 점에서 한국적 상황에 당장 적용될 수 있는지는 미지수이다.

---

26 영국의 DFID도 외무성에서 독립하기 전까지는 기관소속의 부침이 잦았던 역사적 경험이 있다. 본래 노동당 정부가 집권하던 1964년에 해외개발부(Ministry of Overseas Development: ODM)로 창립되었고 당시 지금처럼 독립된 부처로 시작하였다가 1970년 보수당 정부에 의해 외무성으로 흡수되어 해외개발처(Overseas Development Administration: ODA)로 변경되었다. 다시 1974년 노동당 정부에 의해 ODM이 부활하였고 독자적인 ODM 장관까지 선임하였지만 1975년 외무성 장관 관리 하로 준편입되었다. 1979년 대처 수상의 보수당이 집권하면서 다시 외무성 산하 ODA로 격하되었고, 1997년 블레어 수상의 노동당이 집권하여 DFID로 독립한 후 지금까지 독립부처의 지위가 지속되고 있다. 2002년에 기존의 1980년 해외개발협력법(Overseas Development and Cooperation Act)을 국제개발법(International Development Act)로 대체하면서 구속성원조를 불법화하고 MDGs와 SDGs 이행에 모범을 보여 왔다.

마지막으로, 외교부 관리형과 독립부처형에 속하지 않은 한국과 프랑스는 독특한 방식의 국제개발 추진체계를 보유하고 있다. 먼저, 프랑스의 ODA 추진체계는 독일의 추진체계와 구조적인 측면에서 정반대의 사례를 보여준다. 즉, 독일과 반대로 프랑스는 정책단계에서 ODA 주관기관이 무상·유상원조에 따라 양분되고 집행단계는 하나의 부처로 통일되어 있다. 정책단계에서 무상원조는 외교부가 담당하고 유상원조는 상무부(Ministry of Economic Affairs)에서 담당하도록 구분되어 있는 반면, 집행단계에서는 무상원조와 유상원조의 구분 없이 프랑스개발청(Agence Française de Développement: AFD)이 집행하는 것으로 통합되어 있다. 프랑스 유형은 정책단계가 외교부 또는 독립부처로 통합되지 않고 외교부와 상무부로 분리되어 있다는 점이 대부분의 DAC 선진공여국의 추진체계와의 핵심적인 차이점이다.

　　비록 같은 부류에 속하지만 한국을 프랑스와 비교하면, 한국의 ODA 추진체계는 프랑스보다 훨씬 분절화 정도가 심하며 DAC 회원국 중 가장 부정적인 사례에 해당할 것이다. DAC 회원국 중에서 정부기관이 국제개발 정책단계와 집행단계 모두 무상협력과 유상협력에 따라 분리되어 있는 공여국은 한국이 유일하다. 이는 2008년 이전의 일본이 경험했던 ODA 추진체계의 분절화 문제를 한국이 그대로 답습하는 것처럼 느낄 정도로, 정책단계에서는 유상원조는 기획재정부, 무상원조는 외교부가 주관기관을 맡게 되고, 집행단계에서는 무상원조를 KOICA가, 유상원조를 수출입은행 산하 EDCF가 주요 집행기관의 임무를 수행하도록 제도화되어 있다([그림 3-1] 참조). DAC 회원국 대부분이 외교부를 중심으로 단일화되는 추세에서 한국은 상당히 주류에서 뒤처진 추진체계를 보유하고 있다고 해석할 수 있으며, 이를 분절화 현상으로 비판하는 국내의 개발 관련 행위자와 연구가 2010년 한국이 OECD DAC에 가입한 이후 부침은 있지만 지속적으로 증가하

그림 3-1 한국 ODA 추진체계도

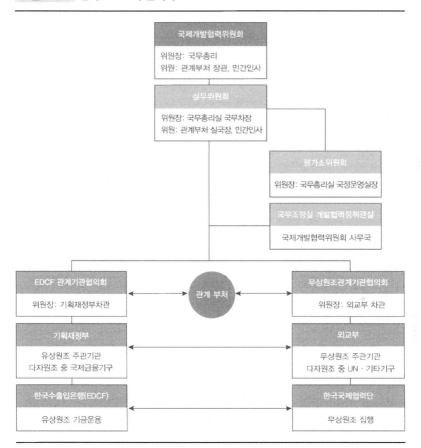

자료: http://www.odakorea.go.kr/ODAPage_2018/cate02/L02_S01_01.jsp.

고 있다. 경제이익이 반영될 수 있는 유상원조를 선호하는 기획재정부와 외교정책의 전략적 자산으로 활용할 수 있는 무상원조를 강조하는 외교부가 ODA 정책단계에서 첨예하게 상호 갈등을 심화시키는 가운데, 당장 유·무상원조 체계를 통합할 수는 없지만 유·무상원조 사업 단위에서 협력을 강화하자는 주문은 정부 내부와 외부에서 제기

되어 왔다.[27]

　분절화 현상 이면에는 정부예산권을 독점하는 기획재정부의 가공할 만한 위력이 상수로 존재한다. 비대해지는 기획재정부의 영향력을 이른바 기획재정부의 '공룡화' 현상이라고 표현하는 예도 있을 정도로 (Kim, 2017), 아직까지 전통적인 경제부처의 강력한 힘을 ODA 정책과정에서도 확인할 수 있다. 특히, 유상원조의 비율이 DAC 회원국 중에서도 상위에 기록될 만큼 한국의 경제부처가 ODA 예산 책정과 중점협력국 지정 등 ODA 정책결정과정에서 많은 영향력을 행사하고 있다. DAC 회원국 중 2016년 기준으로 유상원조 비율이 높은 국가는 일본(59.2%), 포르투갈(53.7%), 프랑스(44.6%), 한국(40.2%), 폴란드(36.7%), 독일(34.5%) 순으로 집계되었다. 이 중 프랑스, 독일, 한국은 추진체계가 동일하지는 않지만 공통적으로 경제부처가 ODA 정책과 집행에 관여할 수 있는 제도적 통로가 마련되어 있고, 일본, 포르투갈, 폴란드의 경우는 외교부 관리형이지만 일본은 일본국제협력은행 (Japan Bank for International Cooperation: JBIC) 중심의 중상주의적 유상원조 전통이 2008년 JICA로 통합된 이후에도 계속 이어지고 있으며 포르투갈과 폴란드는 신생 DAC 회원국으로 상대적으로 ODA 규모가 작고 선진공여국 대열에 진입하기까지는 시간이 필요한 과도기형이라 분류할 수 있다. 따라서 DAC의 전통적 선진공여국에 포함되는 주요 회원국 중에는 일본, 프랑스, 독일이 유일하게 공격적인 유상협력정책을 채택하고 있다고 볼 수 있으며, 이 뒤에는 경제관련 부처가 관련되어 있다는 것을 알 수 있다. 반면, 유상원조가 전체 ODA의 30%

---

27 부처 간 협력의 사례로, 2013년 5월부터 기획재정부와 외교부가 ODA 협업 활성화를 위해 담당 과장급 인사교류를 실시했다. 또한 KOICA와 EDCF 간에 협업을 위하여 EDCF의 유상원조 사업에 KOICA가 사후관리 차원의 직업훈련프로그램 등을 연결해서 기관 간에 협력을 제도화하는 노력도 있다.

이상을 차지하는 위의 6개국을 제외하고는 22개의 DAC 회원국은 경제부처가 아닌 외교부가 주관기관으로 통일되어 있으며 외교부를 중심으로 ODA 예산 중 평균 98% 이상을 무상협력 정책과 사업에 분배하고 있다. 분명한 사실은 대부분의 DAC 회원국이 채택하고 있는 외교부 관리형이 아닌 예외적인 방식을 한국이 도입하고 있다는 것이고, 이 또한 2008년 이전의 일본이 취했던 상업주의형 ODA 추진체계를 거의 유사하게 답습하고 있다는 점이다. 한국이 어떤 이유와 목적으로 유상협력에 40%에 육박하는 ODA 예산을 투입해야 하는지, 그리고 기획재정부 중심의 경제부처 기관과 무상원조 관련 기관 간의 협치보다는 갈등국면이 자주 표출되는가 등의 의문점에 관하여 근본적으로 행위자 간의 구조적인 문제라는 시각과 한국 국제개발의 원조철학적 측면에서 접근해야 한다. 더 논의가 필요하겠지만, 이러한 경제부처 중심의 국제개발 영역이 확장되거나 국제적 흐름인 외교부 중심의 국제개발정책을 한국이 선택하지 않는 이유를 개발중심주의의 발전국가적 제도가 ODA 추진체계에도 의식적이든 무의식적이든 깊숙이 배태되어 있다는 푸코(Michel Foucault)식의 발전국가의 통치성 (governmentality)에서 찾는 연구가 나오고 있다(Bader, 2017; Chang, 2010; 이미숙, 2017; Kim et al., 2013).[28]

---

28 푸코의 통치성 개념은 권력체로서의 국가가 사회의 구성원 개개인의 행동을 관찰·평가·조성·통제하기 위하여 고안된 '권력과 지식의 기술(techniques of power/knowledge)'을 재구축하고 이를 토대로 사회의 운영질서를 안정적으로 관장하고 사회구성원이 자발적으로 국가의 통치방식을 따르게 만드는 고도의 사회공학(social engineering)적 도구를 의미한다(Gordon, 1991: 3-4; Garon, 1997; McKinlay and Taylor, 2014). 따라서 한국의 ODA 추진체계에서 발전국가의 통치성이 적용될 수 있다는 의미는 발전국가식 국정관리에서 신자유주의식 국정관리로의 전환이 시도되고 있는 상황에서도 실제로는 발전국가에 배태된 제도적 장치가 아직도 유효하고 심지어는 사회구성원의 일상생활과 시민권에서도 발전국가식의 사고방식이 침투해 있다는 해석이 가능하다(Chang, 2019).

긍정적으로는 분업구조라 볼 수 있으며, 부정적으로는 분절화 현상으로 평가할 수 있는 현재 한국의 ODA 추진체계는 이러한 분절적 구조 때문에 기획재정부의 유상협력과 외교부의 무상협력 및 국제개발협력에 관한 주요 정책을 심의·조정하는 한국 개발협력 분야의 최고 정책기구로 국제개발협력위원회를 국무총리 소속 하에 2006년 설치·운영하고 있다([그림 3-1] 참조). 국제개발협력위원회(이하, 국개위)는 국무총리가 위원장을 역임하고 간사위원인 국무조정실장을 포함해서 25명 이내의 중앙행정기관과 관계기관의 장 및 민간위원으로 구성되며, 국제개발협력기본계획, 연간 ODA 종합시행계획, 그리고 ODA 평가에 대한 사항 등을 심의하고 조정하는 역할을 맡고 있다.[29] 또한 국개위는 실무적인 업무를 수행하는 국제개발협력 실무위원회와 평가를 담당하는 평가소위원회가 지원기관으로 설치되어 있다. ODA 관련 부처의 상위조직으로 국개위가 설치되었지만, 그 운영에 있어서 비판의 목소리가 만만치 않다. 지난 박근혜 정부 때 국개위는 파행적으로 운영되었다는 지적이 많은데, 대표적으로 '새마을 ODA'에서 'Korea Aid'로 이어지는 최순실 국정농단의 국제개발협력 정책에의 개입은 국개위의 위상을 상위기관으로서 심의와 조정의 역할이 아닌 국정농단의 수단으로 전락했다는 국개위의 실질적인 역할과 그 효과성에 대한 회의적인 비판에 가속화되었다.[30] 문재인 정부로 들어와 국개

---

29 국개위 위원은 보통 7인의 민간위원과 18인의 관계부처 장(국무조정실장(간사위원), 기획재정부장관, 과학기술정보통신부장관, 외교부장관, 교육부장관, 법무부장관, 행정안전부장관, 문화체육관광부장관, 농림축산식품부장관, 산업통상자원부장관, 보건복지부장관, 환경부장관, 고용노동부장관, 여성가족부장관, 국토교통부장관, 한국수출입은행장, 한국국제협력단 이사장)으로 구성되어 있다.
30 발전대안피다(PIDA)의 "'새마을 ODA'에서 '코리아에이드'까지 박근혜 정부 개발협력의 퇴보"를 참조. http://www.pida.or.kr/pium/?q=YToyOntzOjEyOiJrZXl3b3JkX3R5cGUiO3M6MzoiYWxsIjtzOjQ6InBhZ2UiO2k6Njt9&bmode=

위를 비롯한 ODA 추진체계에 관한 개혁 프로세스가 진행되고 있다.

한국 ODA 추진체계의 분절화 문제는 단지 외교부와 기획재정부에 국한된 이슈가 아니다. 분절화의 심각성은 사실상 무상원조를 시행하는 교육부·보건복지부·고용노동부 등의 정부부처와 지방자치단체 등 30여 개의 관련기관이 난립하고 있다. 유상원조의 경우 상대적으로 기획재정부를 중심으로 통합된 모습을 보여주고 있으며 기획재정부 차관이 위원장으로 주재하는 'EDCF 관계기관협의회'가 신규사업부터 유상협력 사업에 관한 조정을 실시하고 있으며, 무상원조의 경우도 외교부 차관이 주재하는 '무상원조관계기관협의회'가 조정작업을 실시하고 있지만 유상원조보다 이해당사자가 많기 때문에 조정과정이 원만하게 이루어지지 않는다는 문제가 있다([그림 3-1] 참조). 아래 [표 3-2]에서 확인할 수 있듯이, 양자원조 중 무상원조의 연도별 구성도를 보면 무상원조 주관기관인 외교부와 집행기관인 KOICA에 배당되는 무상원조의 비율이 2014년부터 점차 감소하고 있는 반면 기타 부처에 배분되는 무상원조의 비율은 점차 증가하고 있다. 교육부, 기획재정부, 그리고 보건복지부가 외교부와 KOICA 이외의 무상원조 예산을 받는 상위 3개 부처로 2014년부터 줄곧 부동의 자리를 유지하고 있다. 특히, 유상원조 주관기관인 기획재정부가 무상원조까지 예산을 사용하고 있다는 사실에서 분절화 이면에 정치한 원칙으로 유상원조와 무상원조가 분업화된 것이 아니라 유·무상의 경계가 정밀한 제도적 운영체계에 의해 책정되지 않는다는 의문을 갖게 한다.

이러한 부처 간 행위자의 갈등관계를 2010년 한국이 DAC에 회원국으로 가입한 이후 전통적인 개발주의에 입각한 유상원조 중심의 기

view&idx = 501373&t = board.

표 3-2 양자원조 중 무상원조의 행위자별 구성도

		2012	2013	2014	2015	2016	2017
외교부	규모(억원)	237	432	1,763	1,150	1,717	1,860
	연간증가율(%)		82	308	−35	49	8
	무상원조 중 비율(%)	3	5	18	12	16	16
KOICA	규모(억원)	5,142	5,423	5,915	6,330	6,070	6.344
	연간증가율(%)		5	9	7	−4	4
	무상원조 중 비율(%)	69	68	60	63	58	53
소계 (외교부+ KOICA)	규모(억원)	5,379	5,856	7,678	7,480	7,787	8,194
	연간증가율(%)		9	31	−3	4	5
	무상원조 중 비율(%)	73	74	78	75	74	69
기타 정부기관	규모(억원)	2,027	2,107	2,133	2,513	2,755	3,742
	연간증가율(%)		4	1	18	10	36
	무상원조 중 비율(%)	27	26	22	25	26	31
	상위 3개 기관 (규모(억원), 무상원조 중 비율(%))	기획재정부 (506, 7%)	교육과학기술부 (725, 9%)	교육부 (498, 5%)	교육부 (542, 5%)	교육부 (633, 6%)	교육부 (886, 7%)
		교육과학기술부 (427, 6%)	보건복지부 (250, 3%)	기획재정부 (354, 4%)	기획재정부 (393, 4%)	기획재정부 (421, 4%)	기획재정부 (518, 4%)
		보건복지부 (164, 2%)	농진청 (245, 3%)	보건복지부 (192, 2%)	보건복지부 (166, 2%)	보건복지부 (247, 2%)	보건복지부 (276, 2%)
무상원조 총계	규모(억원)	7,406	7,963	9,811	9,993	10,542	11,936
	연간증가율(%)		8	23	2	5	13
	양자원조 중 비율(%)	55	54	57	54	55	56

자료: 외교부 개발협력국(2016). 부분 발췌.

획재정부와 글로벌 규범을 추종하는 무상원조 중심의 외교부 사이에서 발생하는 전환기적 진통이라고 해석할 수 있다. 분절화를 문제 삼는 시민사회와 달리 분절화 문제를 심각한 한국병으로 인식하지 않고 각 부처의 전문성에 따라 ODA를 적절하게 분담해서 집행하는 것에 대한 긍정적인 시각과 함께 분절화를 최대한 효과적으로 활용하자는 대안적인 방안도 주목할 만하다(주동주 외, 2012). 그러나 분절화에 대한 긍정적인 논리에도 불구하고 국제개발 행위자 측면에서 분절화의 가장 심각한 오류는 한국이 과연 어떠한 원칙과 방향 하에서 유상원조와 무상원조를 구분하고 다양한 이해관계 기관들의 예산을 분배하며 최종적으로 원조효과성과 책무성의 주관기관은 어디인가에 대한 명확한 상을 파악하기 어렵다는 점이다. 원조철학의 부재와 책무성 기제의 결핍으로 한국의 ODA 추진체계는 체계적으로 정비된 제도의 공공성과 객관성보다는 개별 행위자 조직의 이해관계에 의해 주관적으로 재구성될 가능성이 크다. 이와 함께, 정부의 정치적 성격에 따라 국정관리의 이데올로기가 변화하게 되고 이에 맞게 국제개발정책도 정치화되기 때문에, 5년 단위로 새 정부가 집권하는 한국 정치 구조에서는 ODA 정책방향이 정권의 보수성 또는 진보성에 따라 새롭게 결정되며 정권의 정치적 성향과 관계없이 이전 정부의 ODA 정책과 일관성·연속성이 보장될 가능성은 희박하다(Thérien, 2002; Milner and Tingley, 2010; Sohn and Yoo, 2015). 이 또한 한국사회에서 아직 국제개발에 대한 중핵적인 가치와 철학이 공론화되지 않았고 사회적으로 합의가 되지 않았기 때문에, 정권은 쉽게 필요에 따라 ODA의 정책적 가치를 정권의 정치적 성향에 맞춰 전략화하게 된다.

(2) 비정부기관

정부기관 이외에 국제개발 영역에서 활동하는 주요 행위자로는 크게 시민사회의 개발CSO와 민간부문의 기업 등으로 구분할 수 있다. 2015년 선포된 UN의 지속가능발전목표(SDGs)에서 주요 파트너로 다중이해관계자(multi-stakeholder) 개념을 사용하여, 국가 행위자 이외에 시민사회, 국회, 민간기업, 공공 및 민간재단 등 다층적인 비정부 행위자의 협치를 앞으로 2030년까지 SDGs를 이행하는 데 반드시 필요한 개발파트너십으로 강조하였다(United Nations, 2015).[31] 우선, 개발 CSO는 한국 시민사회의 일부 영역을 차지하는 국제개발의 주요 행위자 집단으로 공여국 내 개발파트너로서 국내 개발CSO와 협력대상국 내에서 활동하는 현지CSO, 그리고 국제적으로 활동하는 국제CSO로 다시 세분화할 수 있다. 옥스팜(Oxfam), 월드비전(World Vision), 세이브 더칠드런(Save the Children)과 같이 글로벌 수준에서 국제개발 활동을 하는 국제CSO는 독자적인 재원으로 개도국에서 개발사업을 집행하면서 동시에 개발효과성과 책무성을 제고하기 위하여 국제기구 및 개별 공여국 정책을 비판하고 대안을 제시하는 역할도 수행한다. 또한 국제CSO는 개도국 현지에서 활동하는 현지CSO를 직접 지원하거나 공동사업을 추진하여 현지CSO와 지역커뮤니티의 역량개발에 이바지한다. 공여국의 국내 개발CSO는 공여국 정부의 중요한 개발파트너로

---

31 국제개발을 위한 국제무대에서 CSO가 주목을 받게 된 것은 그리 오래전이 아니다. 원조효과성을 위한 고위급포럼(HLF)은 본래 CSO는 국가와 동급으로 포럼에 참여해서 발언을 하거나 대우를 받지 못하는 일종의 옵저버 역할만 인정을 받았다. 그러나 가나 아크라에서 개최된 제3차 HLF에서 공식적으로 시민사회를 기존의 전통적인 국가와 동등한 자격을 갖춘 개발주체로 인정받게 되고, 제4차 HLF 부산세계개발총회에서는 국제개발의 주요 행위자로 활동을 전개하게 되었다(김태균, 2018). 또한 2015년 UN의 SDGs 결의를 통해 다시 한번 개발CSO의 중요성이 다중이해관계자(multi-stakeholder)라는 개념으로 강조되었다.

인식되어 대부분의 선진공여국은 자국의 시민사회와 국제개발 사업을 공동으로 이행하거나 정부는 재원만 지원하고 사업집행을 CSO에 일임하기도 한다(Lewis, 2014).

이렇게 개발CSO가 중요한 국제개발 행위자로 부상하게 된 이유는 공여국 정부, 국제기구 및 수원국 정부에 이르기까지 공여주체 스스로가 시민사회가 제공할 수 있는 다양한 역할을 적극적으로 동원하여 원조효과성을 제고하려는 전략적 사고가 있었기 때문이다(Lewis and Kanji, 2009). 개발CSO가 제공할 수 있는 개발파트너십의 주요 특장점은 다음과 같이 다섯 가지로 정리할 수 있는데, 이는 개발CSO의 도전적인 비판성과 파트너로서의 효율성이 상호 교차하는 지점에서 발견된다(Smith, 1993; George and Wilding, 2002). 첫째, 국제개발 프로젝트를 추진하는 과정에서 장기적인 개발협력(development cooperation)과 단기적인 인도주의적 긴급구호(emergency relief) 간의 균형을 맞출 때 개발CSO의 지원이 긍정적인 결과를 창출할 수 있다. 취약국에 긴급사태가 발생했을 경우 공여국 및 국제기구는 곧바로 긴급구호를 투입하게 되지만 어느 정도 긴급사태가 해결되고 사회를 복구할 단계에 돌입하면 기존 공여국과 국제기구는 중장기적인 개발협력의 기획으로 무게중심을 옮기게 되며 긴급구호의 빈 공간은 개발CSO의 지원으로 원활하게 채워질 수 있다. 둘째, 개발프로젝트 이행에 있어 개발CSO와 파트너십을 구축하는 것이 초국경 이슈를 다룰 수 있는 제도적 역량을 향상시킬 수 있다. 개발CSO가 일반적으로 공여국 행위자보다 국경과 주권에 민감하지 않고 자유롭게 국경을 넘나들기 때문에 개발프로젝트에 개발CSO가 파트너로 참여할 경우 본 사업에 참여하는 모든 행위자들에게 정보제공 및 현지 네트워크 확장 등 역량강화를 지원할 수 있다. 셋째, 개발프로젝트 이행목적을 위하여 개발CSO를 활용함으로써 정부기관의 압력에 효과적인 대응 및 저항을 유도할 수 있다. 개발CSO가 보유하고 있는 기능 중 하나가 대정부 감시와 도전이라는 점에서 공여국 및 국제기구가 이행하는 개발프로젝트의 책무성과 윤리성 등에 관한 적극적인 대응을 개발CSO가 중심이 되어 지역커뮤니티와 함께 조직할 수 있다. 넷째, 개발CSO를 통해 공여국 국내 개발 관련 기관의 역량강화 등 개발교육의 질을 높일 수 있다. 개발CSO는 경우에 따라 공여국 정부기관보다 개발현장에 관한 많은 양질의 정보와 현장 경험을 보유하고 있어서 공여국 국내 개발 기관에게 정보와 경험, 그리고 주의사항 등을 공유하는 교육서비스를 제공할 수 있다. 다섯째, 개도국의 현지CSO를 동등한 자격의 개발파트너로 인식하고 대우할 수 있는 상호존중의 방식을 도모할 수 있다. 공여국의 개발CSO 또는 국제CSO는 공여국 정부기관보다 자유롭게 개도국 현지CSO와 교류하고 공동사업을 추진할 수 있기 때문에 현지 지역커뮤니티와 지역주민이 주인으로 개발프로젝트에 자발적인 참여를 유도할 수 있다.

또한 개발CSO의 역할은 앞서도 잠시 언급했지만 서비스전달 중심의 기능적 접근과 대정부 감시활동 중심의 정치적 접근으로 크게 양분할 수 있다(김태균, 2017a; Kendall, 2003; Deakin, 2001). CSO의 서비스전달 기능은 사실상 복지서비스를 제공하는 국가가 재정위기로 공공정책이 실패로 돌아가는 '국가실패(state failure)'와 이를 대체하기 위하여 국가개입을 최소화하고 시장주의를 도입한 신자유주의적 복지시스템까지 실패로 귀결되는 '시장실패(market failure)'라는 역사적 경험에서 부각되었다(Offe, 1984; James, 1989). 제3섹터라는 불릴 정도로 CSO는 국가와 시장 사이에 존재하는 위치권력과 국가와 시장과 적대적인 관계가 아닌 상생관계의 가능성을 전제로 새로운 역할이 서유럽에서는 강조되었고 이는 좌우를 막론하고 새로운 협치의 파트너로 부상하였다(Ware, 1989; Bebbington et al., 1993). 그러나 서비스전달 기능은 CSO가 정부나 기업으로부터 재정적 지원을 받게 되는 경우를 가정하게 되고, 재정지원을 받는다는 것은 결국 정부와 기업이 요구하는 방식의 서비스전달에서 CSO가 자유롭지 못하다는 것을 의미한다. 이는 국가와 시장으로부터 자유롭고 시민들에 의한 자발적인 참여와 재원확보를 동원해서 CSO가 조직된다는 CSO 고유의 자원주의(voluntarism)가 일정 정도 훼손된다는 부정적인 결과를 만들게 되며, 이러한 현상을 이른바 '자원실패(voluntary failure)'라고 개념화하고 있다(Salamon, 1995).

자원실패는 곧바로 CSO의 두 번째 기능인 정치적 감시 및 옹호의 역할이 퇴보하는 것과 연계된다. 정부의 국제개발정책 또는 세계은행과 같은 다자개발은행의 개발프로젝트를 비판적으로 검토하고 책무성 문제를 제기하는 감시와 도전의 역할이 개발CSO가 제공할 수 있는 자원주의의 가장 본연의 임무라 할 수 있다. 개도국 현장에서 벌어지는 세계은행 개발프로젝트의 세이프가드 위반 사례를 세계은행 조사패널에 접수하는 역할을 주로 국제CSO가 도맡아 왔으며, 2018년 7월에 발생한 라오스 세피안-세남노이(Xe-Pian Xe-Namnoy) 수력발전소 보조댐의 붕괴로 인한 참사에 대하여 한국 개발기관의 책임을 묻는 역할 또한 국내의 개발CSO가 주도하였다.[32] 개발CSO의 정치적 감시자 기

---

32 라오스 댐 붕괴 사고는 2018년 7월 23일 라오스 남동부 앗타푸 주에 위치한 세피안-세남노이 수력발전소의 보조댐이 붕괴해 발생한 사고이다. 7월 25일 기준으로 최소 70명이 숨지고 200여 명이 실종된 것으로 보이며, 6,600명 이상의 이재민이 발생하였다. 세피안-세남노이 수력발전소는 한국 ODA 사업의 일환으로 한국수출입은행의 EDCF 자금이 투입되었으며, 한국 기업인 SK건설과 한국서부발전이 개발에 참여하였다. 라오스 댐 사고에 대한 책임 문제가 제기되었고, 한국 시민사회는 '라오스 세피안·세남노이 댐 사고 대응 한국 시민사회 TF'를 구성하여 한국정부와 기업의 책임을 추궁하는 등 정치적 감시자 역할을 적극적으로 동원하였다. 그러나 아직까지 EDCF와 SK건설 및 한국서부발전은 라오스 댐 사고에 대한 책임 있는 대응방안을 제시하지 않고 책무성을 회피하고 있는 상황이다. 한국 시민사회의 대응 사례로 발전대안피다의 성명서를 참조.

능은 개발프로젝트의 시작과 끝까지 전 과정에서 소외되는 지역주민의 인권과 발전권을 적극적으로 보호하고, 이에 위반된 행위를 비판하고 국제사회에 고발하는 투명성과 책무성의 견인차 역할을 수행한다.

그럼에도 불구하고, 개발CSO 자체의 책무성 이슈를 검토하고 스스로의 자정 능력을 키워야한다는 목소리가 커지고 있다(Peruzzotti, 2007; Trent, 2016; Hielscher et al., 2017). 정부 또는 민간기업의 재정지원을 받는 개발CSO는 일종의 대리인으로서 주인에 대한 재정적 책무성(financial accountability)을 져야 하기 때문에 자원단체인 개발CSO로서는 일종의 딜레마에 처하게 된다. 또한 내부적으로도 집행부 선발 과정에서 투명성을 보장할 수 있는지, 그리고 회비를 내는 회원들에게 활동을 보고하는 내부적 책무성 요구에서 개발CSO는 자유로울 수 없다. 시민사회단체라는 도덕성을 강조하면서 내부적·외부적 책무성을 회피할 수 없고 오히려 자원주의의 도덕적 자산을 적극적으로 활용하여 회원들의 대리인으로서의 대표성을 확보하는 것이 중요하다. 글로벌 수준에서는 북반구에 위치한 개발CSO가 남반구에서 활동하는 개발CSO에게 재원과 지식을 지원해 주는 선순환적인 관계가 형성되는 이면에는 시민사회 연대라는 미명 하에 북반구 CSO가 남반구 CSO를 통제하고 신자유주의 사조를 개도국 현지CSO에 침투시키는 부작용도 발견되고 있다(Deacon, 2007).

한국의 시민사회는 1987년 민주화 이후 괄목할 수준으로 시민단체의 양적인 발전과 질적인 성장을 이루어 왔다. 1987년 이전에는 주로 노동운동으로 대표되었던 한국의 시민운동이 1987년 이후 인권,

---

http://pida.or.kr/pium/?q=YToxOntzOjEyOiJrZXl3b3JkX3R5cGUiO3 M6MzoiYWxsIjt9&bmode=view&idx=2119421&t=board.

젠더, 환경, 복지 등 사회문제의 다양한 이슈 영역에 신사회운동 방식이 도입되면서 한국 시민사회는 과거 정부에 의해 동원된 조력자에서 정부를 감시하는 정치적 도전세력으로 그 역할이 급진적으로 전환되었다(권태환·임현진·송호근, 2001; Kim, 2008; 김태균, 2017a). 그러나 한국의 개발CSO는 한국 시민사회의 주류와 다른 궤적의 역사적 진화과정을 경험해 왔다. 1987년 이전에는 한국 시민사회 내부에 국제개발 이슈영역이 명확하게 정립되지 않았다는 사실을 [그림 3－2]에서 유추할 수 있는데, 1960년부터 1989년까지 기간 동안 설립된 개발CSO의 수가 23개 단체(전체 개발CSO의 16%)이고 민주화 이후에 설립된 개발CSO는 121개 단체로 전체 84%를 차지한다는 점에서 민주화 이전에 국제개발을 조직의 목표로 활동하는 CSO는 한국사회에서 비주류였다는 것을 확인할 수 있다. 또한, 한국 개발CSO가 설립된 후 언제부터 국제개발협력사업을 시작했는가에 관한 국제개발협력민간협의회(Korea NGO Council for Overseas Development Cooperation: KCOC)의 조사 결과에 따르면, 민주화 이전 단계에는 개발CSO가 설립되었음에도 실제로 국제개발협력사업을 실행한 사례가 거의 없었다는 사실을 확인할 수 있다([그림 3-2] 참조). 1960년부터 1989년까지의 기간 동안 개발CSO 23개 단체 중 단 5개 단체만이 개발사업을 수행한 경험이 있고, 이를 다시 2010년대까지 확장하면 전체 140개 개발CSO 중 오직 3.6% 정도만 민주화 이전 단계에서 국제개발 사업을 추진해 본 경험이 있는 것이다. 따라서, 한국 시민사회 발전의 일반적인 궤적과 유사하게 개발CSO는 1987년 민주화를 역사적 계기로 민주화 이후 그 세력을 확대하는 경향성을 보이지만 민주화 이전 단계에서 개발CSO의 역사적 연원과 자취를 찾기에는 그 기록이 대단히 미약하다는 점에서 국제개발 이슈영역에서 한국 시민사회의 본격적인 개입은 민주화 이후라고 일반화할 수 있다.

그림 3-2 한국 개발CSO 설립연도 및 국제개발협력사업 시작연도[33]

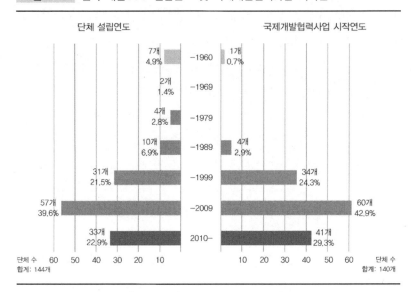

자료: 국제개발협력민간협의회(2018b: 12).

비판적으로 접근하면, 한국 시민사회에서 개발CSO는 사실상 민주
화 시대에서 서비스전달 중심의 CSO가 변형된 형태라고 해석할 수
있다(김태균, 2017a). 1987년 이전에 설립된 소수의 개발CSO는 정부
정책의 감시자가 아닌 서비스전달 파트너로서의 활동을 전개하였기에
개발CSO는 정치성과 거리가 멀었으며 사실상 서비스전달 중심의 국
제개발사업도 대단히 미미한 수준이었다. 민주화 이후, 한국의 시민
사회는 다양한 이슈영역에 사회운동 프레임을 도입하였고 해외원조
등 국제개발협력에 관련된 이슈에도 시민운동이 점차 접목되었다. 그

---

33 국제개발협력을 조직 목표로 표방하거나 이와 관련하여 사업을 추진한 기록이
있는 개발CSO의 총 수는 144개인데 반해, 이 중 해외사업에 관심을 가지고 준
비 중이나 아직 착수하지 않은 단체 4개를 제외하여 국제개발협력사업을 시작했
다고 평가할 수 있는 개발CSO는 총 140개 단체로 집계된다.

러나 국제개발협력 이슈 자체가 빈곤국 주민을 도와주는 성격의 국제
사업이기 때문에 기존의 사회복지 부문에서 활동하던 복지CSO가 접
수하기 적합한 새로운 이슈영역이고 정치성을 띠기가 어려운 주제였
다. 실제로 여성·아동·노인 등 복지서비스를 주로 제공하였던 CSO
와 사회복지를 담당하는 종교단체가 중심이 되어 1980년대 후반부터
해외자선 및 국제개발협력 사업을 흡수하는 현상이 강하게 나타났다
(손혁상, 2015; 한재광, 2010). 민주화 영향을 받아 대정부 감시활동을 새
로운 역할로 수용한 다른 부문의 CSO와 달리 민주화 이후 급성장한
개발CSO는 대부분이 비정치적이고 정부 정책에 도전하는 활동보다
정부와 협치가 가능한 복지서비스 중심의 활동이 대세를 이루었다.
그러나 2009년 한국이 DAC에 가입하고 2011년 부산세계개발총회를
개최하며 국제개발의 글로벌 규범과 국가와 시민사회의 연대 등 개발
CSO의 역할과 대안적인 가치를 재조명하는 글로벌 기준과 관행이 국
내 시민사회에 도입되었다. 여기에 ODA 예산의 증가 및 개발관련 부
처 간의 분절화 등 정부 정책의 현안에 대한 시민사회의 감시와 비판
이 ODA 투명성과 책무성의 필요조건으로 거론되면서 개발CSO의 정
치적 감시활동이 시민사회의 중요한 기능이자 의무로 강조되었다.

　그러나 시대가 요구하는 정치적 감시자 역할을 한국의 개발CSO가
개별적으로 수용해서 하나의 공통된 기능으로 공유하기에는 역부족이
다. [그림 3-3]이 보여주듯이, 한국의 주요 개발CSO 네트워크와 주
요 행위자 단체 간의 관계도를 분석하면 정치적 옹호 기능의 주류화
가 한국 개발CSO 사이에서 쉬운 과제가 아니라는 것을 인지할 수 있
다(김태균, 2017a). 먼저, 한국 개발CSO의 주류는 정부기관과 대항하는
도전적 역할보다는 유기적 파트너로서 개발사업을 이행하거나 재정지
원을 받는 협치적 관계를 취하고 있다. 서비스전달의 핵심 기능으로
활동하고 있는 개발CSO의 협의체로서 KCOC는 개발CSO 간에 협력

그림 3-3 한국 개발CSO의 구조적 관계도

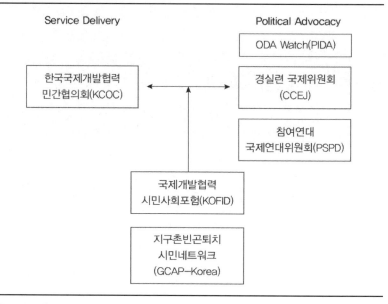

자료: 김태균(2017a: 140).

을 강화하고 활동을 조정할 수 있도록 연대와 네트워킹을 강화하는
등 회원단체의 개발서비스 전달과 개발사업의 효과성을 높이기 위한
협의체 역할에 초점을 맞추고 있다. 물론 KCOC도 정부가 지구촌 빈
곤퇴치를 위한 정치적 의지를 확립하고 이를 위한 국제사회의 노력에
동참할 것을 촉구하는 등 국내 개발협력 관련 정책제언 및 형성과정
에 참여하는 대정부 활동을 하고 있지만, KCOC의 중점 어젠다는
139개의 회원단체가 국제개발협력 사업을 원활하게 집행할 수 있도
록 조정하고 지원하는 기능에 있다.[34] 한편, 한국의 개발CSO라 분류

---

34 KCOC에 신규 정회원으로 가입을 하기 위해서는 아래와 같은 기준을 만족하여
    야 한다: (1) 비영리민간단체로 법인설립 또는 단체등록 후 국제개발협력 사업

할 수 있는 시민단체 중 서비스전달 기능보다 정치적 애드보커시 활동에 무게중심을 두는 개별 단체는 발전대안피다(舊 ODA Watch), 경제정의실천시민연합(경실련), 참여연대로 압축되며, 이 중에서도 발전대안피다만이 유일하게 국제개발협력 이슈에 천착하여 한국 정부기관의 ODA 정책과 집행에 비판적인 분석과 대안을 제안하고 있다. 발전대안피다 이외의 경실련과 참여연대는 1987체제의 민주화 과정에서 설립된 시민사회단체로서 ODA를 포함한 국제개발 이슈는 두 단체가 다루는 수많은 국제연대 이슈 중 하나로 제한된 방식의 시민운동이 동원되고 있으며, 심지어 경실련의 경우는 국제위원회 활동이 2016년 최순실 국정농단 사태와 같은 국내 경제, 사회문제에 경실련 의제가 집중되는 과정에서 배제되고 사실상 그 이후 정부의 국제개발정책에 대한 경실련의 감시 활동은 유명무실해졌다. 이토록 한국 시민사회에서 국제개발 연대를 위하여 대정부 활동을 전담하고 정책과 집행을 감시하는 CSO의 경험과 역량은 아직 미미한 수준이고, 앞으로 시민사회운동으로서 국제개발 정책의 감시라는 기능을 확대해야 하는 숙제가 남아있다는 측면에서 김태균(2017a: 140)은 현 단계를 '주창자로서의 개발CSO의 맹아적 전환기'라고 명명하였다. 마지막으로, 시민사회 행위자로 서비스전달 중심의 개발CSO와 정치적 옹호활동의 개발 CSO 사이에 양측 단체가 동시에 같이 논의하는 국제개발 협의체인

실적이 최소 2년 이상이어야 한다; (2) 등록신청 당해 전년도 및 당해연도 해외사업 규모가 각 1억원 이상이어야 한다; (3) 국제협력NGO 행동규범을 준수하고 독립된 사무공간 및 상근직원이 확보되어야 한다. 특히, 해외사업 규모가 1억원 이상, 사업 실적이 최소 2년 이상, 그리고 상근직원 확보 등의 조건은 사실상 열악한 한국 개발CSO 환경에서 영세규모의 개발CSO가 KCOC 가입기준을 맞추지 못하게 만드는 진입장벽이 되어 KOICA가 KCOC를 통해 지원하는 재원을 영세한 CSO는 받을 수 있는 제도적 통로가 차단되게 된다. http://www.ngokcoc.or.kr/theme/kcoc/03/society02.php 참조.

국제개발협력시민사회포럼(Korea Civil Society Forum on International Development Cooperation: KoFID)과 지구촌빈곤퇴치시민네트워크(Global Call to Action Against Povety-Korea: GCAP-Korea)가 있다.[35] KoFID와 GCAP－Korea는 정치적 애드보커시와 서비스전달의 개발CSO 간의 연계를 위한 정기회의, 성명서 발표, 토론회 개최를 통해 정치적 기회 공간을 제공한다는 측면에서 긍정적인 평가를 받을 수 있으나, 성격이 다른 개발CSO가 적극적인 연대와 통일된 대정부 감시 활동을 추진하기 위하여 그 이상의 제도적 장치가 부재한다는 부정적인 비판에도 노출되어 있다.

대정부 감시 활동을 개발CSO 간의 본격적인 집합행위(collective action)로 조직하기에는 시민사회의 역량에 있어 아직 역부족이다. 그러나, 한국의 ODA 정책과 집행을 사회적으로 구성해 나가는 데 있어 개발CSO가 독자적인 영향력을 행사하기에 역량이 부족한 것이지, 비판국제개발론 영역에서는 정부의 실정을 공론화하고 시정과 대안을 제안하기 위한 촉매제로서 한국의 개발CSO는 충분한 역량을 보유하고 있다고 평가할 수 있다. 정치적 애드보커시 활동을 통해 개발CSO는 박근혜 정부 때 ODA 영역에서 '미얀마 K타운'을 비롯한 최순실

---

35 2019년 현재 KoFID의 회원단체는 총 25개로, 경실련·국제개발협력민간협의회·국제개발협력학회·굿네이버스·기아대책·세이브더칠드런코리아·아시안브릿지·어린이재단·유엔인권정책센터·지구촌나눔운동·참여연대·하나를위한음악재단·한국여성단체연합·한국월드비전·한국인권재단·한국투명성기구·한국YMCA전국연맹·한마음한몸운동본부·환경운동연합·환경재단·HoE·발전대안피다·글로벌발전연구원(ReDI)·플랜코리아·굿피플 등으로 구성되어 있다. KoFID 회원단체 수는 2016년 기준 30개에서 5개 단체가 준 2019년 현재 25개이며, 이 중 국제개발협력민간협의회·굿네이버스·세이브더칠드런코리아·한국월드비전·한국인권재단·한국YMCA전국연맹·한마음한몸운동본부·글로벌발전연구원·어린이재단·지구촌나눔운동·환경재단은 KCOC의 회원단체이기도 하다.

국정농단의 폐해를 비판하고 촛불혁명 시민운동에 국제개발 문제를 환기하는 데 일조하였으며, 최근 2019년 OECD DAC 동료검토(Peer Review)의 권고사항이자 시민사회의 오랜 숙원사업이었던 '국제개발협력 분야 정부－시민사회 파트너십 기본정책'이 합의되는 쾌거가 가능하였다.[36]

개발CSO와 함께 비정부기관의 또 다른 대표적 행위자로 민간기업을 꼽을 수 있으며, 민간기업은 2000년대 이후부터 UN글로벌컴팩트 (UN Global Compact)와 SDGs 등을 통해 국제사회에서 새로운 개발파트너로 인정받게 되었다(Williams, 2008; 김상태, 2012; 김태균, 2017b). 민간기업이 국제개발협력에 참여할 수 있는 제도적 채널은 다양하지만 주로 크게 세 가지 정도로 압축할 수 있다. 첫째, 민간기업은 일반적으로 공여국 정부기관과 함께 특정 협력대상국의 개발협력 사업에 PPP 방식으로 참여한다. PPP 방식은 주로 인프라 시설 구축 등 고비용과 유상원조의 개발프로젝트에서 선호되는 경향이 강하고, 민간기업은 정부기관의 위험 보증(guarantee)을 받아 시공기관으로 참여하거나 인프라 건설공사에 직접 민간자본을 투입하여 교량, 댐, 도로 등의 20년에서 50년 사이의 기간 동안 시설 운영 수익과 배당금을 받아가는 고부가가치 사업을 PPP를 통해 추진한다. 둘째, 기업의 성장과 수익을 사회의 공공성과 공익성을 위한 책임 있는 행동과 사회적 가치 (social value) 창출과 선순환적으로 연계하는 이른바 '기업의 사회적 책임(Corporate Social Responsibility: CSR)'의 일환으로 민간기업은 개발프로젝트에 참여할 수 있다. CSR은 PPP 방식과 같은 정부기관과의 파트

---

36 『국제개발협력 분야 정부－시민사회 파트너십 기본정책』의 자세한 내용에 관해서는 http://www.ngokcoc.or.kr/bbs/board.php?bo_table=paper01&wr_id=160 참조.

너십을 반드시 구성하지 않아도 가능하며, 개별적으로 민간기업이 개도국의 빈곤퇴치와 질병예방 등에 대한 기여활동을 직접 시행할 수 있다. 기업의 경영활동이 국제화되면서 기업이 진출하였거나 진출을 모색하는 개발도상국에 CSR을 통해 기업의 이미지를 제고하고 사회적으로 공헌함으로써 중장기적으로 기업의 수익을 증대시킬 수 있다는 계산이 깔려있다. 마지막으로, 개도국의 협동조합·마을기업·자활기업·공동체회사 등의 사회적 경제(social economy)를 통해 이윤창출의 극대화만이 아닌 상생과 나눔의 삶을 토대로 현지 커뮤니티의 공동이익과 사회적 가치를 실현할 수 있도록 사회적 기업(social enterprise)의 경제적 활동을 장려한다(Yi et al., 2018a, 2018b; Utting, 2015). 사회적 경제조직이 상호협력과 사회연대를 통해 자본주의 시장경제에서 드러나는 문제를 해결하고 기존 대기업 중심의 경쟁과 양극화에서 벗어나 사회정의와 사회적 가치를 실현할 수 있다는 장점이 있다.

민간기업을 국제개발 사업의 주요 행위자로 강조하는 이면에는 민간기업의 개발협력 활동에 대한 책무성 문제가 뒤따라야 한다(Steets, 2010; Helgesson, 2010). 단순히 민간기업은 공적기관이 아니기 때문에 책무성 문제에서 자유롭다고 주장할 수 없으며, 민간기업이 참여하는 국제개발협력 사업은 개도국의 공적 영역에 개입하는 행위이기 때문에 민간기업이 관여된 개발프로젝트 및 투자사업은 반드시 협력대상국 최종수혜자에게 피해를 주지 않도록 책임을 져야 한다. 민간기업이 아무리 CSR과 사회적 가치를 강조한다 하더라도 기업의 생리상 이윤이 창출되지 않는 사업에 쉽게 투자를 하거나 참여를 결정하기 꺼릴 것이다. 따라서 기업이 ODA 사업에 PPP로 공동참여를 하거나 CSR 사업에 적극적으로 투자하는 근본적인 이유로 우리는 기업의 개도국 시장진출과 시장점유라는 목적이 상수로 작동한다는 사실을 예상할 수 있다. SDGs 이행과정에서 DAC 회원국이 SDGs의 국내이행과 국제협력에 필요한 재원을 기존의 ODA에서 완전히 충당할 수 없으므로 민간기업 등의 민간부문 자금을 동원하려고 다양한 개발재원(development financing) 기법을 활용하고 있지만, 이 모든 민간재원을 유치하는 프로세스의 중심에는 ODA라는 공적자금이 균형을 잡고 민간자금의 책무성을 보증하는 ODA의 '중심성(centrality)'이 전제되어야 한다(김태균·이일청, 2014).

민간기업 이외에 민간부문에 활동하는 개발협력 행위자로는 민간재단과 글로벌기금이 대표적이다(Deacon, 2007). 특별한 목적을 위해 설립되는 민간재단 역시 국제개발협력에 참여하는데, 이러한 활동에 대표적인 민간재단으로는 록펠러재단(Rockefeller Foundation), 빌 & 멜린다 게이츠재단(Bill & Melinda Gates Foundation), 포드재단(Ford Foundation), 쉘재단(Shell Foundation) 등이 있다. 또한, 민간재단과 유사하지만 재원확보와 거버넌스 운영에서 차별성을 갖는 글로벌기금(Global Fund)도 중요한 민간부문 행위자로 주목을 받고 있으며, 대표적으로 에이즈·결핵·말라리아퇴치글로벌기금(Global Fund to Fight AIDS, Tuberculosis and Malaria)과 가비—백신연대(Gavi, the Vaccine Alliance) 등이 있다.[37]

---

37 '가비—백신연대(Gavi, the Vaccine Alliance)'는 설립 당시 '백신면역글로벌연대(Global Alliance for Vaccines and Immunization)'라는 이름을 사용하다가 이후 '가비연대(GAVI Alliance)'로 최근에 다시 단체 이름을 가비—백신연대로 변경하였다. GAVI는 글로벌기금의 대표적인 사례로 기존의 민간재단과는 내부 거버넌스 구조에서 차별성을 갖고 있다. GAVI를 운영하는 주체의 구성을 보면, 개도국과 선진공여국, 세계보건기구(WHO)와 유엔아동기금(UNICEF) 등의 UN기구, 세계은행 등의 다자개발은행, 개도국과 선진국의 제약산업, 연구기관, 시민사회, 빌&멜린다게이츠재단, 그리고 여타 민간자선단체들이 공동으로 참여하고 있다는 점을 확인할 수 있다. 그야말로 진정한 다중이해관계자(multi—stakeholder) 중심의 거버넌스 방식으로 사실상 민간재단과 여느 UN기구보다 다양한 주체들이 복합적으로 글로벌기금의 운영주체가 되고 있다는 차별성은 글로벌기금이 새로운 방식의 개발파트너십을 구축하고 있다는 긍정적인 전망과 연결되기도 한다.

3.2. 국제개발의 제도화 과정

앞서 살펴본 다양한 국제개발 행위자가 상호작용을 통해 국제개발 정책과 집행과정에 있어 관계성을 형성하고 각 행위자는 자신의 이해 관계와 목적을 달성하기 위하여 그 관계성을 특정 방향의 공식적인 제도로 확립하려고 노력할 것이다. 따라서 제도(institutions)의 도입은 행위 규칙을 모든 행위자가 공유한다는 간단한 과정이 아니라, 어떤 과정을 통해 행위자가 지켜야 하는 행위 규칙이 결정되고 특정 행위 자가 힘의 균형을 조정하고 있는가 등의 복합적인 과정의 사회적 구 성(social construction)을 의미한다(Rothstein, 1998; Kim, 2008). 제도화 과 정에서 끊임없이 행위자는 자신의 목적을 추구하려는 행위를 지속하 고 다른 행위자도 이에 대응하기 위하여 같은 방식으로 행동한다는 전제하에 제도는 일정 수준에서 상호작용을 통해 행위자의 목적에 부 합하는 규칙을 제공할 수 있다. 제도를 행위자의 이익추구를 활용할 수 있지만, 상호작용을 지속하는 과정에서 제도에 참여하는 모든 행 위자는 제도가 제공하는 규칙과 규범을 준수하도록 강요받게 되고 특 정 행위자가 공공재를 사유화하려는 '역의 유인책(perverse incentives)' 을 제어하는 기능을 제도가 제공할 수 있다(Ostrom, 1990). 공공재가 한정되어 있을수록, 한정된 공공재를 소유하려는 경쟁자가 많을수록, 제도를 통한 합법적인 통제가 필요하며 집합행위로서 제도를 공인하 는 작업이 많은 행위자가 제한된 공공재를 합리적으로 공유하는 첩경 이 되는 것이다(North, 1990; Olson, 1965). 이러한 제도의 중요성은 앞 서 논의했듯이 한국 국제개발정책 발전의 역사를 구조와 행위라는 제 도적 관계성에서 새롭게 재구성하는 비판적 국제개발론과 맥을 같이 하고 있으며, 거시와 미시 사이를 비판적으로 연결하는 중범위(middle-ranged) 제도를 한국의 국제개발 정책과 집행에 적용하는 실천적 분석의 토대이기도 하다(Thelen and Steinmo, 1992).

국제개발의 제도화 과정은 국제개발정책 및 ODA 정책이 어떠한 원조철학에 따라 조성되는가에 관한 제도화의 가장 근본적인 단계부터 시작해야 한다. 한국의 경우 국제개발 제도화 과정의 첫 단계부터 새로운 판을 짜야 하는 상황이지만, 원조철학과 비전의 존재 여부는 제도화 과정의 방향성을 결정하는 대단히 중요한 토대가 된다는 점에서 검토가 필요하다. 원조철학의 다음 단계로는 제도화 과정의 유형에 관한 분석이 필요하며, 상향식·하향식·통합식 접근방법에 대한 비교와 함께 어떤 방식이 국제개발의 제도로서 더욱 효과적이고 책임이 보장되는가를 비판적으로 고찰한다. 마지막으로, 현재 운영되고 있는 한국의 ODA 결정 과정에 관한 제도적 절차를 설명하고, 제도주의적 해석을 통해 현재 한국의 문제점을 비판적으로 지적한다.

(1) 원조철학과 국익

국제개발의 제도화 과정은 원조철학에 관한 검토에서 시작해서, 원조철학이 최종적으로 국제개발을 통해 공여국이 어떠한 국익(national interest)을 창출할 수 있는가에서 종료된다. 국제개발을 통해 국익을 창출해야 된나는 당위명제에 관해 불편함을 느낄 가능성이 높지만 여기서 논하는 국익은 단순히 현실주의에서 강조하는 국가 중심의 협소한 의미의 국익이 아니다. 이슈영역이 국제개발인 만큼 협력대상국인 개도국과의 관계성을 고려한다는 측면에서 국익의 의미는 공여국 자국 중심이 아니라 상호의존과 빈곤퇴치를 위한 글로벌 연대와 상생에 기초해야 한다. 국익에 대한 비판의 국면이 다양하게 제시될 수 있지만, 어떤 방식으로든 국제개발정책과 국익 간의 연관성이 정립되어야 하며 이를 토대로 원조의 방향과 철학적 비전이 체계적으로 동원될 수 있다(김태균, 2016b). 외교정책의 스펙트럼 상에 다양한 강도의 외교전략들이 배치될 수 있다. 이 중 강공으로 힘의 정치를 보여주는 외교술이 있는 반면, 인도주의에 입각하여 인류보편적인 가치를 지향하는 부드러운 외교술이 필요하다. 외교의 전형이 국제개발국익이 인도주의적 관점, 상업주의적 관점, 안보중심적 관점 등 다양하게 원조철학과 연결될 수 있으며, 국익과 원조철학의 관계성이 국민에게 제시될 수 있으면 납세자로서 시민은 국제개발협력으로 사용되는 자신의 세금을 제도적으로 추적할 수 있으며 차후 자국의 ODA 정책에 대한 책무를 명확하게 요구할 수 있게 된다(Moore, 2008). 거듭 강조하지만, 자국 국제개발정책에 관한 명확한 철학과 비전 및 원칙이 사회구성원 사이에 공유되지 않으면 국제개발의 제도화 과정은 지향점이 다른 행위자 간의 통일되지 않은 규칙들이 충돌하고 권력이 강한 행위자가 약한 행위자를 통제하는 제도로 점철될 가능성이 농후하다.

주지하다시피, 2015년부터 선진공여국인 영국은 원조와 국익에 관하여 새로운 접근을 체계적으로 강조하고 있다. 국제개발정책 자체가 공여국 자국이 아닌 협력대상국의 개발을 지원하는 목적을 가지고 있다는 점에서 원조철학과 공여국의 국익을 연관시키려는 의도는 쉽게 비판을 받을 수 있으며, 사실상 최근까지 국익이라는 표현을 ODA 정책문서에 공식적으로 사용한 사례는 영국 DFID가 2015년 발표한 영국정부의 원조전략문서인 UK Aid: Tackling Global Challenges in the National Interest가 독보적이다. 이 문서에서 DFID는 국익과 원조의 관계성을 공식화하면서 원조전략에 국익이라는 단어가 수면으로 부상하게 되었다. 이러한 영국의 新국익은 최근 미국 트럼프 정부의 USAID 예산 중 25% 삭감 등의 자국중심적 보호주의 국제개발정책과 '일대일로(Belt and Road Initiative)' 정책을 통한 중국 정부의 '국내개발의 국제화' 방식의 팽창주의 정책과 구분되는 새로운 대외원조와 국익 간의 관계를 강조하고 있다. 영국식의 신국익은 현실주의적 국제정치학자들이 주장하는 국익과는 다른 의미의 제3의 국익을 주창하고 있다. 다시 말해, 신국익은 글로벌 커뮤니티, 개도국, 그리고 공여국 모두에게 도움이 되는 상호 이익이 최종적으로 공여국의 이익이 되어야 한다는 적극적인 국익을 의미한다(DFID, 2015). 이 문서에서 DFID 는 원조를 통한 국익의 실현은 공여국으로서의 국내 차원에서 발생하는 정치적, 경제적 이익을 취하는 것이 아니라, 국제규범과 영국의 국익 및 외교정책을 적극적으로 연계하여 ① 글로벌 평화, 안보 및 거버넌스 강화, ② 환경 · 재난 · 기근 · 난민 등 글로벌 위기에 적극적 공조, ③ 개도국 경제역량 강화와 영국의 무역 · 투자기회 확장을 위한 글로벌 번영의 진작, ④ 전 세계 극빈층을 위한 원조 등 4가지의 전략적 목표를 설정하고 있다. 이를 토대로 광의의 신국익을 실현하기 위하여 영국 정부는 국제개발정책을 적극적으로 기획하고 이와 연결되는 원조철학과 제도 간의 정합성을 높이기 위한 노력으로 영국 외교정책의 근간인 '규범기반국제체제(Rules-Based International System: RUBIS)' 원칙에 국제개발의 원칙과 정책을 부합시키고 있다.[38]

실제로 영국의 해외개발연구소(Oversees Development Institute: ODI) 가 2019년 3월 국익과 공여국의 ODA 간의 상관관계를 지표화해서 'Principled Aid Index(PAI)'를 발표하였다. DFID의 신국익과 마찬가지로, PAI는 국익을 공여국 전략적 이익 중심의 전통적 방식으로 정의하지 않고, 협력대상국의 요구(needs), 글로벌 협력(global cooperation)과의

---

38 최근 영국 정부의 브렉시트(Brexit) 정책을 비롯한 일련의 자국중심의 보호주의 정책으로 회귀하고 있는 현상에 대한 비판이 많으며, 특히 2019년 7월 보리스 존슨(Bris Johnson)이 새로운 영국수상으로 당선된 이후 DFID 장관이 바로 교체되는 등 일련의 보수화 현상을 두고 영국 개발원조도 같이 퇴보하는 것이 아닌가라는 비판의 목소리가 있다. 영국 외교정책의 RUBIS에 관해서는 https:// www.gov.uk/government/speeches/global－britain－supporting－the－rules－ based－international－system 참조.

부합성, 그리고 원조의 공공성(public spiritedness) 등을 주요 요인으로 선택하여 국익을 중장기적 관점에서 정의하였다. ODI는 PAI를 DAC 회원국의 ODA 정책에 적용하여 현재 DAC 공여국이 중장기적 국익을 채택하고 있는지, 그리고 중장기적 국익에 입각한 ODA 정책이 더욱 안전하고, 지속가능하며, 번영할 수 있는 지구촌을 만드는 데 얼마나 기여하고 있는가를 측정하고 순위를 산출하였다. PAI에 따르면, 한국은 29개 DAC 회원국 중 12위를 차지하였고, ODI는 근시안적인 국익이 아닌 중장기적 시각에서 글로벌 거버넌스와 연계하여 개발효과성의 영향력을 최대한으로 끌어올리도록 개발원조의 배분이 체계적으로 이루어져야 한다고 역설하고 있다.[39]

ODI가 PAI 순위를 매겼듯이, DAC 회원국은 예외 없이 자국의 국익과 국제개발 원조철학이 결부되어 있다. 국익과 가장 거리가 멀다고 느껴지는 북유럽 공여국의 인도주의 원조도 예외가 아니며, 북유럽 국가의 인도주의적 철학도 중장기적인 국익을 토대로 역사적 경험에 의한 합리적인 선택이 사회적으로 구성된 결과이다(Bergen, 2007; Noël and Thérien, 1995). 국내 정치사회에 사회민주주의 체제를 구축하고 가장 모범적인 복지국가 시스템을 도입하여 국내에서 이미 공유된 가치가 북유럽 공여국의 대외원조 및 국제개발 정책의 토대가 되었다는 국내 - 국제의 정합성의 교본으로 북유럽 모델이 평가되고 있다. 북유럽 선진공여국의 인도주의적 국정철학과 이에 근거한 ODA 집행은 국제원조사회의 선진적인 사례로 국내의 복지국가와 사민주의가 북유럽 ODA 정책에 반영될 정도로 국제개발 관련 국제규범을 선도하고 UN 등 국제기구 내에서 인도주의에 입각하여 활동하는 대표적

---

39 PAI에 관한 자세한 논의와 정보는 https://www.odi.org/opinion/10502-prin cipled-aid-index?fbclid=IwAR16RzhjE3GboWeNBZ6fFKTL0 MIrqYb6TBqncz8Qc9d2pfy1fOVuNbpUf-8 참조.

인 모범 공여국으로 각광을 받고 있다. 그럼에도 불구하고, 북유럽이 인도주의에 입각한 ODA를 강조하는 이유가 단순히 이타주의 중심의 원조철학을 북유럽 공여국들이 공식화하였다는 사실뿐만 아니라 실질적으로 북유럽 국가들이 처한 국제정치 질서의 현실성에서 형성되었다는 사실에 부합한다(Schraeder et al., 1998; 주동주, 2009). 북유럽 4개국(스웨덴, 노르웨이, 덴마크, 핀란드)은 영국, 프랑스, 독일, 러시아와 같은 강대국으로 둘러싸여 있는 오랫동안 약소국의 위치로 생존해 왔으며, 20세기 초까지만도 유럽의 빈곤국에 속할 정도로 경제발전에도 뒤처진 국가들이었다. 양차 대전 이후 1967년 북해유전의 발굴 등 경제발전의 도약을 거쳐 국내적으로는 사회민주주의와 복지국가의 정착에 성공하여 국제개발의 후발주자로서 기존 미국, 영국, 프랑스, 독일 등과 다른 방식의 ODA 원칙과 철학을 정립하고 이를 북유럽 국가들의 정체성이자 국제개발정책의 시금석으로 사용해 왔다. 따라서 인도주의적 원조철학이 단순히 인도주의를 사랑하는 국가성에 기반하는 것이 아니라 현실적인 국익의 차별화에 성공한 사례라고 평가할 수 있다(김미경, 2012). 결론적으로 북유럽 공여국은 소위 '인도주의'적 국제개발의 모델이 되었으며, 인도주의 원조철학 기반 위에 국제개발 정책과 집행이 유기적으로 연계되는 제도화 과정의 신구적 역할을 하였다고 평가할 수 있다.

제1장에서도 논의했듯이, 원조철학 또는 대외원조의 목적은 북유럽 국가의 인도주의적 모델, 미국의 안보 중심 모델, 일본의 상업주의 모델, 그리고 중국과 같은 도전형 모델로 크게 구분할 수 있다(이승주, 2012). 국제개발의 제도화 과정을 분석하는 데 시발점이 원조철학이라면, 한국도 네 가지 모델 중 하나 또는 복수의 유형에 속하는 한국 국제개발의 원조철학이 필요하다. 한국의 국제개발 철학과 비전은 거시적으로 한국 외교정책의 대전략(grand strategy)과 긴밀하게 연결되어야 하며, 중장기적으로 어떠한 방향성을 내포하고 있는가를 제시할

수 있어야 다른 선진공여국처럼 정책과 집행, 그리고 국익까지 정합성을 갖게 되는 것이다(김태균, 2016b; 외교부 ODA 독립패널, 2014). 아직까지 한국 국제개발의 철학적 배경과 비전이 제대로 공론화된 적이 없다고 해도 무방하며, 학술적으로도 소수의 정부용역 보고서를 제외하고는 심도 있는 원조철학의 한국 사례에 관한 연구가 부재하다(임원혁, 2019; 김은미, 2013). 앞으로 한국 국제개발의 원조철학에 반영되어야 할 요소들에 관한 논의부터 시작하는 것이 중요하고 한국의 원조철학과 중장기적 국제개발 정책방안에 대한 대안적인 제안은 마지막 장인 결론에서 자세하게 제시될 것이다. 원조철학에 포함될 주요한 요소들은 한국만이 가질 수 있는 특수성과 역사적 경험에 기반한 특징들이어야 하고, 이를 토대로 한국이 국제사회와 개도국 발전에 기여할 수 있는 구체적인 비전이 강구되어야 한다. 여기에 반드시 포함되어야 하는 요소는 식민지 경험, 전쟁 경험, 분단국가, 북한개발, 한반도 평화프로세스, 동아시아 원조국인 일본과 중국과 차별화가 가능한 한국만의 원조레짐 등이라 할 수 있다.

(2) 제도화 과정의 유형

제도화 과정의 진수는 원조철학에서 품었던 원칙과 비전이 국제개발에 관련된 모든 행위자에 의해 관철될 수 있도록 제도를 도입하는 것에 있다. 수많은 제도주의 학자들이 정책결정과정과 정책집행과정에 관한 이론적 연구를 진행해 왔고 이에 따라 다양한 이론적 제안이 지금까지 제시되었지만, 여기에서는 국제개발의 정책입안과 집행과정 간의 정합성 제고를 위한 제도적 프레임에 초점을 맞추어 논의를 진행한다. 다시 말해, 개발원조의 정책을 담당하는 정부 부처(유상원조의 기획재정부와 무상원조의 외교부)와 집행기관(유상협력사업의 EDCF와 무상협력사업의 KOICA) 간의 관계성을 중심으로 제도화 과정을 설명하고자 한다.

행정학의 공공정책연구 및 정책집행연구에 따르면, 정책기관과 집행기관 간의 제도적 접합방식을 크게 상향식과 하향식, 그리고 이 둘을 합친 통합식으로 나누어 그 제도화 과정을 유형화한다(Sabatier and Mazmanian, 1980; Sabatier and Weible, 2014). 특히, 하향식과 상향식 접근방법은 정책집행연구에서 가장 기초적이면서도 보편적인 접근법이라는 점에서 국제개발의 제도화 과정에도 무리 없이 적절한 설명력을 제공할 수 있으며, 통합식의 경우는 한국의 국제개발 제도화 과정에서 발생하는 문제점을 해결할 수 있는 대안적인 모델로서 고려해 볼 수 있다.

먼저, 하향식 접근방법은 정책목표 달성을 위한 정책결정과정을 충실히 이행하고 정책결정에서 명확하고 일관된 정책수단을 정책집행 단계에 하달하면 정책집행이 체계적으로 진행되는 일종의 연역적 접근방식이다([표 3-3] 참고). 하향식 방법에서는 정책결정자의 리더십과 관점이 가장 핵심적인 변수이며 정책집행 기관의 재량권이 인정되지 않는 경향이 강하다. 따라서, 현장 중심의 정책집행 기관보다 중앙의 정책결정 기관이 보유한 권력과 통제력이 강하며, 정책결정 기관이 의도한 정책성과를 달성하기 위하여 집행기관은 일괄적으로 조정된 시스템에서 안정화된 구조로 집행을 관리하기 때문에 정책목표를 수성할 필요가 없거나 있다 해도 그 수위가 매우 낮다. 하향식 접근방법의 장점은 정책결정과 정책집행 간의 정합성이 매우 높고 정책결정자의 관점에 따라 정책집행의 구조와 방향이 결정되기 때문에 정책집행 전체를 이해하기 용이하며, 정책집행 과정이 큰 변화 없이 안정적으로 운영되고, 정책결정 과정에서 직접 집행과정의 문제를 바로 인식할 수 있다는 점 등으로 요약된다. 이로써, 하향식 접근방법을 채택하면, 다분히 거시적인 정책평가가 가능하고 정책집행과정이 제도적으로 안정화되며 성공적 집행조건은 이미 정책결정 단계에서 제공된 거시적 목표에 맞게 예견가능한 체크리스트화되어 정책집행의 객관적인 성과평가로 기능하게 된다. 그러나 명확하고 일관된 정책목표의 설정이 가변적인 현장의 조건을 고려하지 않고 불가능할 가능성이 크고, 정책집행 기관에서 정책을 반대할 경우 반대기관의 전략적인 행

표 3-3 정책결정과 정책집행의 두 가지 유형

구분	하향식 접근: 연역적	상향식 접근: 귀납적
의의	• 정책결정자의 관점 • 결정자에게 규범적 처방을 제시하기 위한 목적	• 현장의 정책집행하는 관료 역량 • 효과적 집행, 신축적 대응, 의사결정적 확대 추구
초점	중앙정부의 정책결정	일선기관의 정책집행
분석과정	정책결정기관이 의도한 정책성과를 달성하기 위한 집행체제 운영과정	일선기관의 정책 네트워크를 통해 전략적 상호작용의 집행과정
정책상황	안정적인 구조화로 목표의 수정 필요성 낮음	유동적인 비구조화로 목표수정의 필요성이 높음
집행자 재량	재량권 불인정	재량권 인정
집행성공요인	정책결정자의 리더십	집행관료 전문지식, 문제해결 능력
장점	• 정책집행의 전체를 파악 용이 • 객관적인 정책평가 가능 • 집행과정의 안정성 확보 • 정책결정과정에서 집행과정 문제인식	• 집행과정에서 발생하는 의도치 않은 정책효과 분석 • 실제 집행현장에 대한 이해 제고 • 정책집행과정의 인과관계 파악 용이
단점	• 집행현장의 중요성 간과 • 집행과정에서 발생하는 어려움 예측 불가 • 목적에 대한 명확한 합의 없을 시 문제 발생	• 정책목표보다 현장 중시 • 집행관료 재량권 확대로 대리인 문제 발생 • 정책결정의 거시적 틀 경시

자료: Sabatier and Mazmanian (1980). 수정·보완 추가.

동의 파악이 곤란하며, 일선관료와 집행기관이 보유한 현장 경험과 대안적 전략의 중요성을 쉽게 과소평가할 수 있다는 한계가 있다.

한편, 상향식 접근방법은 정책집행에 직접 참여하는 일선관료의 전문지식과 문제해결능력을 토대로 형성되는 정책집행의 기술이 결국 집행당사자의 재량권을 인정할 경우 극대화된다는 미시적인 접근법으로서, 집행현장에서 정책을 집행하는 관료의 역량에 따라 신축적인 대응과 효과적인 집행이 가능해지고 최종적으로 아래로부터 응집된 집행현장의 요구가 정책결정 단계까지 올라갈 수 있다는 점에서 상향식 접근은 귀납적인 모델이라 해석할 수 있다([표 3-3] 참고). 하향식 접근법과 상반되게, 상향식 접근법은 실제로 정책결정이 집행과정에서 구체화되고 집행현장의 재량권이 의사결정에 반영되기 때문에 정책결정과 집행 간의 구분이 큰 의미가 없다. 이런 의미에서 버만(Paul Berman)은 이른바 '적응적 집행(adaptive implementation)'이라는 상향적 접근방법의 개념을 제시하였는데, 정책집행의 제도적 환경 중 미시적 집행구조가 중요하며 집행현장에서 얼마나 적응력을 가지고 집행을 하는가에 따라 성공 여부가 결정된다고 강조하였다(Berman, 1978). 유사한 맥락에서 립스키(Michael Lipski)는 '일선관료제론(street-level bureaucracy)'를 주창하면서 정책집행과정에서 현장주민과 직접 접촉하는 공공서비스 집단으로서 일선관료는 상당한 재량권을 보유하지만 객관적 성과평가의 기준이 결여된 업무환경에서 업무를 수행하고 있다는 한계가 있다고 설명한다(Lipski, 2010). 결국, 상향식 접근방법은 현장에서의 분권과 참여를 통해 집행과정에서 발생하는 예상치 못한 변수도 적절히 일선기관의 네트워크와 경험으로 대응할 수 있으며, 정책집행의 제도적 환경이 유동적인 비구조화로 항상 목표수정의 가능성이 있으며 현장의 목소리가 정책결정 과정에 상시로 반영될 수 있는 제도적 통로가 제공된다는 장점이 있다. 반면, 현장의 유동성과 비구조화는 일선관료의 정책집행 실적을 객관적으로 평가하기가 어렵고, 정책결정 단계부터 집행까지 일관된 연역적 분석이나 제도화 과정을 설정하기가 곤란하다는 한계가 상향식 접근법에 내재되어 있다.

하향식과 상향식 접근방법은 제도화 과정의 스펙트럼 위에 양극단을 보여주고 있으므로 실제로 정책결정과 집행과정에서 어느 한쪽만을 선택한다는 것은 현실적으로 거의 불가능하다. 따라서 일정 정도 두 방식을 접목하는 '통합모형'이 현실적인 대안으로 제기되어 왔다 (Sabatier and Weible, 2014; Elmore, 1980). 통합모형의 세부유형도 다양하게 구성될 수 있는데, 우선 하향식 접근방법이 우세할 수 있는 조건과 상향직 접근방법이 유리한 조건을 구분해서 정리하는 작업이 필요하다. 특정 정책목표와 정책결정과정이 정책집행 현장을 압도할 정도로 명확할 경우, 그리고 집행현장의 예상치 못한 변수가 많지 않을 경우일수록 하향식 접근법이 선호될 것이다. 반대로, 현장사업에 참여하는 행위자가 다양하게 존재할 경우, 정책결정 단계에서 명확한 집행의 가이드라인이 제공되지 못했을 경우, 정책집행 현장이 복수로 현장 간의 다양성이 존재할수록 상향식 접근법을 사용하는 것이 바람직하다.

이러한 제반 조건을 바탕으로 상향식 접근법과 하향식 접근법의 통합을 시도하는 방식은 다양하게 제시될 수 있다. 첫째, '정책지지연합모형(advocacy coalition)'으로 행위자 집단에 초점을 두어 정책결정과정에서 제시된 정책방향을 지지하는 행위자가 정책집행과정에 투입되어 정책결정부터 집행까지 일관된 정합성을 구조화할 수 있도록 제도과정 전체를 지배하는 통합론이다(Sabatier, 1988; Kwon, 2007). 둘째, 우선 정책결정 단계에서 하향식 접근방법에 의해 정책목표와 방향을 되도록 명확하게 설정하고, 정책집행 단계에서 발생하는 변수에 적절하게 대응하기 위하여 일선관료의 참여와 분권을 일정 정도 허용하는 통합방식이다(Elmore, 1980). 셋째, [그림 3-4]이 보여주는 통합모형

그림 3-4 Matland의 정책집행과정모형

구분		갈등(conflict)	
		낮음	높음
모호성 (ambiguity)	낮음	관리적 집행 (자원확보 중요)	정치적 집행 (권력관계 중시)
		하향식 접근 유용	
	높음	실험적 집행 (맥락적 조건 중시)	상징적 집행 (연합체의 권력관계)
		상향식 접근 유용	

자료: Matland (1995).

으로 정책목표의 모호성(ambiguity)과 행위자 간의 갈등(conflict) 정도 간의 조합에 따라 관리적·정치적·실험적·상징적 집행으로 정책집행 과정이 세분화되는 모델이다(Matland, 1995). 관리적 집행은 집행목표 가 명확하며 행위자 간의 갈등수준이 낮을 경우에 해당하며, 상대적 으로 큰 무리 없이 하향식 접근방법을 적용할 수 있는 조건을 갖추고 있으므로 이를 추진할 수 있는 자원확보에 정책의 초점을 맞추면 된 다. 정치적 집행은 목표가 상대적으로 명확함에도 불구하고 행위자들 이 상이한 목표나 이해관계가 충돌이 있는 조건에 해당되는데 이 경 우에는 정치적 변수를 고려하면서 집행결정의 영향력을 행위자에 부 과하는 하향식 접근이 적합하다. 실험적 집행은 정책목표가 불명확한 반면 정책집행에 참여하는 행위자들 간의 갈등수준이 낮은 경우로 집 행현장의 효과적인 이행으로 정책결정 단계의 모호성을 해결하는 상 향식 접근을 수용하는 것이 바람직하며 집행현장의 맥락을 중요시하 는 실험적 해법이 필요하다. 상징적 집행의 경우, 정책목표가 모호하 고 행위자들 간 갈등 수위가 높은 조합으로 인해 집행과정이 가장 어려운 환경조건이다. 따라서 정책목표를 재확인하거나 중요한 가치의 원칙을 논의하기 위하여 상징적으로나마 집행현장의 목소리가 전달되는 상향식 접근법이 상징적 집행 유형에 적합하다.

　국제개발의 제도화 과정 유형을 설명하기 위한 전초전으로 행정학 이론 중 정책결정과 집행 간의 관계성을 분석하는 하향식과 상향식 접근방법을 논의했고, 두 방법을 접목하는 통합모델을 설명하였다. 통합적 접근방법을 다시 도식화하면 [그림 3-5]와 같이 요약·정리할 수 있다. 하향식 접근방법은 정책결정권자의 역량과 리더십을 중심으로 정책집행기관의 평가기준과 집행원칙을 정책결정기관에서 제공함으로써 정책결정 단계가 정책집행 단계를 선도하고 통합하는 제도과

그림 3-5 통합적 접근방법 도식도

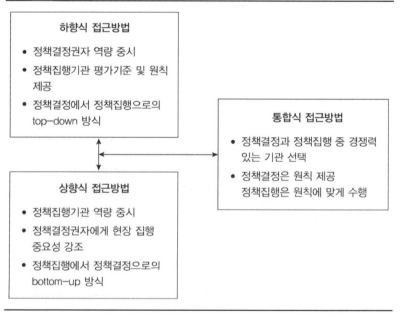

자료: 저자 정리.

정이라 한다면, 상향식 접근방법은 반대로 정책집행 기관의 현장에서의 분권과 참여를 토대로 집행현장의 중요성을 정책결정 기관에 전달하여 제도화 과정의 주도권이 정책집행 단계에 있게 된다. 한편, 통합적 접근방법은 하향식과 상향식의 장점을 추려내서 정확하게 균형점을 찾아내지 못한다 하더라도 둘 중 더 우세한 기관을 선택해 그 기관에 맞게 통합형을 유도할 수 있다. 다시 말해, 정책결정과 정책집행 중 경쟁력 있는 기관을 선택해서 앞서 논의한 매트랜드(Richard Matland)의 네 가지 유형 중 하나를 제도화하면 되는 것이다. 정책결정 기관이 강할 경우에는 원칙과 목표를 집행기관에 제공하고 집행기관은 원칙에 맞게 현장 경험과 전문성을 발휘하여 국제개발의 제도화 과정을 구축하면 된다. 반대로, 정책집행 기관이 강할 경우는 현장의 조건과 집행가능성에 대하여 정책결정 기관에 제안하고 결정기관은 이를 참고해 원칙과 목표를 설정하는 것이 바람직하다.

(3) 한국 ODA 정책 및 집행과정

한국의 국제개발 영역에서의 정책결정과 정책집행 간의 제도화 과정도 하향식·상향식·통합식 모델 중 특정 유형에 해당될 것으로 예상되지만, 앞서 논의한 대로 정책결정 기관 간의 분절화와 정책집행 간의 분절화 문제, 그리고 가장 결정적으로 원조철학의 빈곤이 이러한 제도화 과정의 구축과 운영방식에 부정적인 영향을 미치고 있다는 사실을 부인하기 어렵다. 한국 사례를 설명하기 위하여 한국 ODA 정책수립의 제도화 과정을 거시적으로 살펴보고, 미시적으로 ODA 사업 집행절차를 검토하도록 한다.

한국 ODA 정책결정 과정은 크게 상위 법적·정책적 체계와 이를 토대로 정책수립 단계로 양분할 수 있다([그림 3-6] 참조). 한국 국제개발협력의 근간이 되는 법적 기반은 2009년에 통과된 국제개발협력기본법(이후, 기본법)과 국제개발협력기본법 시행령(이후, 시행령)에 있고, 기본법에 명시된 다섯 가지의 기본정신이 일종의 원조철학처럼 인식되고 있다. 따라서 혹자는 한국 국제개발에는 기본법상 원조철학이 이미 포함되어 있다고 해석하고 있지만, 기본정신의 내용을 자세히 따져 보면 한국이 추구하는 특정의 비전과 철학을 바탕으로 기본정신이 제시된 것이 아니라 국제개발의 가장 보편적인 가치를 그대로 나열한 것과 진배없다는 사실을 알 수 있다. [그림 3-6]에서 보여주듯이, 기본법이 상정하고 있는 기본정신은 '개도국의 빈곤감소,' '여성·아동 인권향상 및 성평등 실현,' '지속가능발전 및 인도주의 실현,' '협력대상국과의 경제협력관계 증진,' '국제사회의 평화와 번영 추구' 등으로 구성되어 있는데, 이는 빈곤문제부터 성평등 및 지속가능발전까지, 그리고 경제협력과 번영에서 인도주의와 평화까지 가히 국제개발에서 다루는 모든 영역을 포괄적으로 제시하고 있어 사실상 한국의 개발원조는 대단히 이상적이거나 아니면 대규모의 예산으로 체계적으로 구축된 국제개발 추진제도가 갖춰져 있어 이 모든 목표를 달성할 수 있다는 자신감이 배태되었다는 해석을 할 수 있다. 그러나 현실적으로 한국의 국제개발을 위한 제도적 역량과 실제 ODA 예산 규모를 보면 현재 기본법의 기본정신은 이루지 못할 이상적인 목표의 총집합으로 다른 DAC 선진공여국의 국제개발 목표와 철학적 원칙보다 거대하다고 평가할 수 있다.[40] 결론적으로 아직까지 기본법의 기본정신으로는

---

40 앞서도 설명하였지만, 영국의 경우, 국제개발의 핵심적 원칙과 철학은 주로 글로벌 수준에서 평화, 안보, 인도주의 경제협력, 빈곤퇴치 등 글로벌 거버넌스에서 영국이 원조를 통해 기여할 수 있는 목표로 집중하고 있는 것을 알 수 있다. 스웨덴의 경우, 주요 국제개발 정책의 목표와 원칙이 인권, 민주주의, 그리고 법치(rule of law)에 그 뿌리를 두고 있기 때문에, 젠더·평화·환경·이주·보건·교육 등의 섹터별 정책방향을 수립하고 집행할 때에도 핵심가치를 반드시 선행조건

그림 3-6 한국 ODA 정책수립의 제도화 과정

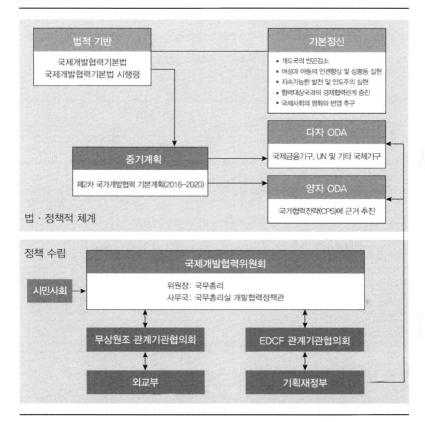

자료: http://www.odakorea.go.kr/ODAPage_2018/cate02/L01_S02_01.jsp.

으로 반영하고 있다(Government of Sweden, 2016). 일본은 2003년 ODA 헌장
(ODA Charter)을 2015년 개발협력헌장(Development Cooperation Charter)로
개정하고 일본 ODA의 철학적 비전을 국제사회의 평화(peace), 안정(stability),
번영(prosperity)로 명확하게 밝히고 있으며, 이 세 가지 목표는 국제사회와 동시
에 일본의 국익과 적극적으로 연결된다고 강조하고 있다. 일본의 국제개발 철학은
번영을 위하여 안정이 필요하고 안정을 확보하기 위하여 국제사회, 특히 저소득
취약국의 평화가 전제되어야 한다는 논리를 가지고 있어 2003년 헌장보다 2015년
헌장이 개악되었다고 일본 시민사회의 비판이 제기된 바 있다(Dugay, 2015).

명확하게 한국의 개발원조가 추구하려는 가치와 목표를 파악하기 어려우며, 이에 따라 정책수립 과정과 정책집행 과정까지 체계적으로 이어지는 높은 정합성의 국제개발 제도를 예상하기 어렵다는 결론에 도달하게 된다.

이러한 법적 기반 위에 무상원조의 외교부와 무상원조의 기획재정부가 세부적인 정책을 수립하기 위한 거시적 정책의 원칙이 5년 단위의 한국 ODA 중기계획인 '국제개발협력기본계획' 문서로 수립된다.[41] 지금의 국제개발협력기본계획(이하, 기본계획)은 제2차로 2016년부터 2020년까지 기간에 적용되고(관계부처합동, 2015), DAC 가입 10주년인 2020년부터는 제3차 기본계획을 관계부처 합동으로 준비하고 국개위의 의결을 거쳐 결정될 예정이다. 거시 수준에서의 정책결정 및 수립을 위한 전략문서인 기본계획을 토대로 국개위에서 검토하는 국제개발협력종합시행계획, ODA 통합평가계획 및 결과, 다자원조 및 인도적 지원전략, 양자원조를 위한 국별지원전략(CPS) 등이 법적·정책적 체계의 윗단을 형성한다.[42] 따라서, 기본계획은 한국 국제개발 정책과

41 제1차 국제개발협력기본계획은 제2차와 달리 '국제개발협력선진화방안'으로 시작되었다가 나중에 '기본계획'으로 전환되어 통일되었다. 제1차 기본계획은 한국정부가 OECD DAC에 가입하고 첫 정책수립 문서로서, DAC에서 요구하는 기본적인 조건과 ODA 관련 선언과 원칙 등을 한국정부가 빨리 습득하고 제도화하기 위한 '선진화' 전략문서로 활용되었음을 인지할 수 있다.

42 ODA 통합평가계획 사례로 2019년 제32차 국개위에서 논의한 안건을 소개하고자 한다(국제개발협력위원회, 2019). 국개위에서 ODA 사업을 더욱 내실 있게 평가하고자 2019년 통합평가계획을 심의·의결했는데, 우선적으로 국개위는 국가별 평가, 중점협력국전략(CPS) 평가 등 범정부적 과제에 대한 평가의 실효성을 높이는 데 합의했다. 국별평가로는 신남방정책의 핵심국가이자 한국 ODA의 최대 수혜국인 베트남의 ODA 사업을 종합평가하기로 하고, 중점협력국전략 평가는 24개국인 중점협력국의 경제·사회, 거버넌스 및 외교·경협 등을 고려하여 지정하였다. 핵심대외정책 관련 사업, 국회·감사원 등의 지적 사업 등 적시성 있는 과제에 대한 평가에 역량을 집중하는 한편, 부처별 사업 규모에 따라 평가

집행의 가장 근간이 되는 문서로서 거시적 방향성과 목표를 제시하고 이에 따라 세부적인 종합시행계획과 국별지원전략 등이 정책결정 수준에서 유기적으로 통합되는 제도화 과정을 대표한다.

기본계획의 1차 기본계획(2011~2015)과 2차 기본계획(2016~2020)을 비교해 보면, 한국의 국제개발 정책과정이 DAC에 가입한 이후 10년 동안 어떻게 변화했는가를 추적할 수 있다. 1차 계획은 2010년 DAC에 가입한 한국이 선진공여국 그룹에서 요구하는 기본조건을 만족하고 DAC 회원국 자격에 부합하기 위하여 한국 ODA의 선진화 제도과정에 초점을 맞추었던 것에 반해, 2차 기본계획은 1차 계획을 바탕으로 한국 국제개발 정책과 집행의 질적 제고를 위한 제도적 개입이라는 본질적인 차별성을 가지고 있다([표 3-4] 참조). 이런 취지에서 1차 기본계획은 유상원조와 무상원조 간의 통합추진기반 구축과 ODA 규모의 지속적인 증액을 야심 차게 추진하지만, 부처 간의 통합이 현실적으로 불가능하고 분절화가 고착되어감에 따라 2차 계획에서는 유·무상협력의 통합추진기반 대신 통합전략을 강화하고 ODA 규모가 아닌 사업을 질적으로 제고하는 목표로 선회하게 된다. 또한, 1차 계획은 시민사회단체 등 비정부기관의 국제개발협력 참여를 유도하는 개발파트너십의 초기단계에만 집중했다면, 2차 계획은 비정부기관의 참여를 통해 국제개발협력의 시너지를 창출할 수 있도록 파트너십의 질적 수위를 높이는 것을 목표로 설정하였고 실제로 '국제개발협력 분야 정부-시민사회 파트너십 기본정책' 문서를 2019년 국개위가 성공적으로 통과시켰다. ODA에 관한 일반국민의 인식 문제에 있어 1차 기본계획의 핵심목표는 국민의 인식을 높이는 1차원적인 목표에 국한

과제 수에 차등을 두어 소규모 평가기관의 부담을 완화하는 방식을 도입할 계획이다.

표 3-4 국제개발협력 1차 기본계획과 2차 기본계획 간 비교

1차 기본계획(2011-2015)	2차 기본계획(2016-2020)
유·무상 통합추진기반 구축	유·무상 통합전략 강화
Bottom up 방식 사후적 조정	Top down 방식 전략적 계획 수립
ODA 규모의 지속적 증가	ODA 사업의 질적 제고
ODA 평가시스템 도입	ODA 평가 및 환류 시스템 강화
시민단체·기업·학계 참여를 위한 제도 마련	시민단체·기업·학계 참여를 통한 시너지 창출
일반국민의 ODA 인식 제고	세계시민으로서 ODA에 능동적 참여

자료: 관계부처합동(2015: 2).

되었던 반면, 2차 계획은 일반국민의 세계시민화와 ODA에 관한 인식을 제고함과 동시에 ODA에 적극적으로 일반시민이 참여할 수 있도록 제도화하는 것을 목표로 삼았다.

이 모든 차이점을 토대로 두 기본계획의 제도화 과정을 상향식, 하향식 및 통합식의 유형으로 재해석할 수 있다. 상대적으로, 1차 기본계획은 상향식 접근방법을 채택하여 부처 간의 자율성을 제공하고 분절화 문제로 발생하는 갈등을 사후적으로 국개위 등 상급기관이 조정하는 방식을 취했다고 평가할 수 있다. 그러나 전형적인 상향식 접근방법의 이론과 달리, 1차 기본계획 유형의 상향식 접근은 정책집행 단계의 현장 의견이 정책수립 단계에까지 반영되는 아래로부터의 거버넌스 과정이 아닌 정책결정 내부에서 분절화된 기관 간의 수렴되지 않은 정책 및 갈등을 사후적으로 조정한다는 1차원적인 상향성을 의미한다. 반면, 2차 기본계획은 1차 계획처럼 논의하기 불편한 ODA 추진체계의 통합을 거론하기 꺼리고 대신 다른 방식의 통합전략을 제안함으로써 더욱 순화되고 현실적인 대안을 제시하고 있으며, 이를

토대로 유·무상 정책기관뿐만 아니라 실행기관까지 전략적으로 연계할 수 있는 하향식 접근방법을 목표로 삼고 있다.[43] 그러나 분절성의 문제를 보완하려고 했던 2차 기본계획의 하향식 접근방법이 결국 피할 수 없는 본질적인 한계는 분절화를 근본적으로 해결하는 통합추진체계에 관한 해법이 아니라 통합추진체계 논의가 빠진 통합전략으로 정책수립 단계를 우회하려고 했다는 점이다. 그리고 이러한 정책수립 단계에서 결정되는 하향식 전략은 중앙정부가 주요 행위자가 되어 개발주의 전통에 입각한 이론적·정책적 틀을 제공하고 현장의 관점과 요구를 쉽게 반영하지 못한다는 단점이 있다.

이러한 거시적인 기본계획 아래, 한국 국제개발의 정책수립 단계는 무상협력과 유상협력 각각의 영역에서 구체적인 정책방향과 개발사업 가이드라인 등을 결정하고 이를 KOICA, EDCF 및 기타 정책집행기관에게 제공한다. 무상협력의 경우, 외교부가 주관하는 '무상원조 관계기관협의회'에서 무상원조와 관련하여 활동하는 정부기관들이 참가하여 각 기관에서 기획한 무상협력 정책과 사업을 조율하고 차기 사업에 대한 안을 국개위로 올리게 된다. 마찬가지로, 유상협력은 기획재정부가 주관하는 'EDCF 관계기관협의회'를 통해 유상원조 관련 기관 간의 정책과 사업을 조율하는 과정을 거치게 되는데, 무상원조 관계기관협의회에는 무상원조와 연관된 모든 중앙정부 부처와 지자체

---

43 2019년 제32차 국개위가 논의한 의제 중 하나가 유상원조와 무상원조 간의 통합전략 이슈였는데, ODA 종합전략 강화, 유·무상 연계 활성화, 무상원조 분절화 해소 등을 위해 추진체계도 근본적으로 개선해 나갈 계획을 도입하였다는 점에서 긍정적인 개선이 시도되고 있다는 사실을 확인할 수 있다(국제개발협력위원회, 2019). 그럼에도 불구하고, 유·무상원조 간에 분절화된 추진체계를 통합하겠다는 근본적인 처방에 대한 언급은 없다는 점에서 아직 제도적 한계는 개선되지 못하고 있다는 것을 알 수 있다.

까지 30여 개가 넘는 기관이 이해관계자로 협력 또는 충돌하고 있는
데 반해 EDCF 관계기관협의회는 강력한 기획재정부 이외에 이를 대
적할 만한 이해관계 기관이 내부에 없어 상대적으로 후자의 유상원조
분절성은 약하고 전자의 무상원조 분절성은 높다는 차이점을 쉽게 인
지할 수 있다.

이러한 정책결정 및 수립단계에서 보인 일정 수준의 상향식 모델
이 정책집행 단계로 내려가면 하향식 모델로 급선회하는 현상을 보인
다. 하향식 접근방법은 기본법과 기본계획을 토대로 국개위가 조정하
고 외교부와 기획재정부가 주도하는 각 협의회를 통하여 수렴된 정책
결정 과정의 결과가 정책집행 기관인 KOICA, EDCF, 그리고 각 관련
기관으로 전달되고 이를 준수하는 이행 프로세스가 진행되는 제도과
정을 의미한다. 한편, 상향식 접근방법은 현장에서 정책을 집행하는
KOICA와 EDCF 등의 현지사무소에서 사업을 발굴하고 예비조사 및
사업형성 과정을 통해서 KOICA와 EDCF 본부가 신규사업을 선정하
고 이를 외교부 및 기획재정부, 그리고 국무조정실의 국개위 심의를
거쳐 최종적으로 사업 선정 프로세스가 완료되는 아래로부터의 제도
과정을 의미한다. 따라서 한국 국제개발의 정책집행 절차에 일방적으
로 상향식 또는 하향식 중 특정 접근방법이 지배하지 않고 상호 결합
되어 있다고 해석할 가능성이 있다.

그러나 무상원조 사업 집행절차를 자세히 분석해 보면, 무상 ODA
사업의 집행을 담당하는 KOICA의 경우 KOICA 본부와 현지사무소
가 자율적으로 추진할 수 있는 정책집행 절차는 대단히 제한적이라는
것을 알 수 있다([그림 3-7] 참조). 사업 집행절차에서 KOICA 현지사무

그림 3-7 정책집행 단계에서의 KOICA의 사업 집행절차

단계	수행절차
전략수립 (본부)	◇ **국제개발협력 기본계획 수립** 우리 정부의 개발정책, 지속가능개발목표(SDGs), ODA국제동향, 수원국의 개발수요, 우리의 개발경험 등 고려, 국제개발협력 기본계획 수립(5년 주기) ◇ **국별협력전략(CPS) 수립** 중점협력국(24개)에 대하여 개발수요 분석, 지원전략, 지원분야 등이 포함된 국별협력전략 수립(EDCF, 각 정부부처 등 전 부처 합동수립) ◇ **분야별 중기전략 수립** 10개 중점 분야(교육, 보건 등)에 대한 중기전략 수립 및 전략과 사업 간 연계성 강화(5년 주기)
사업발굴 (사무소)	◇ 수원국 정부와 정례 정책협의, 수원국 개발수요를 고려하여 **사업발굴** ◇ 각 정부부처 및 중앙행정기관, 지자체 등의 수요조사 ◇ UN, ASEAN, SICA 등 국제기구 및 타원조기관과의 공동사업 발굴
사업요청서 접수/검토 (본부)	◇ 수원국 수원총괄기관 **공식사업요청서(PCP, Project Concept Paper)** 주재국 공관에 제출 ◇ 수원국 요청서 검토·보완
예비조사 및 사업형성 (사무소)	◇ **타당성 분석 및 검토** 국가협력전략과의 연계성, 원조효과성, 현지여건, 수원국의 사업 추진의지, 경제성, 지속가능성 등 타당성 분석 ◇ **사업형성** 지원 방법, 주요 활동 계획, 소요예산, 조달 및 사업관리 방안 등 사업 추진계획 수립
신규사업 선정(본부)	◇ **사업심사위원회 개최** 내부위원 및 외부위원을 섭외하여 예비조사 결과를 바탕으로 사업심사 실시, 해당 사업 심사 통과시 예비사업 선정 ◇ 신규사업 선정 및 대외무상원조사업계획 수립 ◇ 대외무상원조 사업계획에 대해 이사회 의결, 외교부 장관 승인, 국제개발협력위원회(국무조정실) 심의
기관간 합의(R/D) 체결/정부간 합의 (사무소)	◇ KOICA-수원기관 간 **협의의사록(R/D)** 체결 사업 세부계획 수립을 위한 기획조사, 수원기관과 사업계획 및 분담사항을 확정하여 협의의사록 체결 ◇ 당해연도 신규사업에 대한 **정부간 합의문** 교환
사업수행 및 모니터링 (본부/사무소) (연중)	◇ **집행계획 수립 및 사업수행기관 입찰, 수행기관 선정** (전문가 파견, 초청연수, 현지연수, 기자재 구매, 설계, 건축, 감리 등 실시) ◇ **사업수행 및 모니터링 실시** - 계약 및 업무범위에 따라 사업수행기관은 정기적 보고 - KOICA는 수원국과 진행사항 정기/수시 모니터링 실시 ◇ **사업종료 보고**: 종합 마무리 및 수원국과 인수인계사항 정리, 사후관리 사항 예측
평가 (본부) (연중)	◇ **종료평가 및 사후평가** 종료평가(종료보고 후 1년 이내), 사후평가(종료후 2~3년 이내 선택적 실시) 및 성공·실패 사례에 대한 분석 실시
사후관리 (본부) (개별사업 종료후)	◇ **사후점검 및 지원** - 종료 및 사후평가를 통해 사업 운영현황을 점검하고, 필요 시 추가지원 실시 - 필요 시 사무소의 주기적 현장 점검 또는 수원국 요청에 의해 수요 수시 접수

자료: 한국국제협력단 내부 문서.

소가 현장의 경험과 정보로 바탕으로 상향식 접근법을 강조할 수 있는 프로세스는 사업발굴 단계, 예비조사 및 사업형성 단계, 기관간 합의체결 단계, 사업수행 및 모니터링 등에 한정되어 있으며, 이러한 현지사무소 중심의 집행단계에서도 실제로는 현지사무소가 주도적으로 집행하는 권한이 있는 것이 아니라 수원국 정부와 한국 정부부처, 그리고 재외공관의 개입과 조율이 전제된 경우가 대부분이다. 결론적으로 KOICA는 기계적인 매뉴얼에 따라 외교와 국개위 등 정책수립단계에서 결정된 목표와 사업내용, 그리고 가이드라인을 그대로 사업에 적용하는 도구적인 역할을 수행하지만, 현장의 목소리와 경험을 정책결정단계까지 전달해서 소급시키는 상향식 접근법을 제도화 과정에 반영하지 못하는 내재적인 한계에 갇혀 있다고 평가할 수 있다. 개발 프로젝트의 특성상 현장의 특수성과 문화적 조건에 대한 이해가 선행조건으로 공유되어야 하고, 이를 토대로 공여국의 거시적인 원조방향과 철학에 부합하도록 재조정되는 과정이 필요하다. 현재의 한국 무상원조 정책결정과 정책집행 과정은 상향식의 기초가 되는 현장의 노하우와 협력대상국의 문화적 이해가 부족한 상태에서 기계적인 하향식 제도과정이 강조되고 있다고 정리할 수 있다.

원조철학이 불명확하게 반영된 기본법과 기본계획 등 법적·정책적 단계의 결과물을 조금이라도 보완하기 위해서 정책집행단계의 주요 행위자인 KOICA 또는 EDCF의 관점을 적극적으로 수용할 수 있는 제도화 과정이 마련된다면, 외교부와 기획재정부가 중간에서 이를 취합하고 국개위를 통해 최종적으로 조율되는 정책 및 집행과정이 상향식이나 하향식이 지배하는 방식이 아닌 통합식 모형으로 제도화될 수 있다. 이러한 정책결정과 정책집행 간의 정합성 문제를 2014년 외교부가 추진하였던 무상원조 개선방안을 위한 '독립패널'에서 집중적으로 다루었고 독립패널의 결과보고서가 무상원조에 한하여 정책결정과 정책집행 간의 통합적인 연계 구축을 제안하고 있다(외교부 ODA 독립패널, 2014). 다시 말해, 외교부 ODA 독립패널은 거시적인 원조정책 과정이 구체적인 개발철학과 비전을 토대로 제도화되고 미시적 수준에서의 ODA 사업집행과정을 KOICA를 통해 외교부와 국개위로 전달되는 채널 구축이 원조정책과 집행의 연계 구축의 핵심사항이 될 것을 강조하고, 정책 중심의 국개위와 현장 중심의 KOICA 사이에서 외교부가 정책 정합성 제고를 위해 비판적인 재구성을 주도하기를 권장하고 있다.

[그림 3-8]이 보여주는 연계도는 비록 ODA 중 무상원조에만 적용되는 그 적용도에 제한이 있지만, 한국의 국제개발 정책의 비전과 원칙이 실질적으로 상위 외교전략과 연계되고 하위 원조전략, 그리고 정책집행과 일관성 있게 연결되기 위해서는 외교부의 역할을 재조명하자는 이슈를 비판적으로 제시하고 있다. 이와 관련해서 비판적 국제개발론이 주목해야 할 이슈영역 중 첫 번째는 국개위 및 국무조정실에서 유상원조와 무상원조를 아우르는 거시적인 수준의 한국 국제개발의 철학과 비전을 준비하는 데 있어 한국의 외교정책이 상정하는 외교전략 및 원칙과 국제개발의 원칙과 철학적 방향성이 어떻게 관계를 맺어야 하는가의 문제이다. 외교정책을 국제개발정책보다 상위의 거시적 프레임으로 상정한다면, 국제개발정책은 정부가 표방하는 외교전략의 한 축을 형성하게 되고 중견국 외교와 공공외교의 중요한 도구로 국제개발정책을 활용하게 된다. 이러한 외교정책의 거시적 프레임 하에서 원조정책은 명확한 목표와 원칙, 그리고 비전을 제시하여야 하며, 보편적인 가치인 빈곤퇴치와 지속가능한 발전을 필두로 국제규범 수용과 특수적인 가치인 국익을 추구하는 두 양면성을 적절하게 녹여서 구성한 원칙과 비전 제시가 중요하다(외교부 ODA 독립패널, 2014). 대부분의 DAC 회원국과 유사하게 한국이 외교부 관리형으로

그림 3-8 무상원조의 정책과 집행 구성도

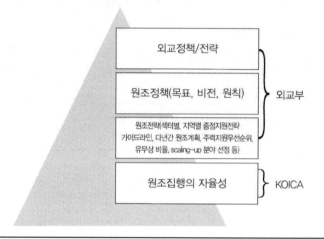

외교정책/전략

원조정책(목표, 비전, 원칙)   외교부

원조전략(섹터별, 지역별 중점지원전략
가이드라인, 다년간 원조계획, 주력지원우선순위,
유무상 비율, scaling-up 분야 선정 등)

원조집행의 자율성   KOICA

자료: 외교부 ODA 독립패널(2014).

국제개발 정책을 추진하고 있었다면, 국제개발의 철학과 원칙을 제도
화하는 전략에 외교부가 핵심 행위자로 활약하고 외교정책 안에서 국
제개발정책의 전략적 가치를 규정하고 두 정책 간에 높은 정합성을
제도화했을 것이다. 그러나 앞서 논의했듯이, 현재 한국의 국제개발
추진체계는 외교부와 기획재정부가 ODA 정책을 양분하고 있으며 그
위에 상위기관으로 국개위가 조정과 심의 기능을 가지고 있기 때문에
국제개발의 철학적 가치와 외교정책의 원칙과 비전이 충돌하거나 중
복될 가능성을 배제할 수 없다(Kim, 2017).

   정책결정과 정책집행 간의 연계 추진에 관한 외교부 독립패널이
제안한 두 번째 이슈는 외교부가 담당해야 할 원조정책의 범위가 어
디까지인가에 관한 문제제기이다(외교부 ODA 독립패널, 2014). 물론 무상
협력 정책에 국한된 활동영역이지만, 외교부는 무상원조의 정책방향
과 목표, 그리고 원칙에 관한 논의를 무상원조 관계기관과의 협의, 그

리고 국개위에서의 조정 등 주도적으로 외교정책과의 정합성에 관한 정책결정의 제도화 과정을 선도해야 한다. 외교정책과의 적극적인 연계를 바탕으로, 무상원조정책의 구체적 내용 마련, 그리고 이를 실행할 수 있는 전략적 차원의 가이드라인 제공까지 외교부가 기획해야 할 정책결정과정은 다양하게 추진될 수 있다. 동시에, 외교부는 정책결정 단계의 결과물을 정책집행 단계로 전달하는 역할도 수행해야 한다. 이론적으로는, 외교부가 무상원조 집행기관인 KOICA에게 거시적인 무상원조의 방향과 목표를 제시하고, KOICA는 이에 맞는 구체적 사업을 발굴하고 기획하며, 그리고 사업평가까지 현장 중심의 경험과 관점을 미시적으로 반영하여 외교부와의 정합성을 제고해야 한다. 다시 말해, 외교부가 주도한 외교정책과 국제개발정책의 정합성에 기반한 거시적 원칙과 가이드라인은 KOICA의 사업집행과 정합성을 가져야 하며 사업집행단계에서는 외교부의 개입을 최소화하고 KOICA의 자율성을 보장하고 사업집행의 효과성을 최대한으로 높여야 한다. 외교부와 KOICA 간의 긍정적인 상호작용은 무상협력 정책결정기관과 정책집행기관 사이에 하향식과 상향식이 절충되는 통합식 유형의 제도과정을 성립시킬 수 있다. 그럼에도 불구하고, 현실정치에서는 외교부가 상부기관으로 산하기관인 KOICA를 하향적으로 통제하고 목표를 하달하며 KOICA에서 올라온 사업발굴과 정책집행 의견이 외교부 정책수립과정에 실질적으로 반영되지 않는 전형적인 하향식 모델을 쉽게 목격할 수 있다. 따라서 외교부의 모범적 역할은 상부조직인 국개위와 하부조직인 KOICA를 연결하는 중간자로서 상향식과 하향식을 연계하는 범주의 임무가 주가 되어야 한다. 또한, 이러한 외교부의 중간자적 위치와 역할은 유상협력 분야의 기획재정부에도 그대로 적용될 수 있는 당위적 비판이자 경험적 해법이라 할 수 있다.

그림 3-9 한국 ODA 제도화 과정의 하향식과 상향식의 혼재

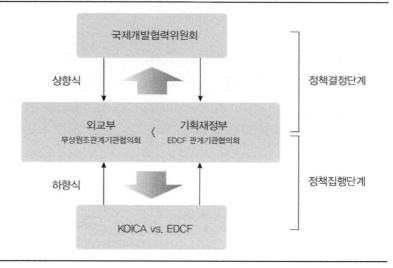

자료: 저자 정리.

결론적으로, 한국 국제개발의 제도화 과정은 상향식과 하향식이 통합식으로 승화되지 않고 서로의 방식이 이중적으로 혼재된 특이한 형태를 취하고 있다는 비판적인 평가를 받을 수 있다([그림 3-9] 참조). 우선, 정책결정과정에 있어서 상위 조정·심의기관으로서의 국개위가 유상협력의 기획재정부와 무상협력의 외교부를 통합하기에 충분한 제도적 권력을 보유하고 있지 못하기 때문에, 분절화된 추진체계의 구조적인 문제에서 발생하는 외교부와 기획재정부의 영향력을 국개위가 적절히 통제하지 못하고 일정 정도 수용하는 상향식의 제도화 과정이 형성된다. 이 상향식 모델은 정상적인 환경에서 조성된 하위기관의 의견이 수렴되는 제도화 과정이 아니라, 하부조직의 영향력이 상부조직의 영향력을 능가하기 때문에 발생하는 아래로부터의 정책이전을 의미한다. 반대로, 정책집행과정에서는 외교부와 기획재정부가 집행

기관인 KOICA와 EDCF에게 ODA의 목표와 원칙을 제공하고 실제 집행단계에 깊숙이 영향력을 미치는 하향식 접근방법을 제도화하고 있다. 현장의 전문성과 관점을 적극적으로 반영하기 위한 노력보다는 중앙의 정책결정이 현장의 정책집행의 근간이 되도록 종용하는 중앙정부 주도의 하향식 제도화 과정이 외교부/기획재정부와 KOICA/EDCF 간의 관계성이라 할 수 있다.

국개위의 상대적인 약화와 ODA 추진체계의 분절화 구조가 유상협력의 주관기관인 기획재정부와 무상협력의 주관기관인 외교부를 상향식과 하향식 제도화 과정의 중심에 위치하도록 외부환경을 조성하고 있다. 따라서 국개위의 위상과 권한이 제도적으로 강화되지 않고 분절적 구조의 ODA 추진체계가 개선되지 않으면, 기획재정부와 외교부 중심의 이러한 상향식과 하향식 제도화 과정이 체계적으로 통합되지 못하고 계속 혼재하는 양상을 보이게 될 것이다. 왜곡된 제도화 과정은 국제개발의 철학적 원칙과 비전을 공론화하려는 노력에 방해물이 될 것이고, 만약 철학의 원칙과 비전이 확립된다고 하더라도 상향식–하향식 혼재 방식의 제도화 과정으로는 그 원칙과 비전이 집행단계까지 관철되기 만무하다. 더욱 비판적인 접근이 필요한 부분은 상향식과 하향식 제도화 과정의 중심에 기획재정부와 외교부가 상존하지만 기획재정부의 지배력이 외교부보다 훨씬 강력하다는 사실이다. 앞서도 논의했듯이, ODA 예산권을 독점하고 개발주의의 견인차로서 기획재정부는 전통적으로 중앙정부 부처 간에 강자의 역할을 유지해 왔고, 유사한 맥락에서 국제개발 정책결정 및 정책집행의 제도화 과정에서도 강자로 활약하게 됨에 따라 위로는 국개위에, 아래로는 집행기관에게 영향력을 행사하는 중심에 기획재정부가 자리하고 있다. 따라서 분절화가 당분간 해결되지 못한다는 가정하에 현재의 왜곡된 제도화 과정을 개선하기 위해서는 국제개발협력위원회의 활동과 권한을 대폭 강화하여 기획재정부의 일방통행을 통제하고 외교부의 협조를 유도할 수 있을 것이다.

3.3. 정권별 국제개발의 정치화 현상

지금까지 분석한 국제개발의 행위자와 제도화 과정은 실제 현실정치에서는 중앙정부의 실권을 잡고 있는 정권의 성향에 따라 그 정치화의 속도와 방향이 다르게 결정된다. 이는 곧 국제개발정책과 집행에 관한 정치적 기회구조(political opportunity structure)가 정권의 속성에 따라 다르게 형성되고 기회구조에 연결된 행위자와 제도화 과정도 다른 방식의 정치화 전략을 취하게 된다는 것을 의미한다(김태균, 2018; McAdam et al., 1996). 제2장의 비판이론에서도 언급하였지만, 국내정치 체제와 이데올로기는 국제개발 정책과 밀접한 상관관계를 보인다. 진보성향의 정부가 정권을 잡았을 때 국제개발정책은 인도주의 성향과 무상협력 사업이 주류를 이루게 되고, 반대로 보수성향의 정부가 국제개발정책을 입안할 때 지협적인 국익을 중시하고 유상원조와 같이 회수가 가능한 투자성 개발협력 프로젝트가 주를 이룬다(Thérien, 2002; Tingley, 2010). 반복되는 사례이지만, 북유럽은 사민주의와 복지국가 시스템이 발전한 국내정치 제도가 대외원조의 목표와 원칙에 크게 반영하고 있는 한편(Bergman, 2007), 미국의 경우는 신자유주의적인 국내정치 시스템을 해외원조에 적극적으로 투영시켜 민주주의 원조(democracy aid)를 비롯한 미국중심적인 국제개발정책을 시행하고 있다(Milner and Tingley, 2010; Burnell, 2008; Chand, 1997).

이러한 국내정치의 이데올로기와 정치시스템이 국제개발정책에 투영되는 정치화 과정은 한국에서도 찾아볼 수 있으며, 한국형 국제개발 모델은 대체적으로 정부주도의 하향식과 개발중심주의가 동시에 혼합된 이른바 '발전국가형 개발주의'의 전형으로 해석되어 왔다 (Kalinowski and Park, 2016; Kim, 2017; Kim, 2016; Kim et al., 2013; Bader, 2017).[44] 이러한 한국형 개발주의는 정권별로 선택의 대상이 아니라, 한국의 보수정권과 진보정권 모두에게 깊숙이 배태된 공통 요소라는 점이 주목할 만한 특징이다. 따라서 정권별로 발전국가형 개발주의의 정도와 유형이 달라지는 정치기회구조의 변화가 목도될 뿐이지 개발주의가 갑자기 광의의 책무성이 동반된 발전중심의 개발협력 정책으로 전환되는 것은 아니라는 의미이다. 특히, 노태우 정권부터 김영삼·김대중·노무현·이명박 정권까지 보수와 진보정부를 모두 아울러 대외원조의 결정요인을 분석한 연구에서도 정치 이데올로기와 원조정책 간에는 연관성이 없는 것으로 판명되었다(Sohn and Yoo, 2015). 발전국가형 개발주의 내에서 형성되는 정치기회구조는 개방적이라기보다는 다분히 폐쇄적이며 사회운동과 같은 레퍼토리를 채택할 시민사회 행위자가 진입할 공간이 매우 제한적으로 제공된다. 전통적인 발전국가의 운영메커니즘과 동일하게 발전국가형 개발주의에서도 정부가 대외원조정책을 선도하고 주요 수원대상국을 집중적으로 관리하며 국익을 확장하기 위하여 인도주의와 무상원조에 경제협력 중심의 유상원조를 조응하여 균형을 잡으려 노력한다. 이는 장기간 동안 한국 정부의 모든 제도와 기관에 내재화된 현상이며, 그 내재성은 OECD DAC 회원국이 준수해야 할 글로벌 차원의 규범보다 강한 영향

---

44 발전국가형 개발주의는 비단 한국에만 적용되는 것이 아니라, 동북아시아의 주요 원조공여국인 일본과 중국에도 적용 가능하며 심지어 동남아시아의 신흥 원조국에도 해당한다(김지영, 2014; Stallings and Kim, 2017). 특히, 한국·중국·일본의 대아프리카 개발원조 정책을 비교해 보면 극명하게 발전국가형 경쟁관계가 추적된다.

력을 보여주고 있어서 한국의 국제개발정책에 깊숙이 스며들어 있다.

발전국가형 개발주의는 역대 정권별로 다양하게 표출됐다. 개발주의는 공유하지만 동시에 정권별로 단절성도 보여준다. 2010년 DAC에 가입하면서 명실공히 한국은 선진공여국 대열에 합류하게 되고 이명박 정권은 글로벌 수준에 준하는 국제개발정책을 집행하기 위한 선진화 작업에 착수한다(Lee, 2012). 보수정부인 이명박 정권은 이른바 '녹색성장(green growth)'을 정부정책의 슬로건으로 상품화해서 국제개발정책에도 적극적으로 반영하였다. 정부주도로 전면에서 주목받은 녹색성장은 내용상 환경과 경제성장을 동시에 추구하는 과정에서 발생할 수 있는 가치 충돌에도 불구하고 경제성장 중심의 대외원조를 기획하는 보수정권의 의도에 부합한다. 녹색성장이 개발주의의 표상으로 작동하기 위한 제도적 장치로 대통령 직속으로 '녹색성장위원회'를 설치하고 김대중 정권 때 대통령 직속으로 설치했던 지속가능발전위원회를 환경부 산하로 강등시키게 된다([그림 3-10] 참조).

또 다른 보수정권인 박근혜 정부가 2013년에 집권하면서 한국의 ODA 정책이 추구하는 가치와 방향성은 이명박 정부의 녹색성장 우선주의와 결별하고 '새마을운동'으로 급선회하였다. [그림 3-10]이 보여주듯이, 박근혜 정권은 이명박 정권의 대표작인 녹색성장위원회를 대통령 직속에서 국무총리실 산하로 재조정하고 그 권한과 위치를 약화시켰다. 1970년대 아버지 박정희 시대에 풍미했던 과거의 주민동원전략이 21세기에 새롭게 '새마을 ODA'로 재탄생하면서 한국형 근대화와 발전국가의 부산물이었던 새마을운동이 개도국의 농촌개발사업으로 부활하게 된다(Nauta and Lee, 2018). 무리한 과거지향적인 개발주의를 한국 ODA 정책에 도입함으로써 한국형 개발모델을 개도국에 수출하려는 국익 중심의 개발협력 프로젝트가 성행하게 되고 급기야 최순실 중심의 국정농단으로 'Korea Aid'가 급조되는 병폐가 속출

그림 3-10 정권별 위원회 배치 구조의 변화

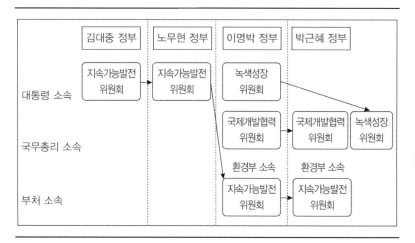

자료: 김태균·김보경·심예리(2016: 114).

하게 되었다.

　2016년부터 시작된 촛불혁명으로 정권을 잡은 문재인 진보정부는 박근혜 정권의 정치스캔들과 적폐를 정리하는 작업부터 국제개발과 ODA 관련 국정과제를 시작하였다. KOICA의 적극적인 내부혁신, 원조분절화의 통합화, SDGs의 국내화 강조, DAC 동료검토(Peer Review) 권고 사항 반영 등 문재인 정부는 지난 보수정권이 남긴 숙제를 처리하려고 노력하였다. 특히, 2017년 4월 정부는 SDGs 시대에 걸맞게 지속가능발전위원회를 환경부에서 대통령 직속으로 격상할 계획을 비추었으나, 아쉽게 그 이후 이렇다 할 추가조치가 이루어지지 않고 있다.[45] 또한, 문재인 정부는 수출의 중국의존도를 줄이기 위하여 '신남방정책'을 표방하고 2018년 8월 신남방정책특별위원회를 출범하여 한

---

45 https://www.yna.co.kr/view/AKR20170526140400004 참조.

국 ODA의 신남방지역 투입을 지속적으로 늘려나가기로 하였다.[46] 이는 국제개발정책의 독자적인 기획보다는 외교정책의 도구로서 ODA 정책을 전략화하고 있다는 비판적인 해석이 가능하다. 문재인 정부의 ODA 정책 가운데 또 하나의 아쉬운 대목은 청년실업 문제를 해결하기 위하여 ODA 프로젝트를 통한 한국 청년의 개도국 진출을 도모하고 있다는 사실이다. ODA 사업을 청년실업의 해결책으로 활용하는 시도 자체가 구속성 원조(tied aid)에 해당하는 실책으로 ODA가 공여국의 이익에 구속되는 경우 굳이 DAC 자격조건에 따라 ODA를 제공할 필요성이 사라지며 공여국의 이익을 위한 투자행위와 진배없다. 그러므로 진보정권인 문재인 정부도 발전국가형 개발주의의 영향력에서 완전히 자유롭지 못하다는 것을 확인할 수 있으며, 개발주의의 내성이 뿌리 깊게 내린 정부주도의 제도화 과정으로 인하여 문재인 정권이 시도하려 했던 국제개발정책의 개혁이 용두사미로 끝날 가능성이 커지고 있다.

정권마다 특정 개발원칙의 선호도를 명확하게 내세웠지만, 역설적으로 어느 정권도 한국 국제개발의 철학과 원칙을 제시하거나 공론화한 역사적 기록이 없다. 환언하면, 정권별로 개발원칙의 연속성이 존재하지 않고 단절적인 구조를 보이는 원천적인 이유는 모든 정권을 관통하는 국제개발의 핵심철학이 부재하기 때문이다. 이러한 철학의 빈곤은 과거 정부가 강조해 온 국제개발의 원칙을 새로운 정부가 쉽게 부정하고 신정부가 선호하는 개발가치를 새로운 제도로 출범시키는 단절적인 탈동조화(decoupling)를 생산한다. 따라서 ODA 사업을

---

46 http://www.nsp.go.kr/policy/policy02Page.do 참조. 신남방정책은 크게 사람공동체(People), 상생번영공동체(Prosperity), 그리고 평화공동체(Peace)로 구성되어 있으며, 다양한 정책으로 신남방지역과의 교류·협력을 진작시키려는 목표를 가지고 있다. 그럼에도 불구하고 아직까지 구체적인 내용과 전략이 체계적으로 준비되지 않았다는 비판적인 견해가 강하다(이재현, 2018).

통해 역대 정권이 만들어 낸 경험과 제도가 축적된 전통과 자산으로 승화되지 못했는데, 심지어 같은 보수정권의 경우에도 이러한 단절적인 상호부정이 그대로 적용되었다는 사실을 이명박 정부와 박근혜 정부에서 확인할 수 있다.

정권 간의 단절성에도 불구하고, 진보정권과 보수정권을 막론하고 개발주의적 제도 관성이 한국의 국제개발정책에 지배적인 담론이자 행동원칙으로 작동했으며, 정부주도의 발전국가형 물적 토대는 한국의 DAC 가입 이후에도 계속해서 글로벌 개발협력의 인도주의를 견제하고 국익을 추구하는 제도장치로 활용되어 왔다. 국제개발의 주요 행위자는 아직도 정부주도로 이루어지고 있고, 국제개발의 제도화 과정 또한 중앙정부 중심의 하향식 전달체계와 분절적 추진체계가 혼재되어 운영되고 있다. 역대 정권이 공통적으로 이러한 발전국가형 개발주의의 기본골격을 유지해 왔지만, 동일한 구조를 받아들이면서도 구조 내부를 채우는 내용은 사뭇 다르게 구성되는 현상을 보이고 있다. 즉, 이른바 '제도적 동형화(institutional isomorphism)'라고 개념화할 수 있는 현상인데(Meyer and Rowan, 1977; Powell and DiMaggio, 1991), 개발중심적 정부주도라는 동일한 구조를 역대 정권이 역사적으로 공유함과 동시에 개별 정권이 특유의 개발원칙과 방향을 제시하고 전 정권과 단절을 추구하는 내용으로 차별화 전략을 추구한다는 의미이다. 이명박 정부의 녹색성장, 박근혜 정부의 새마을 ODA, 문재인 정부의 사회적 가치가 예외 없이 상호 연계성을 부정하고 새로운 가치를 제시하고 있지만, 어느 정부도 분절화된 추진체계의 통합을 성공적으로 추진하지 못하였고, 유상원조와 양자원조의 높은 비율을 낮추는 데 성공하지 못하였다는 점에서 한국의 역대 정권은 개발주의적 국제개발정책에 암묵적으로 동조하는 제도적 동형화의 과정에 노출되어 있다고 평가할 수 있다.

한국 국제개발의 역사적 형성

04 한국 국제개발의 역사적 형성

비판국제개발론의 핵심적인 분석틀로 제1장에서 국제정치사회학적 상상력을 강조하였고, 국제정치사회학의 이론적 핵심요소 중 하나로 역사사회학적인 접근법을 소개하였다. 이를 토대로, 제3장에서 분석한 국제개발의 세 가지 형성요인인 행위자, 제도화 과정, 그리고 정치화가 역사적으로 한국이라는 맥락에서 어떻게 진화해 왔는가를 추적하는 작업이 필요하다. 따라서, 본 장은 한국의 국제개발 정책을 비판적으로 해부하기 위한 기본배경으로 한국의 역사적 맥락에서 국제개발과 관련된 이슈가 어떻게 형성되고 발전해 왔는가에 분석의 초점을 맞춘다. 즉, 한국 국제개발정책의 역사적 기원을 추적하는 기초적 자료를 제공하고, 한국 국제개발정책의 궤적을 역사적으로 재구성하는 작업을 시도한다. 이러한 작업이 아날학파가 강조했던 구조사 조건에 해당할 정도로 장기지속의 역사적 기간을 토대로 이루어지는 것은 아니지만, 해방이후 한국이 수원국으로서 세계체제에 편입된 이후 2010년 OECD DAC 그룹에 가입하여 이른바 선진공여국 대열로 진입한 시기까지의 과정을 단편적인 역사적 사실을 토대로 검토하고자 한다.

한국은 세계 국제개발 역사상 유일하게 원조 수원국에서 공여국으로 전환한 사례로 알려져 있다. 1945년 일본 제국주의에서 해방되고

1950년 한국전쟁의 참사와 분단국가를 경험하며 1997년 외환위기를 극복하면서, 1960년대와 1970년대에 빠른 속도로 경제성장을 이루어 내고 1987년에는 민주화까지 달성한 보기 드문 개도국의 성공사례이다. 한국의 성공신화는 다른 개도국이 한국의 근대화 경험을 공유하려는 충분한 이유를 제공하고 있는데, 이는 다른 개도국이 경험했거나 현재 경험하고 있는 내전, 경제위기, 민주화 갈등 등의 근대화 과정에서 발생하는 역사의 질곡을 한국은 이미 성공적으로 극복했기 때문이다. 한국 국제개발의 역사적 형성과정을 크게 ① 수원국으로서의 역사, ② 공여국으로서의 역사, ③ 선진공여국으로서의 역사로 재구성하여 한국의 국제개발 역사를 비판적으로 해부하도록 한다.

4.1. 수원국으로서의 역사

한국은 해방 이후 그리고 한국전쟁 이후 미국과 UN으로부터 대규모 원조를 받은 나라이다.[47] 해방 이후 극심한 좌우대립과 부정부패로 혼란스러웠던 한국은 한국전쟁 후 복구와 부흥을 위한 정부의 지출을 늘어났지만 사회 혼란으로 인하여 세입이 늘어나지 않는 상황에서 한국은행은 돈을 계속 찍어내었고 지독한 인플레이션 문제는 결국 해외에서 유입되는 원조에 한국경제는 의존할 수밖에 없었다(박태균, 2007; 김양화, 1985). 이 시기에 한국에 지원된 해외원조의 주체는 UN의 한

---

47 한국의 ODA 및 해외원조에 관한 역사적 연구를 보면, 해방과 한국전쟁 이후 본격적으로 한국에 들어 온 해외원조를 ODA라고 표현하는 경우가 있다(한국국제협력단, 2001, 2011). 그러나 정확하게는 ODA라는 개념과 정의가 OECD에 의해 1969년도에 도입되었기 때문에, 그 전에 행해진 해외원조는 엄격한 의미에서는 ODA와 성격이 다르거나 ODA 요소를 충족하지 못하는 경우가 대부분이다. 따라서 본 연구에서는 1969년 이전에 한국에 집행된 원조는 해외원조 또는 대외원조라고 표현하고 ODA라는 표현의 사용을 지양한다.

표 4-1 대한 해외원조의 구성, 1945년~1961년 　　　　　(단위: 1,000달러)

연도	미국				UN		합계
	GARIOA	ECA/SEC	PL480	ICA	CRIK	UNKRA	
1945	4,934	–	–	–	–	–	4,934
1946	49,496	–	–	–	–	–	49,496
1947	175,371	–	–	–	–	–	175,371
1948	179,593	–	–	–	–	–	179,593
1949	–	116,509	–	–	–	–	116,509
1950	–	49,330	–	–	–	–	58,706
1951	–	31,972	–	–	–	122	106,542
1952	–	3,824	–	–	9,376	1,969	161,327
1953	–	232	–	5,571	74,448	29,580	194,170
1954	–	–	–	82,437	155,534	21,291	153,925
1955	–	–	–	205,815	158,787	22,181	236,707
1956	–	–	32,955	271,049	50,191	22,370	326,705
1957	–	–	45,522	323,268	8,711	14,103	382,893
1958	–	–	47,896	265,629	331	7,747	321,272
1959	–	–	11,436	208,297	–	2,471	222,204
1960	–	–	19,913	225,236	–	244	245,393
1961	–	–	44,926	154,319	–	–	199,245
합계	409,394	201,867	202,648	1,743,929	457,378	122,084	3,147,300

자료: 한국은행조사부(1963).

국민간구호계획(Civil Relief in Korea: CRIK), 유엔한국재건단(United Nations Korean Reconstruction Agency: UNKRA)과 미국의 점령지역행정구호원조 (Government Aid and Relief in Occupied Areas: GARIOA), 경제협력처

(Economic Cooperation Agency: ECA), 보급품협력프로그램(Supplies Economic Cooperation: SEC), 국제협조처(International Cooperation Agency: ICA), 대외활동본부(Foreign Operation Administration: FOA), 잉여농산물 원조인 PL480 등으로 구성되었고, 미국원조가 전체 해외원조의 81.6%를 차지하고 있어 사실상 이 당시 한국경제는 미국원조에 전적으로 의존하고 있다고 해도 과언이 아니다([표 4-1] 참조). 미국의 GARIOA는 해방 이후 가장 먼저 통화남발로 인한 인플레이션 문제와 정치 불안을 해소하기 위하여 한국에 직접원조를 시작했으며, 그 이후 한국전쟁이 발발하면서 UN의 직접원조가 CRIK과 UNKRA를 통해 한국에 유입되었다. 한국전쟁이 휴전으로 종료되면서 다시 ICA를 중심으로 ECA/SEC, PL480 등 미국의 무상원조가 1961년까지 한국의 재건과 경제개발을 위하여 지원되었다.

한국전쟁 중인 1952년 5월에 체결된 '한미경제조정협정(Agreement on Economic Coordination between the Republic of Korea and the United States of America)'은 본래 UN군 지원에 들어가는 비용의 한국은행 대출금 상환이 주 내용이었는데, 본 협정을 원조의 측면에서 보면 대출금 상환 이상의 향후 한국에 직접원조를 집행하는 원조기관 간의 분업 및 업무분장을 정리하는 대단히 중요한 방향성을 제공하였다는 사실을 알 수 있다.[48] 미국 ECA가 담당키로 했던 원조 사무는 한국전쟁

---

48 1952년 5월 24일 체결된 한미경제조정협정은 한국정부의 백두진 재무장관과 트루먼 대통령의 특사인 석유회사 중역 출신의 클래런스 마이어 사이에 체결되었기 때문에 '마이어 협정'이라고도 알려져 있다. 한미경제조정협정의 요지는, 오래 연체된 UN 주둔군 지원에 관한 한국은행 대출금 1억 달러를 즉각 상환하고 앞으로는 대출금을 제때 갚는다는 것이었다. 이 협정은 제1공화국이 붕괴될 때까지 미국과 체결한 15개 경제협정 중 가장 중요한 것의 하나로서, 한국은행 대출금 이외에 한국전쟁 후 미국의 한국 원조정책에 관한 큰 방향틀을 제시했다는 점도 중요하게 검토해야 할 부분이다.

발발과 함께 중단되게 되고, 그 대신 앞서 언급했던 UN의 UNKRA가 시설재 중심의 자금을, CRIK가 식료품·의류·의약품을 제공하며, 미국의 FOA가 비료를, SEC은 식량을 각각 지원하는 일종의 교통정리가 되었다. 이 중 가장 돋보적인 원조를 집행한 기관은 미국의 ICA로 유상원조인 차관으로 미국원조가 전환되기 전인 1961년까지 ICA는 한국에 투입된 모든 해외원조 가운데 55.4%를 차지할 정도로 가장 큰 규모의 원조를 제공하였다. 미국 대외원조법(Foreign Aid Act: FAA)에 따라 ICA는 1961년 11월 미국 국제개발처(Agency for International Development: AID)의 한 축으로 통합되어 미국이 무상증여에서 유상차관으로 한국원조에 대한 정책을 개편하면서 그 역할을 종료하게 된다.

1950년대 해외원조는 국민총생산의 약 10~23%의 비중을 차지하고 정부의 세입구성 중 35~50%를 차지할 정도로 막대한 규모로 투입되었으며, 이는 한국경제의 생존을 좌지우지하는 중요한 정부세입의 원천이 되었다([표 4-2] 참조). 무상증여에서 유상차관으로 전환되는 시점인 1961년에 한국의 1인당 국민총생산이 89달러로 전 세계 125개국 중 101위로 최빈국 그룹에 속할 정도로 한국의 경제는 열악하였기 때문에, 해외원조는 한국경제가 의존할 수 있는 가장 중요한 재원으로 작동할 수밖에 없는 상황이었다. 물론, 한국경제 복구와 부흥에 해외원조의 기여를 긍정적으로 평가하는 것이 당연한 수순이고, 사실 대부분의 기존 연구들이 미국 중심의 해외원조에 대하여 후한 점수를 주고 있을 정도로 해외원조는 한국 경제발전에 있어 상수로 작동하였다는 것이 기정사실로 받아들여지고 있다(최상오, 2013). 이를 부정하자는 것이 아니라, 한국 근대화 과정에서 해외원조의 영향력을 정확하게 해석하기 위해서는 긍정적인 면과 함께 지금까지 잘 알려지지 않은 해외원조의 부정적인 측면 및 비정부기관의 인도주의적 지원도 같

표 4-2 한국경제에서의 해외원조 비중

	GNP 구성(백만 달러)			일반세입구성(억 원)		
	GNP(A)	수원액(B)	B/A(%)	총세입(C)	원조자금(D)	D/C (%)
1953	1,361	194	14.3	46.6	7.9	17.1
1954	1,467	154	10.5	125.9	44.7	35.5
1955	1,414	237	16.8	323.7	150.5	46.5
1956	1,672	383	22.9	415.1	224.5	54.1
1957	1,897	321	16.9	454.8	245.8	54.0
1958	1,980	222	11.2	448.8	189	42.1
1960	1,996	245	12.3	476.6	167.6	35.2
1961	2,104	199	9.5	607.5	240.5	39.6

자료: 박태균(2007: 38).

이 비판적으로 고려하는 것이 중요하다는 것을 강조하고자 한다.

대규모의 해외원조에도 불구하고, 1945년부터 1961년까지 한국에 유입된 해외원조의 81% 정도가 소비재에 집중되었고, 그 중 원조물자의 대부분이 식량·피복·원자재 등의 소비재 원료에 집중되었다([표 4-3] 참조). 이 중 앞서 언급했듯이, 유엔의 UNKRA만이 유일하게 원조액의 70%를 시설재에 지원하고 있으며, 다른 원조기관은 대부분의 무상증여를 소비재에 집중하고 있음을 알 수 있다. 소비재 집중 원조를 두고 다양한 의견이 교차하고 있는데, 비판적으로 접근하는 학자들은 이를 미국이 자국의 잉여물자의 시장으로 한국을 이용하고 있다고 해석하고 있다(김대환, 1981; 김양화, 1985). 미국의 한국에 대한 원조는 공식적으로는 해방 후 정치안정과 한국전쟁 이후 피해복구와 경제부흥을 구실로 시작되었지만, 원조의 기준은 철저히 미국의 군사적·정치적·경제적 목적에 부합하는 것으로 미국의 외교대전략 차원에서 한

표 4-3 해외원조의 소비재 구성비율, 1945년~1961년   (단위: 백만 달러)

자금별	시행시기	시설재	소비재	합계
GARIOA	1945~48	31 (7%)	379 (93%)	410
ECA	1949~51	6 (3%)	170 (97%)	176
SEC	1951~53	0.2 (0%)	26 (100%)	26.2
CRIK	1950~56	– (0%)	457 (100%)	457
UNKRA	1951~	86 (70%)	36 (30%)	122
FOA·ICA	1953~	485 (28%)	1,260 (72%)	1,745
PL480	1956~	– (0%)	203 (100%)	203
합계		608 (19%)	2,531 (81%)	3,199

자료: 김양화(1985: 106). 수정포함.

국을 아시아의 공산주의 봉쇄정책의 전초기지로 전략화하고 경제적으로는 미국 농산물의 잉여물자를 소비할 수 있는 새로운 시장으로 활용하였다는 해석이다.[49] 따라서 미국은 순수하게 최빈국에 인도주의적 무상증여를 제공한 것이 아니라 냉전시대에 한국의 지정학적 가치 때문에 적극적으로 한국 경제부흥에 개입을 했다는 원조공여국의 의도 중심으로 비판적인 분석이 가능하다.

1945년부터 1961년 사이 한국에 제공된 원조물자는 각 경제부문으로 배분되고 판매되어 그 판매대금인 대충자금(counterpart fund)이 한국경제의 재구조화 과정의 출발점이자 기초가 되었다(Kim, 2013). 대충자금을 근간으로 재정투자와 기업에 대한 금융혜택이 활성화되고

---

49 1950년대 미국의 대외원조 기준은 이른바 아이젠하워 대통령이 임명한 '랜들 대외경제정책위원회'의 보고서에 잘 나타나 있다(김대환, 1981: 188). 원조의 기준으로 민주사회의 가치가 유질될 것, 미국 국민의 번영이 촉진될 것, 미국의 안전보장이 확보될 것 등으로 제시되고 있음을 확인할 수 있다.

이러한 원조물자의 혜택을 배당받는 이득을 취하기 위하여 정경유착이 일상화되었고 이 과정에서 불법적인 정치자금이나 뇌물 헌납 등의 부정부패가 만연하게 되었다(박찬승, 2010; 이대근, 1983). 당시 한국 정부는 미국에 의존하는 시설재와 원자재를 근간으로 경공업 중심의 면방직·설탕업·밀가루제조업으로 구성되는 이른바 '삼백산업'을 집중 육성하였다(박태균, 2007). 대충자금에서 시작한 값싼 원조물자를 독점으로 배정받아 가공 판매할 수 있었던 소수의 자본가들은 단기간 내에 시장을 독점하고 재벌로 등장하는 성공신화를 만들어냈다. 그러나 1950년대 공업화의 주력산업이었던 삼백산업은 미국의 PL480을 통해 한국에 들어 온 값싼 미국 잉여농산물로 인하여 타격을 받게 되고, 특히 1961년부터 무상증여가 중단되고 유상원조가 한국에 도입됨에 따라 삼백산업 중심의 한국경제는 불황에 빠지게 되고 1960년대 이후 중화학공업 중심의 경제개발계획으로 경제정책이 재편되게 된다.

지금은 학문적으로 활발하게 재생산되지 않고 있지만, 1980년대까지만 해도 1950년대 한국경제를 원조경제의 전형으로 인식하고 종속이론적 해석을 적용하는 학문적 연구가 팽배하였다(홍성유, 1965; 장상환, 1985; 김양화, 1985; 김종철, 1986). 종속이론적 해석의 가장 핵심적인 주장은 미국원조로 인하여 '매판자본적·관료독점적' 재벌의 형성이 가능했다는 비판적인 접근이다. 미국원조가 귀속재산 불하와 함께 한국자본주의의 원시적 축적의 주요한 원천으로 작동하게 됨에 따라, 한국경제의 자본축적과정은 정치권력과 결탁한 특정 기업으로 대표되는 매판자본 재벌이 기술혁신과 같은 정상적인 기업활동이 아닌 권력과 밀착하여 국내의 특별금융 혜택을 독점하여 이루어지게 되고, 이는 곧 대미 종속적 관료독점자본주의 사회로 발전하게 되었다는 해석과 직결된다. 이러한 매판자본 중심 접근방식은 발전국가론의 정부주도 발전기획과도 연계가 가능하여 더욱 확대된 정치경제학 논의로 발전할 수 있지만, 1980년대 말부터 한국사회를 지배한 신자유주의적 세계화 담론에 묻히면서 급진주의적 사고로 인식되어 그 힘을 상실하게 된다.

1950년대 미국 중심의 해외원조가 한국경제발전의 성공요인 또는 성장의 토대를 마련하는 원동력이 되었다는 기존의 주장을 보완하기 위해서 다른 측면에서 수원국으로서 한국정부가 해외원조에 대응하는 정책과 전략을 분석하는 것이 중요하다. 첫째, 수원국으로서 수동적인 행위자가 아닌 한국정부는 능동적으로 오너십에 의한 한국 주도의 경제발전을 시도하였다라고 반론을 제기할 수 있다. 앞서 논의한 바대로, 1950년대 대규모로 한국경제에 투입된 미국중심의 해외원조가 삼백산업의 토대가 되고 정경유착의 부정적인 기업문화의 시발점이 되었다는 비판과 동시에 한국정부가 1960년대 본격적인 경제발전을 추진하는 원동력으로 미국의 원조정책을 국내 경제정책 개편에 활용하였다는 분석도 함께 고려해야 한다. 미국정부는 한국에 제공하는 무상증여를 1957년부터 대폭 하향조정하고 1961년에는 사실상 유상차관으로 무상증여를 대체하게 된다(Kim, 2013; Gaddis, 1982). 1960년대에 들어와 미국정부는 1950년대에 제공했던 한국에 대한 경제원조와 군사원조를 구분하고 전자에 더 중점을 두는 새로운 원조정책을 도입하게 되었다. 또한, 1961년 11월 미국정부는 기존 ICA와 개발차관기금(Development Loan Fund: DLF)을 통합하여 AID를 출범시켰는데, AID의 한국에 대한 경제원조를 무상증여가 아닌 차관형식으로 전환하였다(한국국제협력단, 2011: 36).[50]

---

50 무상원조에서 유상원조로의 전환은 미국정부가 한국에 대한 원조만을 위해 미국 원조정책을 전환한 것이 아니라 이미 1950년대 '뉴룩(New Look)정책'을 채택하면서 개도국에 대한 무상증여를 감축하고 1957년 DLF를 설치하여 유상차관으로

이러한 무상원조의 감소와 유상원조로의 전환은 한국사회에 심각한 위기의식을 불러왔으며, 동시에 한국정부는 원조의 위기를 국내 경제개발계획의 시발점으로 승화하고 국내 경제학자들은 『사상계』를 통해 1950년대 말기와 1960년대 초 시기를 하나의 전환기로 설정하고 새로운 경제정책과 경제자립의 필요성을 주장하기 시작하였다 (Kim, 2013; 박태균, 2007).[51] 특히, 1961년 유상차관으로 전환되는 시기에 한국정부는 개발차관기금의 조건에 맞게 내부 준비작업을 착수하였고, 차관의 승인을 받기 위한 개발위원회를 설치하여 유상원조로의 전환을 위기가 아닌 경제성장정책과 산업정책의 구조조정의 기회를 받아들였다. 박정희 군사정권에 의해 1962년 제1차 경제개발5개년계획을 시작으로 본격적인 경제성장과정으로 진입하게 되고, 1960년대 미국의 유상차관은 한국정부의 경제계획에 따라 사회간접자본 확충과 기반시설 건설, 중화학공업 육성 등에 투입되게 된다. 또한, 국내에서도 해외에서 제공받은 자본들을 통한 기간투자 활성화와 더불어 역금리정책 등으로 저축을 장려하고 투자재원 확보에 심혈을 기울이게 됨으로써, 국내 기업들이 성장할 수 있는 발판을 마련하고 한국이 원조경제에서 탈출할 수 있는 내부조건을 확장하게 되었다. 따라서, 미국 원조의 정책변화에 능동적으로 대처한 한국정부가 보여주는 수원국의 오너십이 한국이 차후 수원국의 지위를 벗어나 공여국으로 성장할 수 있는 중요한 요소로서 인식되어야 한다. 물론 이러한 수원국 중심의 행위자 분석이 해외원조를 주체적으로 제도화하는 과정을 강조함으로

원조의 중심축을 옮기는 과정에서 발생한 것이다(박태균, 2007: 39).

51 박태균(2007: 39-40)에 따르면, 1958년 이후부터 대표적인 한국 경제학자인 고승제와 최호진이 '사상계'에 경제위기와 경제자립에 관한 연구논문을 발표하였다. 자세한 내용은 고승제(1960)와 최호진(1958) 참조.

써 한국정부가 재벌중심의 매판자본적 정책과 정경유착의 문제를 조장했다는 비판적 접근을 결코 상쇄할 수 없다.

둘째, 1950년대에 한국정부인 이승만 정권이 미국 및 UN의 원조를 조절하고 원조배분과정에 있어 적극적으로 개입해서 한국의 정책 방향을 반영하도록 노력했다는 역사적 기록을 강조할 필요가 있다(Kim, 2008). 이승만 정권은 해외원조기관을 다루는 데 있어 수원국으로서 한국정부의 협상력이 크지 않다는 약점을 주로 협정과 같은 법적 당사자 권한으로 대체하고 원조공여기관을 법적으로 상대하였다(Kim, 2013; Kim, 2011). 앞서 논의한 1952년 한미경제조정협정이 대표적인 사례인데, 본 협정을 체결할 때 이승만 정권은 공여주체와 현지 파트너기관 간 정책조율을 담당하는 자문기관으로 한미합동경제위원회(Combined Economic Board: CEB)를 설치하기로 합의하게 된다. 이승만 정권은 CEB를 통해 UN사령부(United Nations Command)와 미국원조기관들과 해외원조 배분과 운영에 관하여 긴밀히 한국정부의 의사를 조율하였다. 주로 해외원조의 규모 설정과 배분과정, 한국정부 재정정책의 안정화, 그리고 대충자금 운영방식에 대한 조율이 CEB를 통해 이루어졌으나, 1961년 박정희 군사정권이 집권하면서 CEB는 해체되었다(한국군사혁명사편찬위원회, 1963).

셋째, 지금까지 설명한 미국과 UN의 원조는 한국정부가 주요 협력대상이 공적개발원조인데 반해, 외국민간원조단체(foreign voluntary agencies)의 긴급구호 및 인도주의적 원조는 자발적인 비정부기관이 직접 한국 국민을 대상으로 지원했던 방식으로 그 규모가 방대한 것에 비해 학술적 연구는 많이 시도되지 않았다(최원규, 1996; Kim, 2013). [표 4-4]에서 그 규모와 유형을 확인할 수 있는데, 1950년대 외국민간원조단체가 지원한 민간원조의 총합이 당시 보건사회부 예산을 초과했을 정도로 그 규모는 상당했으며, 이 때문에 외국민간원조단체의

표 4-4 외국민간원조단체의 원조 추이

| 연도 | 규모(달러) | 원조물자 유형(백만 톤) | | | | |
		곡물	의류	의료구호품	기타	합계
1953~55	3,701,592	20,126	8,205	420	4,671	33,422
1956	1,881,792	36,528	1,991	135	1,312	39,966
1957	1,903,352	114,756	4,112	600	2,456	121,924
1958	2,755,362	93,298	1,952	93	16,638	111,981
1959	2,906,557	81,229	2,466	320	1,239	85,254

자료: 보건사회부(1965).

연합체인 '외국민간원조기관한국연합회(Korean Association of Voluntary Agencies: KAVA)'는 제2의 보건사회부라는 별칭을 얻게 되었다는 기록이 있다(카바40년사편찬위원회, 1995: 2). 이러한 외국민간원조단체의 원조활동을 관리하기 위하여 한미경제조정협정과 유사하게 한국정부는 법적 통제방식을 도입하였다. 1963년 박정희 군사정권은 '외국민간원조단체에관한법률'을 통과시키고 이에 근거하여 외국민간단체의 원조활동을 관리하고 통제하기 시작하였다. 박정희 정권의 법적 권한은 외국민간원조단체를 정의하고 외국민간단체로 분류된 단체들은 보건사회부에 반드시 등록하도록 조치하는 과정부터 시작된다. 보건사회부에 등록된 83개의 외원단체들은 보건사회부에 정기적으로 원조활동을 보고해야할 의무가 있고, 보건사회부는 원조배분도 시행 전에 함께 논의하는 과정을 제도화하였다(보건사회부, 1965). 한국정부의 외원단체 길들이기는 성공적이었다고 평가되고 있으며, 그 이후 한국 사회사업 및 복지부문에서 국가-사회 관계는 1960년대 초에 정부주도로 형성된 관계성에 기인한다고 해석되고 있다(최원규, 1996). 다시

표 4-5 시대별 한국의 수원국으로서의 경험

기간	목적 및 욕구	형태 및 양식	분야 및 구성	원조 의존도	주 공여자
1945~1952 해방직후-전쟁기	긴급구호	증여(100%) 구호물품	• 교육 • 토지개혁	원조가 주요 외화유입수단	미국 UN

1953~1962
이승만 정부
	• 군사적 방어
	• 안정 및 재
	  건사업
		• 증여(98.5%)
		• 물자
		• 기술협력
			• 농업
			• 물자, 식량
			  지원
			• 군사원조
			• 소비/중간재
				높은 원조의
				존도
					미국
					UN

1963~1979
박정희 정부
	전환기 성장
	및 투자
		양허성 차관
		(70%)
			• 사회간접자본
			• 수입대체 및
			  수출지향적
			  사업
			• 프로젝트사
			  업, 중간 및
			  자본재
				절대/상대적
				원조 중요성
				감소
					미국
					일본

1980~1992 전두환/ 노태우 정부	과도한 채무 안정 및 성장 균형	비양허성 차관	섹터차관	절대/상대적 원조 중요성 감소	일본 독일 국제금융기구
1993~2003 김영삼/ 김대중 정부	금융위기	IMF 구제금융	구조조정 프 로그램	ODA 수원국 명단 졸업	IMF IBRD

자료: 정우진(2010: 125). 수정포함.

말해, 한국정부는 근대국가 형성과정에서 군사정권의 개발녹재에 걸 맞은 시민사회를 포섭할 수 있도록 사회공학(social engineering) 기제로 법적 장치를 활용하였으며, 이러한 시민사회의 비정치성과 서비스전 달 중심의 정부에 협조적인 속성은 1970년대로 이어지면서 더욱 심 화되다가 1980년대 중반부터 민주화의 물결 속에 시민사회는 정치성 을 회복하게 된다.

[표 4-5]가 1960년대 이후 시대별로 한국이 수원국으로서 어떠 한 역사적 변화를 겪어왔는가를 잘 정리하고 있다. 결과론적으로 보 면, 1961년을 기점으로 해외원조의 무상증여에서 유상차관으로 전환

은 그 이후 한국이 수원국에서 공여국으로 전환할 수 있는 경제개발의 대단히 중요한 역사적 계기가 되었다. 유상차관으로의 전환은 1960년 1월 이승만 정권이 '외자도입촉진법'을 제정하는 촉진제가 되었고 박정희 군사정권이 본격적으로 경제개발계획을 기획하고 양허성 차관을 대대적으로 사회간접자본에 투자하면서 중화학공업을 중심으로 수출지향적 산업정책을 확장하는 등 소위 '한강의 기적'을 만들어 내는 경제성장의 발판을 제공하였다. 1965년에는 일본이 '한일청구권협정'을 통해 3억달러를 한국에 지원하면서 기존 미국 중심의 대한원조 대열에 합류하였다. 제1차 경제개발5개년계획(1962~1966) 시기에 이루어진 경제개발을 위한 투자의 절반 이상이 외국 자본으로 추진되었으며, 이 시기에는 석유정제·비료·시멘트 등의 기간산업과 전력·운수 등 사회간접자본 확충에 해외원조가 주로 사용되었다. 제2차 경제개발5개년계획(1967~1971) 기간에도 외자도입을 위하여 정부는 지속적으로 노력하여 그 결과 고도성장을 달성하게 되었고, 제3차 경제개발5개년계획(1972~1976)과 제4차 경제개발5개년계획(1977~1981) 시기에는 중화학공업 건설에 초점을 맞추어 산업구조 고도화가 진행되었으며 이에 필요한 외자도입이 꾸준히 증가하였으나 외자도입이 증가한 만큼 대외채무상환의 부담은 커졌다. 한국경제가 단기간 내에 급속도로 성장함에 따라 한국의 소득수준이 향상되어 1975년에는 세계은행의 국제개발협회(International Development Association: IDA) 연성차관 기준인 520달러를 넘어서서 IDA 수원국 리스트에서 졸업하게 되었고, 1970년대 말에는 한국에 대한 양허성 차관을 포함한 ODA 사업의 대부분이 종료되어 재가동되지 않았다(한국국제협력단, 2011: 37).

1980년대에 들어와 1997년 외환위기로 IMF의 구제금융을 받을 때까지 비양허성 차관이 주로 섹터차관 형식으로 양허성 차관의 ODA를 대체하게 되었고, 한국정부는 지속적인 경제성장과 세계화 전략을 통해 점차 모든 공여기관으로부터 수원국의 지위를 벗어나게 되었다([표 4-5] 참조). 1995년에 세계은행의 유상차관 졸업국이 됨에 따라 세계은행의 ODA 수원국 리스트에서 빠지게 되었고, 1996년에는 다소 무리가 있었지만 OECD의 신입회원국이 되었으며, 2000년에는 OECD DAC 수원국 리스트인 '중진개도국(More Advanced Developing Countries)' 그룹으로 분류되어 수원국 지위를 졸업하게 되었고, 2010년에는 마침내 DAC의 24번째 회원국으로 가입하면서 선진공여국의 지위를 얻게 된다. 1945년부터 시작된 한국에 대한 해외원조는 공식적으로 1999년까지 진행되었고 약 55년 동안 한국이 받은 원조의 총합은 ODA로는 120억 달러, 개발지원 성격의 기타공적자금까지 포함하면 약 330억 달러까지 육박한다([표 4-6] 참조). 양자원조는 무상원조(48.4%)가 유상원조(51.6%)보다 그 총합이 조금 더 상회하는 것으로 집계되었는데 반해, 다자원조는 차관형식의 유상원조(96.2%)가 무상원조(3.8%)보다 압도적으로 많이 한국에 지원되었다는 것을 알 수 있으며, 이는 곧 한국정부가 세계은행과 같은 다자개발은행으로부터 유상차관을 도입하여 경제개발계획에 집중적으로 투자했음을 예상할 수 있다.

표 4-6 한국에 대한 유·무상원조 금액 비중, 1945년~1999년 (단위: 백만 달러)

구분	양자 간	다자 간
유상원조	5,709(48.4%)	20,527(96.2%)
무상원조	6,077(51.6%)	815(3.8%)
합계	11,786(100.0%)	21,342(100.0%)

자료: 한국수출입은행(2016: 274).
※ 주: 원조공여국의 양자간 ODA, 국제개발기구의 증여 및 차관, 개발지원 성격의 기타공적자금 등을 모두 포함한 금액임.

결론적으로, 수원국으로서 한국의 개발경험은 성공적이었다고 평가할 수 있다. 이로써, 한국은 국제사회에서 ODA의 상징적인 존재가 되었고, 수원국 리스트에서 졸업할 때까지 한국이 축적한 경제성장과 민주화의 경험은 기존의 선진공여국과 개도국 간에 형성되는 개발 경험의 간극을 채워주는 징검다리 역할로 세계의 주목을 받게 되었다. 아름다운 한국의 수원국 역사에도 불구하고, 그 성공 스토리는 국가와 사회 간의 관계성에 의해 재평가되어야 하며, 개발독재의 장기화로 경제분야에 국한된 개발주의가 정치와 사회로 확장되고 배태되어 2000년 수원국을 졸업한 이후에도 공여국으로서 한국의 국제개발정책에 개발주의가 계속해서 주요 핵심가치로 남게 된다는 사실에 주목해야 한다. 1950년대 미국원조에 의해 제도화된 원시적인 자본축적 메커니즘이 개발독재국가에 의해 계승되고 고도성장시기를 거쳐 재벌과 정경유착의 문화가 일상화되었고, 매판자본적 성격의 정치경제 구조가 주류로 제도화되면서 대기업 위주의 경제정책이 당연히 한국이 추구해야 할 정도라는 사고의 틀로 자리잡게 된다. 또한, 경제성장 중심의 정부정책은 공여국 한국이 어떤 이유로 높은 비율의 유상원조를 선호하는가를 간접적으로나마 설명해 줄 수 있는 요인이 된다. 실제로 한국도 유상원조로 전환되는 1950년대 말과 1960년대 초에 경제성장의 단초가 마련되었기 때문에 유상원조에 대한 긍정적인 기억이 그 이후 정부정책으로 구체화되었고, 이 시기에 형성된 경제부처의 강력한 권한은 1970년대 고도성장기 때부터 인정되어 공여국이 된 지금도 변화 없이 이어지고 있다. 아울러, 한국 시민사회가 1987년 6월혁명을 거치면서 개발독재의 국가자본주의에 도전하는 정치적 민주세력으로 성장하기 전까지는 강력한 개발중심의 발전국가에 종속되어 사실상 국가권력의 부속품으로 경제개발을 위한 도구로 사용되었다는 비판적 평가도 수원국으로서의 한국 역사에 포함되어야 한다(Kim, 2008).

4.2. 공여국으로서의 역사

이 부분은 2010년 1월 OECD DAC에 한국이 회원국으로 가입하기 전까지 한국의 국제개발정책 및 이행과정에 관하여 주요 공여주체인 EDCF와 KOICA의 역사적인 공진관계를 중심으로 분석한다. 실제로, 한국의 공여국 역사는 2010년 DAC 회원국으로서가 아니라 훨씬 이른 시기인 1960년대부터 시작된다. 이미 잘 알려져 있듯이, 한국이 최초로 공여국의 위치로 국제개발사업을 시작한 사례는 1963년 미국 AID의 자금을 지원받아 개도국으로부터 연수생을 받아들이기 시작하였다. 본 사업은 미국의 재원으로 개발사업을 진행한 것으로 지금으로 따지면 일종의 남남협력 또는 '삼각협력(triangular cooperation)'에 기반한 공동사업이라 볼 수 있다. 실질적으로 한국이 스스로의 정부자금으로 개발협력 프로젝트를 진행한 최초의 경험은 1965년의 한국 정부재정으로 외국연수생 프로그램이었다. 1977년에는 외교부에 의해 기자재 등의 물자를 지원하는 사업이 시작되었는데, 1970년대에는 비동맹국가를 대상으로 남북이 경쟁하는 외교전에서 우위를 한국이 차지하기 위하여 대외원조가 동원된 측면이 강하다. 한국외교가 주요 개도국과의 정상회담 채널을 통해 확장됨에 따라 개도국으로부터 개발협력 요구가 증가하게 되었고, 1982년에는 한국개발연구원(Korea Development Institute: KDI)이 개도국의 주요 정부인사들을 초청하여 한국의 개발경험을 전수하는 '국제개발연찬사업(International Development Exchange Program: IDEP)'을 가동하여 현재 운용하고 있는 '경제발전경험공유사업(Knowledge Sharing Program: KSP)'의 기초를 닦기 시작하였다. 1984년에는 무상으로 건설 기술용역을 지원해 주는 기술협력 사업이 시작되었으며, 이는 1980년대 한국 기업의 해외 진출과 수출증진 기반을 마련하는 수단으로서 공적개발원조 사업이 활용되었다는 사실과 부합한다. 따라서, 1987년 ECDF 창설과 1991년 KOICA 창립 전까지 한국은 대규모의 ODA 프로젝트를 기획하지는 못했지만, UN 기구 등으로부터 자금을 지원받아 삼각협력 방식의 원조활동을 하거나 한국의 정부자금으로 개도국 역량강화를 위하여 관련 공무원을 한국에 초청하는 국내초청연수 및 전문가 현지파견교육을 통한 인적자원개발과 기술협력은 외무부·과학기술처·노동부 등의 정부부처에 의해 다양하게 지속되어 왔다([표 4-7] 참조). 이러한 소규모의 단타성 무상원조는 공여국으로서 정치한 원조 목표와 추진체계가 갖춰진 상태에서 체계적으로 기획·시행된 것이 아니라, 외교적으로 또는 경제적으로 필요할 때마다 단발적으로 정부에 의해 동원되는 임시처방의 외교 및 경제수단이라 볼 수 있다.

(1) 유상협력 시행기관 EDCF 설립

한국이 본격적인 ODA 공여국의 대열에 합류한 것은 1987년 개발도상국에 양허성 공공차관을 제공하기 위하여 수출입은행 내에 EDCF를 설립한 데 이어 1991년 무상원조 집행기관으로 외교부 산하에 KOICA를 설립하면서부터이다(김상태·한상연, 2018). 이는 한국 국제개발의 정책집행기관으로 KOICA와 EDCF가 주요 행위자로 등장한 것을 의미하며, 무상협력과 유상협력의 주요 집행기관이 이 시기에 이미 설치되어 2010년 한국이 DAC 회원국으로 가입할 수 있는 제도적 장치가 마련되었다. EDCF의 설치는 한국수출입은행을 통해 개도국에 양허성 차관 등 유상협력의 양자원조 사업을 본격적으로 추진하기 위하여 재정경제부 산하에 유상원조의 전진기지를 배치한 것으로 해석할 수 있다. 1986년 12월 '대외경제협력기금법'이 제정되고 EDCF 업무를 시작하면서 지속적으로 조직관리의 효율성을 위하여 직제구조를 개편해 왔다(한국수출입은행, 2017: 280~283). 1987년 6월

표 4-7 한국의 공여국으로서 역사

기간	주요사건 및 특징	주관부처
1960년대	1963 미국 AID 원조계획 및 자금을 기반, 개도국 연수생 초청훈련 최초 실시 1965 정부자금에 의한 개도국 연수생 초청사업 실시 1967 정부자금에 의한 기술 및 전문가 해외 파견 시작 UN 등 국제기구협력사업으로 외국인 초청훈련 실시	외무부, 과학기술처
	1968 정부자금에 의한 기술공여 시작	과학기술처
1970년대	1975 개도국 기능공 초청연수 시작	노동부
	1977 외교부 한국 장비 및 물자 원조 시작	외무부
1980년대	1981 KAIST 공동 연구사업 시작	KAIST
	1982 국제개발연찬사업(IDEP) 실시	KDI
	1983 건설기술자 초청연수 시작 1984 무상건설 기술용역사업 시작	건설부
	직업훈련 설립지원 시작	노동부
	1987 한국수출입은행 EDCF 창설 대외경제협력기금 최초 대개도국 차관 지원승인(나이지리아) 과학재단에 대외기술공여사업 업무 위탁	재무부, 외무부, 과학기술처
	1988 개도국 대상 통신기술지원 무상용역사업 시작	체신부
	1989 UNESCO 한국청년해외봉사단원(KYV) 파견사업 시작 한국수출입은행 대외경제협력기금 최초 자금지출 대외경제협력기금 최초 차관계약 체결(나이지리아) 경제기획원 무상기술용역사업 시작	UNESCO, 경제기획원, 한국수출입 은행

	1991	KOICA 설립	외교부
1990년대	1992 1993	세계은행(World Bank)과 협조융자 협약 체결 아시아개발은행(ADB)과 협조융자 협약 체결	
	1995	한국국제협력단 국제협력요원파견사업 시작 국제협력연수센터(ICTC) 개원 한국국제협력단 민간원조단체(NGO) 지원 사업 시작	KOICA
		한국국제협력단-수출입은행 최초 연계 지 원 승인(베트남)	KOICA, EDCF
	1996	OECD 가입	
	1997	한국국제협력단-수출입은행 간 업무협조 약정 체결	KOICA, EDCF
2000년대 및 이후	2000 2001	대외경제협력기금, 미주개발은행(IDB)과 최 초 협조융자 승인 대외경제협력기금 누적 승인액 16억 달러 초과	재정경제부
	2002 2003	한국국제협력단 아프간지원사업 시작 한국국제협력단 이라크지원사업 시작	KOICA, 외교부
	2004	재정경제부 한국경제발전경험공유사업(KSP) 시작	재정경제부
	2005	한국국제협력단 서남아시아 지진해일 복구 지원사업 시작	KOICA, 외교부
	2006 2007	국무총리실 산하 국제개발협력위원회 설치 혁신적 개발재원의 일환인 국제빈곤퇴치 기 여금 도입	국무총리실
	2008	한국수출입은행 설립 이래 최초 연간 승인 1조원 돌파	기획재정부
	2009 2010 2011	OECD DAC 가입 확정(11월 25일) 국제개발협력기본법 통과 국제개발협력기본법 및 시행령 제정 국제개발협력 선진화방안 심의 확정 G20 서울정상회의에서 '서울개발컨센서스' 주도 OECD DAC의 24번째 회원국으로 활동 개시 부산 세계개발원조총회(HLF-4) 개최	

자료: 김기식 의원·ODA Watch(2012: 9); 한국국제협력단(2011: 41); 한국수출입은행(2016: 278).

한국수출입은행은 경제협력기금부를 설치하였고, 경제협력기금부는 점차 개도국 지원사업이 확장됨에 따라 1991년 경제협력기금1부와 2부로 확대·개편되었다. 1996년 OECD에 가입에 따른 EDCF 지원규모 확대와 기획 및 조사기능 강화를 위하여 1997년에는 경제협력기금부 내의 경협기획팀을 경협기획실로 확대·개편하였다. 1997년 IMF 외환위기로 잠시 주춤하였던 EDCF 유상협력 사업은 다시 2004년 기존 2부체제가 1본부 2실 체제로 개편되어 EDCF 기금기획기능을 강화했으며, 2010년 DAC 가입 후인 2011년에는 기금 기획업무 중심의 경협총괄본부와 사업 중심의 경협사업본부로 이원화 체제로 개편하였으나 2016년 11월에 기획과 사업 간의 유기적 연결을 위하여 경제협력본부로 다시 통합하였다. 현재 EDCF의 업무조직 현황은 [그림 4-1]과 같고, 이러한 본부조직과 함께 2017년 1월 기준 총 14개 EDCF 해외사무소를 운영하고 있다.[52]

EDCF의 재원조성은 대외경제협력기금법에 따라 정부출연금, 공공기관 또는 경제단체의 출연금, 다른 기금으로부터의 출연금, 장기차입금, 공공자금관리기금으로부터의 예수금, 기금의 운용수익금 등으로 충당된다. 1987년 최초로 정부출연금 300억 원으로 시작한 EDCF 재원은 1996년 말 OECD 가입에 따라 기금 조성 누계액이 1조 원을 육박했으며 2010년 DAC 가입 후 2015년에는 4조 원을 돌파하였다 (한국수출입은행, 2017: 284-285). EDCF의 최초 사업은 1987년 인도네시

---

52 2017년 1월 기준 EDCF 해외사무소가 운영되고 있는 국가 및 국제기구는 아시아지역의 베트남·필리핀·인도네시아·미얀마·캄보디아·스리랑카·방글라데시, CIS 지역의 우즈베키스탄, 아프리카의 탄자니아·가나·모잠비크·에티오피아, 중남미의 콜롬비아, 그리고 유럽 OECD 대표부 등이 포함되며, 각각 1명에서 4명까지 주재원을 파견하는데 총 28명의 주재원을 파견하고 있다(한국수출입은행, 2017: 283).

그림 4-1 한국수출입은행 EDCF 업무조직 현황

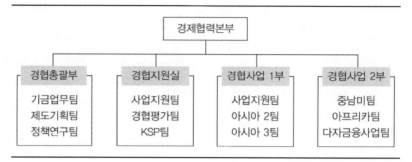

경제협력본부

경협총괄부	경협지원실	경협사업 1부	경협사업 2부
기금업무팀 제도기획팀 정책연구팀	사업지원팀 경협평가팀 KSP팀	사업지원팀 아시아 2팀 아시아 3팀	중남미팀 아프리카팀 다자금융사업팀

자료: 한국수출입은행(2017: 282).

아 파당시 우회도로 건설사업과 나이지리아 철도차량 현대화사업에 179억 원을 승인한 사례이다. 이후 EDCF 운용 승인규모는 계속 증가하여 1995년 1,000억 원을 넘어섰고, 2010년 DAC 가입 후 가파르게 상승하여 2016년에 1조 7,460억 원을 기록하였다(한국수출입은행, 2017: 286). EDCF의 자체수입은 차관원금과 이자 회수금액, 여유자금 운용 이자금액 등으로 구성되는데, 이 중 가장 중요한 구성요소는 차관원금 회수금액이다. 1987년 EDCF가 양허성 차관사업을 승인한 이후 1995년 최초로 차관 원금 9억 원을 회수하였고 2016년 기준 누적 회수금액이 8,730억 원에 달한다. 차관 원금회수가 지속적으로 늘어감에도 불구하고, 기금 지출예산의 빠른 확대로 인하여 총지출예산 대비 자체수입 조달비율은 10%대 중반에 머물러 있는 것으로 조사되고 있다(한국수출입은행, 2017: 287).

행위자로서 EDCF의 선진화가 빠른 속도로 이루어졌고 한국 유상협력의 국제경쟁력을 확보할 정도로 EDCF의 성장은 제도적으로 안착되었지만, 제도화 과정에서 지금까지의 ODA 추진체계상 그리고 EDCF의 유상원조 집행정책에 대한 비판적인 견해를 회피하기는 어렵다. 무엇보다 EDCF에 집중되는 비판은 인프라 중심의 고비용 유상

표 4-8 EDCF의 분야별 지원현황   (단위: 억 원, %)

구분	교통	수자원·위생	보건	에너지	교육	기타	합계
승인금액	57,113	26,466	16,421	13,236	11,091	27,630	151,957
비중	37.6	17.4	10.8	8.7	7.3	18.2	100.0

자료: 한국수출입은행(2017: 289).

협력 사업에 관한 위험관리(risk control)를 포함하여 사업실패 및 사업과정
에서 나오는 피해와 부정적인 결과에 책임을 지는 책무성(accountability)
제도의 미비로 수렴된다(Kim, 2017). [표 4-8]이 보여주듯이, EDCF
유상협력사업의 대부분은 교통·수자원·위생·보건·에너지 섹터의
인프라 중심 대규모 양허성 차관으로 진행됐는데, 대부분이 고비용이
며 가시성이 높은 만큼 사업결과의 파급효과는 무상원조와 비교할 수
없을 정도로 엄청난 결과로 이어질 것이 자명하다. 따라서, EDCF의
개발프로젝트가 실패로 돌아가거나 사업시행 중간에 지역주민의 피해
가 발생하여 불만을 제기할 경우 이를 처리하는 책무성 제도와 이와
연계된 환경사회 세이프가드(safeguard)가 필요하다(김태균, 2018).[53] 세

---

53 세계은행은 이른바 '환경사회세이프가드(Environmental and Social Safeguards)'라
는 프레임 하에 제도화된 10대 세이프가드 정책을 세계은행 개발프로젝트에 적
용하여 왔으며, 10대 세이프가드에 환경·인권·지역문화의 요소가 모두 반영되
어 있다(Jha et al., 2010). 아래와 같은 10대 보호 장치는 세계은행뿐만 아니라
아시아개발은행과 다른 형태의 다자개발은행이 공유하고 있는 세이프가드의 공
통 토대가 되고 있다. 다자개발은행의 사업이 10대 세이프가드 중에 위반되는
사항으로 현지 주민에게 부정적인 영향을 미칠 경우 주민 내지 국제 및 지역
CSO의 제소를 토대로 해당 사업에 대한 감사가 진행될 수 있다.
    1. 환경평가(Environmental Assessment): 세계은행이 이행하는 프로젝트의 환
      경적·사회적 건전성과 지속가능성을 보장할 수 있도록 지원; 정책결정과정에
      있어서 환경적·사회적 측면을 통합적으로 고려할 수 있도록 지원.
    2. 자연서식거주지(Natural Habitats): 자연서식거주지와 자연서식의 기능에 대한

계은행과 아시아개발은행(Asian Development Bank: ADB) 등의 다자개발
은행은 거의 예외 없이 세이프가드와 책무성 기제를 운영하고 있으
며, 유상원조를 주로 다루는 양자원조 공여국도 세이프가드를 적극적
으로 도입하고 피해구제제도를 도입하고 있다. 이러한 책무성 결핍에
대한 비판의 수위가 시민사회에 의해 올라감에 따라, 한국수출입은행

보호·보전·관리·재생을 지원함으로써 환경 분야에서 지속가능발전을 촉진.
3. 병충해관리(Pest Management): 살충제 사용과 관련된 환경과 건강에 위험요
   소를 최소화할 수 있도록 관리하며, 안전하고 효과적이며 환경적으로 건전한
   병충해관리를 지원·촉진.
4. 물리적 문화자원(Physical Cultural Resources): 물리적 문화자원은 고고학적·
   고생물학적·역사적·건축학적·종교적(묘지 및 매장터 포함)·미학적·문화적
   중요성을 가진 자원을 의미하며, 물리적 문화자원 보존과 문화자원 파괴 및
   침해의 방지를 지원.
5. 재정주 강요(Involuntary Resettlement): 재정주를 강요하는 행위를 방지하거
   나 최소화하며, 강압적인 재정주를 방지하는 것이 불가능한 지역에서는 재정
   주 이전 수준에 준하는 실질단위 생계와 생활수준을 향상시키거나 최소한 복
   원할 수 있도록 강제추방자를 지원.
6. 토착민(Indigenous Peoples) 인권: 토착민의 존엄·인권·문화적 특수성을 존
   중하는 차원에서 개발프로젝트를 기획하고 이행하며, 토착민은 (1) 문화적으
   로 양립가능한 사회경제적 혜택을 받아야하고 (2) 개발프로세스 중에 부작용
   에 의해 고통을 받지 않도록 보호.
7. 삼림(Forests) 보호: 지속가능한 방식으로 빈곤을 감소할 수 있는 삼림의 잠
   재성을 인식하고, 삼림을 지속가능한 경제발전에 효과적으로 통합시키며, 지
   역수준과 글로벌 수준에서 삼림의 중요한 환경적 서비스와 가치를 보호.
8. 댐 안전(Safety of Dams): 새로운 댐의 기획과 시공에 있어 안전과 양질을
   보장하고, 기존의 댐들을 복원을 지원.
9. 국제수로에서의 사업(Projects on International Waters): 국제수로에서 수행
   되는 프로젝트에 관한 국제문제를 최대한 빠른 기회를 포착하여 해결하고 수
   로지역의 거주민에게 개발프로젝트의 자세한 내용을 공지.
10. 분쟁지역에서의 프로젝트(Projects in Disputed Areas): 분쟁지역 이해당사
    자의 개발프로젝트에 대한 반대를 방지하거나, 이해당사자가 반대 또는 부
    분승인을 하는 경우에도 특수한 상황 때문에 세계은행의 프로젝트 지원이
    타당하다는 것을 보장.

은 2016년 뒤늦게 세이프가드를 도입하였으나 구체적으로 어떻게 운영하고 관리하는가에 대한 정보가 공개되지 않고 있어 투명성의 심각한 문제가 제기되고 있다.[54] 2018년 7월에 라오스에 발생한 세피아·세남노이댐 참사에 대응하는 '라오스 세피안·세남노인댐 사고대응 한국 시민사회TF'(이하 한국시민사회TF)는 EDCF의 세이프가드 제도가 ① 독립된 심사기구 부재, ② 환경사회영향평가 등 관련 정보 비공개, ③ 원조기관의 이행 책임 부재, ④ 모니터링 및 사후평가 조치 미비, ⑤ 고충처리제도 운영에서 원조기관 책임 부재 등의 심각한 문제를 가지고 있다고 2019년 7월 폭로한 바 있다.[55]

둘째, OECD DAC의 회원국 자격에 맞지 않게 EDCF 유상협력사업의 대부분이 구속성 원조 방식을 취하고 있고, 상환능력이 취약한 최빈국에도 자금을 회수하는 양허성 차관의 유상협력을 시행했다는 비판이다.[56] 2009년 10월 참여연대 국제연대위원회가 '2009 참여연대 ODA 정책보고서'인 <한국 유상원조의 현황과 문제점 그리고 개선 과제>의 발표회를 통해 아래와 같이 EDCF의 구속성 원조가 80%에 육박하고 최빈국에 유상원조의 30% 이상이 시행되고 있는 문제를 제기하였다(참여연대 국제연대위원회, 2010). 시민사회 비판의 핵심은 한국의 유상원조기관들이 국제개발과 ODA 본연의 목적에 부합하지 않는 공

---

54 발전대안 피다의 한국수출입은행의 EDCF 사업에 대한 책무성 문제와 세이프가드의 투명성 결핍에 대한 비판에 관한 자료는 <피다's View 18호>인 "한국 ODA로 피해를 입으면 누가 책임을 져야 하나요?" 참조.
http://pida.or.kr/pium/?q=YToxOntzOjEyOiJrZXl3b3JkX3R5cGUiO3M6MzoiYWxsIjt9&bmode=view&idx=1550610&t=board.

55 http://www.greenpostkorea.co.kr/news/articleView.html?idxno=107138.

56 EDCF의 구속성 원조에 관한 비판적 기사는 2007년 1월 10일자 경향신문의 "[한국, 돌려 줄 차례]비판받는 '구속성 원조'" 참조. http://news.khan.co.kr/kh_news/khan_art_view.html?artid=200701100818501&code=210000.

여국 경제이익 중심의 개발주의에 입각한 유상원조정책과 집행을 개혁하라는 주문으로, 2010년 이후 이 주문은 DAC 동료검토에서도 지적된 바 있다.

"보고서는 한국의 유상원조가 '수원국의 복지증진과 경제발전을 위한 원조효과성 증진'이라는 DAC의 국제원조규범에 부합하는지도 살펴보았다. 그 결과 한국은 베트남과 인도네시아와 같은 신흥시장이나 자원부국을 중심으로 지원하거나, 상환능력이 취약한 최빈국에 국제원조사회가 권장하는 무상원조보다는 유상원조의 30% 이상 지원하는 문제점을 드러냈다고 지적했다. 또한 보고서는 DAC 주요국가들의 경우 비구속성 원조가 압도적으로 높은 데 반해 한국의 경우 수원국 국민들의 부담을 높이는 구속성 원조 비율이 높으며, EDCF 원조 승인액에 비해 집행되는 액수는 절반에도 미치지 못하고 있음을 보여주었다. 그 밖에 보고서는 한국의 유상원조가 수원국의 요구보다는 한국의 이해에 따라 지원분야가 선정, 지원되고 있으며, EDCF 사업 수주도 일부 대기업에 편중되고 있다고 비판했다. 이러한 문제점에 대해 참여연대는 수원국의 발전보다는 한국의 경제적 이익 창출을 우선 고려하는 한국의 유상원조는 원조 목적에 부합하지 않으며, 무상원조 확대를 요구하는 국제원조사회 규범과도 큰 괴리를 보이고 있다고 주장했다."

마지막으로 고려해야 할 EDCF 및 유상협력 기관의 문제점은 유상협력 시행기관이 KSP 등의 무상원조사업을 집행함으로써 제도상으로 분리·운영하는 유상원조와 무상원조 간의 질서를 무력화시키는 효과를 만들고 있다(Kim, 2017). 물론, EDCF는 유상원조와 관련된 지식공유사업으로서 KSP를 기획할 필요가 있다고 변론할 수 있지만, KSP 사업 자체를 기획재정부 관리로 KDI가 주도하고 있고 EDCF도 관련 KSP를 진행하고 있다는 점에서 무상원조 집행기관인 KOICA와의 관계가 분절화 이상의 부정적인 무질서가 교차하는 결과를 초래하고 있다. 당장 KOICA는 이에 대한 대응책으로 KOICA의 KSP 버전이라 할 수 있는 개발컨설팅 사업인 DEEP(Development Experience Exchange Program)를 도입하여 2012년부터 별도로 실행하고 있다. KOICA가 현재 ODA 추진체계에 맞게 KSP를 처음부터 관리하였다면 현재의 KSP와 DEEP으로 분리 운영할 이유가 없었을 것이며, 현재의 운영체계는 또 다른 수위의 분절화를 보여주고 있는 것이다.

(2) 무상협력 시행기관 KOICA 설립

1987년 EDCF의 설립과 함께 1991년에는 무상원조를 총괄하는 시행기관으로 KOICA가 한국해외개발공사를 수용하면서 이를 토대로 관련 기관의 지원을 받아 외교부 산하 정부출연기관으로 출범하였다. 따라서 현재 정책결정 수준과 정책집행 수준 모두 분절화 현상을 보인다는 앞서 논의내용은 이미 1990년대 초반에 유·무상원조의 필요에 따라 EDCF와 KOICA가 개별적으로 설치되고 운영되었다는 사실에서 시작된다. KOICA는 전신인 한국해외개발공사의 인력과 자산을 그대로 승계하되 다양한 정부부처의 ODA 무상사업을 KOICA로 통합함에 따라 한국해외개발공사 146명, 과학재단 3명, 유네스코한국위원회 9명 등 3개 기관에서 이적한 총 158명으로 시작하였다(한국국제협력단, 2011: 54). 창립 당시, KOICA의 임원진 구성은 총재, 부총재, 감사 각 1명, 이사 4명으로 이루어졌으며, 이후 두 차례 구조조정을 통해 현재의 이사장, 감사 각 1명, 이상 4명 체제로 변경되었다. 현재 상임이사는 사회적가치본부 이사, 사업전략·아시아본부 이사, 아프리카중동·중남미본부 이사, 그리고 글로벌 파트너십본부 이사 등으로 4명으로 구성되어 있으며, 각각의 이사는 명칭에 따라 사회적가치경영본부, 사업전략·아시아본부, 아프리카·중동·중남미본부, 글로벌파트너십본부를 총괄하는 구조로 조직화되어 있다([그림 4-2] 참조). 또한, 국내사무소는 본부 이외에 부산에 1개소가 있으며, 해외사무소는 현재 44개국에 44개 사무소와 1개의 분사무소가 설치되어 현장에서 사업관리·감독과 신규사업 발굴을 담당하고 있다. 특히, 문재인 정부 출범 이후, 최순실 국정농단 사건을 비롯한 KOICA 내부의 혁신을 위하여 이미 경 이사장 주도하에 2017년 12월 'KOICA 혁신위원회'를 출범하고 2018년 2월 'KOICA 혁신 로드맵'을 발표하는 등 사회적 가치 및 평화-개발 넥서스를 중심으로 새로운 시도를 제도화하고 있다.[57]

KOICA의 예산 규모는 2000년부터 2007년까지 393%로 대폭 증가한 기록이 있으며, 동 기간에 순지출 기준으로 KOICA의 양자 ODA는 총 2억 1,207만 달러에서 6억 9,611만 달러까지 약 228% 증액되어 GNI 대비 0.07%로 집계되었다(한국국제협력단, 2011: 56). KOICA에 대한 정부출연금은 2010년 4,260억 원 수준에서 2016년에는 6,070억 원까지 확대되었으나, 앞서 [표 3-2]에서 확인했듯이 무상원조 중 KOICA가 받는 정부출연금의 비율이 2012년 69%, 2013년 68%,

---

57 KOICA 혁신 로드맵에 포함된 10대 혁신 과제는 ① 문제사업 재발방지 및 국민 신뢰 회복, ② 평화, 인권, 민주주의와 성평등 등 보편적 가치 실현에 기여, ③ 개발협력 분절화 극복 및 개발효과성 제고, ④ 정부의 대외정책과의 정합성을 가진 원조전략 수립 및 이행, ⑤ 상호존중 및 책무성을 기반으로 모든 파트너와의 협업 강화, ⑥ 글로벌 인재양성과 양질의 일자리 창출에 적극 기여, ⑦ 개인 정보를 제외한 모든 공공 데이터 공개, ⑧ 개방적이고 효율적인 전문조직으로 도약, ⑨ 사회적 가치 중심의 인권경영 및 윤리경영 실현, ⑩ 외부 전문가의 평가와 환류체계 강화 및 혁신과제 지속 추진. 자세한 내용은 http://www.koica.go.kr/koica_kr/990/subview.do?enc=Zm5jdDF8QEB8JTJGYmJzJTJGa29pY2Ffa3IlMkYxNTElMkYzNDg1MjclMkZhcnRjbFZpZXcuZG8lM0ZwYWdlJTNEMzQlMjZzcmNoQ29sdW1uJTNEJTI2c3JjaFdvcmQlUzRCUyNmJic0NsU2VxJTNEJTI2YmJzT3BlbldyZFNlcSUzRCUyNnJnc0JnbmRlU3RyJTNEJTI2cmdzRW5kZGVTdHIlM0QlMjZpc1ZpZXdNaW5lJTNEZmFsc2UlMjZwYXNzd29yZCUzRCUyNg%3D%3D 참조.

그림 4-2 KOICA 조직도

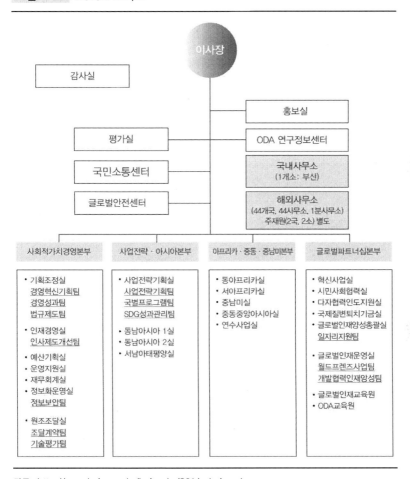

자료: http://www.koica.go.kr/koica_kr/861/subview.do.

2014년 60%, 2015년 63%, 2016년 58%, 2017년 53%로 계속해서 축소되고 있는 형국이다. 이는 앞서도 논의했지만, 무상원조를 총괄하는 시행기관인 KOICA가 관리하는 예산이 감소되는 만큼, 다른 부처와 기관의 무상원조 예산은 증가하고 있다는 의미로 무상원조 내에 분절화 현상이 점차 더 심각해지고 있음을 간접적으로 인지할 수 있다.

2016년에는 KOICA의 지위가 기타공공기관에서 준정부기관으로 변경되면서 기획재정부의 경영평가 등 KOICA 활동에 대한 관리·감독이 강화되었다. KOICA가 기타공공기관으로 지정되었던 것은 무상원조를 시행하는 기관이라는 특수성이 인정되었기 때문인데 KOICA의 예산이 대규모로 증가하였기 때문에 특수성을 인정하기 어렵고 기타공공기관이 아닌 준정부기관으로 편입되어 경영개혁·관리개선을 통해 무상원조 집행이 운영되어야 한다는 취지의 조치였다. 그럼에도 불구하고 유상원조 주관기관인 기획재정부가 무상원조 시행기관인 KOICA의 인사·조직·운영 등에 직접 개입을 하게 되면 유·무상원조의 이원화로 제도화된 국제개발협력기본법의 취지에 맞지 않는다는 비판을 피할 수 없는 문제이다.[58] 또한, 준정부기관으로 전환되면서 KOICA가 민간단체에게 지원하는 사업이 보조금 사업으로 운영시스템이 변경되어 개도국에서 무상원조 사업을 시행하는 CSO에게는 여러 불편한 상황이 도출하였다. 보조금 사업으로는 단년도 사업밖에 기획될 수 없고, 영세한 CSO의 경우 보조금 사업은 인건비 책정이 불가하여 직원 인건비 지급이 어려워지며, 더욱 불합리한 것은 개도국 현장에서 영수증 처리가 어려운 환경이 고려되지 않는다는 점이다. 다행히도 보조금 사업에 대한 시민사회의 비판과 외교부의 지원으로 보조금 제도의 도입은 철회가 되었다. 이렇듯, 기획재정부의 KOICA에 대한 합법적인 개입과 관리는 유·무상원조 이원체제에 맞

---

58 무상원조 시행기관인 KOICA는 준정부기관으로 그 지위를 변경하면서 유상원조를 하는 수출입은행은 기타공공기관으로 잔존하게 되었다. 기획재정부 산하기관인 수출입은행은 기타공공기관의 지위를 유지하고 KOICA만 준정부기관으로 변경하는 것은 형평성에 맞지 않을뿐더러 기획재정부의 직접 개입을 허용하는 조치라는 해석이 가능하다.

지 않는 제도화 과정의 사례로서, 분절화 문제 위에 기획재정부라는 강력한 경제중심 부처가 무상원조의 주관기관인 외교부를 우회해서 월권이라 평가할 수 있는 제도를 도입하는 문제가 발생하고 있다.

KOICA가 당면한 두 번째 문제는 무상원조 시행기관 내부의 분절화 현상이다. 이미 앞에서 충분히 논의했듯이, 무상원조 주관기관은 외교부이고 총괄시행기관은 KOICA이며, 다른 무상원조 시행기관의 다양한 이해관계와 신규사업는 무상원조관계기관협의회를 통해 조율하도록 제도화되어 있다. 무상원조 분절화 문제를 해결하기 위하여 국개위에서는 관계기관 간의 연계·융합의 협치를 강조하고 있어서 신규사업을 개발하는 N-2 단계에서부터 KOICA는 유관기관과 상호 사업에 대한 의견과 전략을 조율해야 하는 복잡한 프로세스를 밟아야 한다.[59] 원칙상 모든 무상원조 사업은 KOICA를 통해 조율되고 결정되도록 제도화 과정을 개선하는 작업이 필요하지만, 현재 구조상 KOICA로 통합하는 방식보다 기존 무상원조 기관의 이해관계를 사전에 조율할 수 있도록 각 기관에 KOICA와 긴밀하게 소통할 수 있는 전문관을 배치하는 등 대안적인 정책을 고민하는 방안이 더 적절할 수 있다.

마지막으로, 외교부 ODA 독립패널(2014) 연구에 따르면 외교부와 KOICA 간의 정책과정에 대한 상이한 인식이 존재하고 이러한 인식의 차이로 정책결정기관과 정책집행기관 간의 정합성이 극대화되지 못하는 문제가 발생한다. 이론적으로는 외교부는 무상원조의 주관기

---

59 외교부 산하 KOICA와 유사하게 보건복지부 산하에 '한국국제보건의료재단 (Korea Foundation for International Healthcare: KOFIH)'가 2006년 글로벌 보건의료 지원 전문기관으로 설립되었고, 다른 무상원조 관계기관보다 KOFIH는 보건의료 분야에서는 KOICA와 동일한 수준의 통합역량을 가지고 있어 두 기관 사이에 시너지 효과보다 경쟁과 갈등 관계가 조성될 가능성을 배제할 수 없다.

관이자 정책결정기관이고, KOICA는 무상원조의 시행기관이라는 관계성에서 앞서 논의한 하향식 또는 상향식 제도화 과정이 통합식으로 관리되는 접근법이 가장 합리적이고 효과적일 것이다. 그러나, 현실 정치에서는 두 기관 간의 서로에 대한 기대와 역할에 대한 인식의 차이가 여실히 나타나고 있다. 2014년 외교부 ODA 독립패널이 외교부와 KOICA에 각각 독립적으로 델파이(Delphi) 기법을 적용한 결과를 종합적으로 비교해 보면, 아래와 같이 ① 정책과 사업의 경계선, ② 상호 기관 간의 역량에 대한 신뢰도, ③ 책임과 권한의 균형성, ④ 갈등관리기제의 필요성에 관한 두 기관 간에 형성되는 상이한 인식과 이해관계의 충돌지점들이 [표 4-9]와 같이 정리할 수 있다.

1963년부터 시작된 한국의 공여국으로서의 역사는 단기간 내에

표 4-9 외교부와 KOICA 간의 정합성에 대한 인식 차이

정책과 사업의 경계선	• 외교부: 정책과 사업의 경계 존중, 이를 위한 원조의 원칙과 철학이 있음. • KOICA: 정책과 사업의 구분 애매, 이를 위한 외교부 원칙 부재
상호간의 역량에 대한 신뢰도	• 외교부: KOICA 사업 수행 능력에 대한 선진화와 경쟁력 강화 강조, 이를 위한 외교부 관리권한 강화 필요 • KOICA: 외교부의 원조정책과 방향 제시를 위한 역량 강화 필요
책임과 권한의 균형성	• 외교부: 집행기관으로 KOICA의 권한을 넘어서는 사례가 주재국에서 발생 • KOICA: KOICA의 책임만 늘어나고 이에 대한 권한과 자율성은 제한됨.
갈등관리 제도 필요성	• 외교부: 현장에서의 공관과 KOICA 사무소 간의 갈등관리 불필요 • KOICA: 갈등관리 기제 설치 필요

자료: 외교부 ODA 독립패널(2014).

수원국에서 공여국으로 전환했다는 장밋빛 해석에 만족할 만큼 아름답지 못하다. 무엇보다 명확한 개발원조에 대한 철학과 원칙에 대한 논의가 생략된 채, 개발주의에 입각한 한국형 개발모델이 필요에 따라 EDCF, KOICA와 같은 ODA 전초기지를 통합적 시각이 아니라 정부주도의 하향식으로 설치되는 경향이 역사적으로 제도화되었고, 이 중에서도 기획재정부와 같은 발전국가의 핵심 경제부처가 보유하고 있는 권력에 의해 경제성장 중심의 국익이 한국의 국제개발 정책이 도모해야 하는 최고의 가치로 부상하게 된다. 이에 무상원조와 유상원조의 분절적 시행구조에 대한 소모적 논쟁이 2010년 DAC에 가입한 이후에도 지속되는 원초적 배경이 DAC 가입 이전 시기에 이미 고착화되었다.

4.3. 선진공여국으로서의 역사

앞에서 공여국으로서의 역사를 검토하였다면, 지금부터는 2010년 정식으로 DAC 회원국으로 한국이 가입하면서 이른바 '선진공여국' 클럽의 일원이 된 이후에 한국 국제개발정책과 집행이 어떠한 역사의 궤적을 경험하였는가를 분석한다. 이명박 정부 때 야심 차게 OECD DAC에 24번째 회원국으로 가입하였으며, 2010년에는 G20 정상회의 의장국으로서 개발도상국의 빈곤해소와 개발격차 해소에 관한 의제를 한국 주도로 제안하고 이를 위한 '서울개발컨센서스(Seoul Development Consensus for Shared Growth)'와 '다년간 개발 행동계획(Multi-Year Action Plan)'을 참여국의 지지를 받으며 도출하게 된다.[60] 이어 2011년

---

60 서울개발컨센서스는 국제개발협력 역사에서 새로운 패러다임을 창출했다고 평가

에는 OECD의 제4차 원조효과성을 위한 고위급포럼(HLF)인 '부산세계
개발원조총회'를 부산에서 성공적으로 개최하였다(박은하, 2011). OECD
입장에서는 국제사회에서 한국의 위치가 개도국과 선진국의 경험을
모두 공유한 중간자로서 HLF를 개최하기에 적격이었고, 한국의 입장
에서도 DAC에 가입한 후 적극적으로 선진공여국의 자격을 선보이기
에 안성맞춤인 기회였다고 할 수 있다.

부산총회의 성과에 관해서는 다양한 해석이 있다. 부산총회는
2002년 로마 고위급포럼(제1차 HLF)부터 OECD가 기획한 HLF를 완결
짓는 최종 회의로, 개발협력 주체를 기존 국가의 범주를 넘어서 시민
사회·의회·재단·민간기업 등으로 확장하여 '다중이해관계자(multi-
stakeholder)'의 중요성 강조, 중국을 비롯한 신흥원조공여국의 참여,
투명성·책무성 강화를 위한 아크라 고위급포럼의 '국제원조투명성이니
셔티브(International Aid Transparency Initiative: IATI)' 재강조, 제4차 HLF
이후 후속조치로 '부산글로벌파트너십(Global Partnership for Effective
Development Cooperation: GPEDC)' 출범, 그리고 기존의 원조효과성(aid
effectiveness)에서 '개발효과성(development effectiveness)'으로의 전환 등
이 주요 핵심 성과로 손꼽히고 있다(이성훈, 2011; 손혁상, 2011).[61] 그러

되고 있는데, 이 컨센서스를 통해 개도국을 문제의 대상이 아닌 해결의 주체로
인식의 전환을 시도하여 개도국 자체가 성장원동력이자 세계경제 파트너로 인식
하는 계기를 제공했다는 평가를 받고 있다. 이러한 측면에서 MDGs 중심의 UN,
원조효과성 중심의 OECD의 접근방식을 보완하는 새로운 방향성을 제시하고 있
다. 또한 개도국의 주체성을 강조하고 세계경제 성장의 원동력으로 사고의 전환
을 제시하는 서울개발컨센서스는 2011년 부산총회에서 강조한 개발효과성과 그
맥을 같이 한다고 볼 수 있다.

61 OECD의 원조효과성을 위한 HLF은 2002년 로마에서 제1차 HLF, 2005년 파리
에서 제2차 HLF, 2008년 아크라에서 제3차 HLF, 그리고 2011년 부산에서 제4차
HLF 등으로 총 4차례 개최되었다. 부산회의에서 HLF는 종료되고 GPEDC가 이
를 계승하게 되지만 HLF보다 활성화되지 못하고 SDGs 이후 국제원조 무대에서

나 부산총회는 개발효과성을 기획한 만큼 이를 주요 의제로 격상시키는 데에는 실패하여 2005년 파리선언의 영향력에서 벗어나지 못하는 한계성을 보여줬다는 비판이 있다. 부산총회의 핵심 성과물인 '부산결과문서(Busan Outcome Document: BOD)'가 2005년 제2차 HLF의 파리선언 5대원칙의 복사본이라는 비판과 함께, 이에 따라 새로운 합의가 없었기 때문에 BOD는 파리회의와 같이 '선언(declaration)'이 아니라 '문서(document)'로 격하되었다는 분석이 지배적이다(김태균, 2011).[62] 또한, 한국이 개최지라는 이점으로 BRICS와 같은 신흥원조공여국을 정치적으로 유도하는 목적은 달성하였으나, 실질적으로 어떠한 규범과 구체적인 파트너십으로 신흥원조공여국을 HLF 이후 체제에 편입시킬 것인가에 대한 논의는 부족했다는 지적도 있다(김태균, 2011). 그럼에도 불구하고, 2010년 서울개발컨센서스와 2011년 부산총회는 한국이 DAC의 선진공여국으로서 자격을 진작시키고 개도국과 선진국 간의 가교로 발돋움하는 데 역사적 중대시점(critical juncture)이 되었음에 틀림 없다(Kim and Lee, 2013).

DAC 회원국으로 선진공여국 클럽에 가입한 2010년 이후의 한국은 국제개발 정책과 집행제도가 사회적으로 재구성되는 새로운 국면을 맞이하게 된다. 국내적으로는 DAC 회원국의 자격조건을 만족하기

존재감을 나타내지 못하고 있다(김태균, 2015).

62 앞서 설명했듯이, 2005년 파리선언은 (1) 주인의식(ownership), 원조일치(alignment), 원조조화(harmonization), 결과중심관리(results-based management), 상호책무성(mutual accountability)의 5대 원칙으로 구성되었는데, 2011년 BOD도 이와 거의 흡사한 ① 개도국 중심의 주인의식 제고(ownership of development priorities by developing countries), ② 결과중심의 접근법(a focus on results), ③ 포괄적인 개발파트너십(partnerships for development), ④ 상호 투명성과 책무성 보장(transparency and shared responsibility) 등의 4대 원칙으로 종결되었다. BOD는 https://www.oecd.org/dac/effectiveness/busanpartnership. htm 을 참조.

위하여 한국정부는 국제개발협력기본법 제정, 선진화방안과 국제개발협력기본계획, DAC 동료검토, 정부－시민사회 파트너십 등의 주요한 제도적 혁신을 추진하게 된다. 국제적으로는 ODA와 국제개발협력을 통해 중견국가로서 한국의 연성파워를 확대하는 외교전략과 GPEDC로 대표되는 제4차 HLF의 후속조치 과정에서 한국의 주도권 확장과 이를 통한 UN의 SDGs 프로세스에서 한국의 위치권력을 제고하는 등의 다자외교정책과 긴밀하게 연결되는 과제를 조우하게 된다. 이는 결국 글로벌－로컬 연계의 국제정치사회학으로 수렴되는 국제개발의 사회적 재구성을 위한 국내와 국제 수준의 제도화 과정이다. 선진공여국으로서 한국 국제개발의 사회적 재구성에 접근하는 두 수준을 동시에 관통하는 요소로 국제개발의 철학과 비전수립을 위한 노력, 그리고 철학의 빈곤이 개발행위자 및 제도화 과정에 미치는 영향 등을 반드시 고려해야 한다.

(1) 사회적 재구성을 위한 국내 제도화 과정

2010년이라는 역사적 중대시점을 전후로 선진공여국 클럽 회원으로서 새로운 국제개발정책을 도입하기 위하여 한국사회에서 형성되었던 일련의 제도화 과정을 크게 국제개발협력기본법 제정, 선진공여국을 위한 한국 ODA 선진화 프로세스와 국제개발협력기본계획 수립, 두 차례의 DAC 동료검토 실시, 그리고 2019년 정부와 시민사회 간의 개발파트너십 체결 등으로 구분하여 정리할 수 있다. 국내 과정의 공통적인 발견은 국제개발을 위한 국정철학이 어느 제도화 노력에도 심도 있게 투영되어 있지 않다는 점이다. 철학의 빈곤은 앞서도 논의했듯이 기존의 발전국가형 개발주의가 국제개발 관련 제도 내부로 침식할 수 있는 공간을 제공하는 결과를 초래한다. 그럼에도 불구하고, 시민사회의 지치지 않는 저항과 감시, 그리고 진보정부의 열린대화의

조합은 전향적인 정부-시민사회 파트너십을 구축하는 데 성공하게
된다.

① 국제개발협력기본법 제정 및 한계

기본법의 제정은 DAC 가입을 준비하고 가입 후의 ODA 추진체계
정비를 위한 한국정부의 국내법 제도화 과정 노력이었다. 2010년 1월
1일 한국의 DAC 회원국으로 활동이 시작되었고, 이를 국내적으로
ODA 정책의 법적 안정성 확보와 정책일관성 및 원조효과성 증진을
위하여 2010년 1월 25일 기본법이 제정되고 동년 7월 26일에 발효되
었다.[63] 기본법은 개발원조의 기본정신 및 목표, 정의, 기본원칙, 국가
등의 책무, 국제개발협력위원회, 국제개발협력기본계획, ODA 추진체
계, 중점협력국 선정 등 한국 국제개발의 정책과 집행에 관한 법적
제도에 초점을 두고 있다([표 4-10] 참조). 특히, 유·무상원조 주관기관
의 분절화 문제에 대응하는 법적 장치로 국개위 중심의 ODA 통합추
진체계 구축과 통합적 정책추진을 강조하고 있다. 기본법 자체로는
ODA 추진체계의 정책일관성 제고와 분절성 통제가 통합적으로 관리
되기 어렵다는 비판을 받을 수 있지만, 한국정부로서는 법 제정을 통
해서 국개위의 역할과 위치에 대한 법적 근거를 마련했고 분절화된
ODA 추진체계를 통합·관리하려는 의지를 대내외적으로 표명했다는
데 그 의의가 있다.

기본법은 국무총리를 포함하는 국제개발협력위원회의 공식 설치

---

63 2010년 7월 26일 국제개발협력 기본법의 발효를 앞두고, 국제개발협력 기본법
시행령이 제정되었다. 시행령에서는 국제개발협력위원회 및 실무위원회 운영, 기
본계획시행계획, 사업 평가절차, 통계자료 지침 등 향후 국제개발협력 기본법을
실행하기 위한 사항들이 규정되어 있다. http://www.law.go.kr/법령/국제개발협
력기본법시행령 참조.

표 4-10 국제개발협력기본법의 구조

조항	규정	조항	규정
제1조	법률의 목적	제11조	연간 국제개발협력 시행계획안의 작성 등
제2조	법에서 사용하는 용어의 정의	제12조	중점협력대상국의 선정
제3조	기본정신 및 목표	제13조	국제개발협력에 대한 평가
제4조	기본원칙	제14조	민간국제개발협력단체 등에 대한 지원
제5조	국가 등의 책무	제15조	국민 참여를 위한 홍보 등
제6조	다른 법률과의 관계	제16조	전문 인력의 양성
제7조	국제개발협력위원회	제17조	국제교류 및 협력의 강화
제8조	국제개발협력 기본계획의 수립	제18조	국제개발협력 통계자료
제9조	국제개발협력 주관기관	제19조	재외공관의 역할
제10조	국제개발협력주관기관의 역할 및 기능	제20조	권한의 위임 위탁 등

자료: 국제개발협력기본법(2010).

로 이어졌으며, 위원회를 지원하는 실무조직으로 사무국 역할을 수행하는 국무조정실 내에 개발협력정책관실도 신설하였다.[64] 하지만 기본법 신설에도 불구하고 분절화의 문제는 계속 대두될 소지는 남아있었다. 기본법에 따르면 양자 간 개발협력 중 유상협력은 기획재정부장

---

64 실제로 국개위의 설치는 2010년 이전에 이미 시도되었다. 개발원조사업의 분절화 외에 ODA를 관장하는 국가차원의 종합전략 및 조정체계 부족의 문제가 지속적으로 제기되자, 정부는 국무조정실 주관으로 2005년에 '대외원조개선 종합대책'을 수립하고 ODA 총괄에 관한 국무총리실의 역할을 강조하기 시작하였다. 이에 따라 2006년 국개위가 국무총리실 산하에 설치되어 ODA 조정을 위한 체계적 노력이 진행되었다. 그러나 당시 위원회는 법적기반 미흡으로 유·무상 간 사업 중복 및 분절화 문제를 해소시킬 만한 역량을 갖추지 못했다(김정해 외, 2012).

관이, 무상협력은 외교부장관이 각각 주관하며, 다자간 개발협력 중 「국제금융기구에의가입조치에관한법률」에 규정된 국제기구와의 협력은 기획재정부장관이, 그 밖의 UN기구와 협력은 외교부장관이 주관하도록 되어 있어 이원화의 구조는 변함이 없었다. 또한 개발원조 시행주체를 지방자치단체, 공공기관, 국가기관으로 보는 다원주의적 추진모형을 정당화하고 있어 특히 무상분야에서의 분절성의 문제는 남게 되었다(김정해 외, 2012).

무엇보다도 한국 국제개발정책의 원조철학과 비전 및 목표를 기본법이 어떤 내용을 토대로 어떤 방식으로 제시하고 있는가가 기본법에서 가장 중요하게 검토되어야 할 핵심 부분이다. 이는 곧 기본법의 원조철학이 한국이 처한 상황과 국제사회의 요구를 얼마나 잘 반영하고 있는가와도 직결된다. 하지만, 국제개발에 대한 국정철학이 일방적으로 한국적 상황에서 미시적인 특정 가치를 제시하거나, 또는 거시적으로 글로벌 보편적 가치만을 강조하는 두 가지 선택 중 특정 수위를 고집해야 하는 이분법적 사고와는 거리를 두어야 한다. 한국 국제개발의 국정철학을 위한 미시 – 거시 또는 글로벌 – 로컬 연계가 중범위 수준에서 형성될 수 있도록 기본법은 그 법적 토대를 제공해야 한다.

이러한 국정철학은 주로 기본법 제3조인 '기본정신 및 목표'와 연결되는데, 이미 제1장에서 논의한 바대로 기본법 제3조에 제시된 내용은 한국이 지향해야 하는 국제개발의 가치와 국제개발정책의 방향성 등이 선별되어 정리되었다기보다는 어떤 공여국도 추구할 수 있는 보편적 가치를 그대로 제3조 ①항에 모두 종합해서 전시하고 있다는 느낌을 강하게 준다([표 4-11] 참조). 제3조 ①항에 개도국의 빈곤감소·인권향상·성평등실현·지속가능발전·인도주의실현·경제협력증진·국제사회의 평화와 번영 등 국제개발 영역에서 중요하게 거론되는 모든 핵심 이슈들이 나열되고 있으며, ②항에는 ①항의 기본정신을 추구하기 위하여 필요한 목표들을 설정하거나 설정할 수 있다고 명시하고 있다. 이러한 현상이 나타나는 이유는 글로벌 국제개발 규범이 요구하는 가치와 목표를 모두 종합하여 인류보편적 시각을 강조하여 DAC 회원국으로서의 자격에 부합하려는 한국정부의 급조된 대응 결과라 해석할 수 있다. 또한, 실제로 기본법이 제정되기 전에, 그리고 그 이후에도 국제개발의 기본정신과 국정철학에 관한 공론화 과정이 없었거나 있었다 하더라도 대단히 부실한 상태로 급하게 마무리되었을 가능성이 크다. 따라서, 한국이 원하고 바라는 국제개발협력의 뚜렷한 상이 잡히지 않은 상태에서 기본법을 2010년 DAC 가입 기간에 맞추어 국내법으로 제정하려고 했을 가능성이 높으므로 그 과정에서 미봉책이나마 글로벌 규범을 강조하고 가능한 모든 가치를 포함한 기본정신과 목표를 설정했을 시나리오를 예상할 수 있다.

국정철학이 제대로 서질 않으면 국제개발 정책과 집행에 있어 어떤 문제가 발생할 것인가? 이미 논의했지만, 가장 우려할 만한 문제는

표 4-11 국제개발협력기본법의 원조철학

제3조 【기본정신 및 목표】 ① 국제개발협력은 개발도상국의 빈곤감소, 여성·아동·장애인의 인권향상, 성평등 실현, 지속가능한 발전 및 인도주의를 실현하고 협력대상국과의 경제협력관계를 증진하며 국제사회의 평화와 번영을 추구하는 것을 기본정신으로 한다. <개정 2013. 7. 16.>
② 국제개발협력은 제1항의 기본정신을 추구하기 위하여 다음 각 호의 사항을 달성하는 것을 목표로 한다.
　1. 개발도상국의 빈곤감소 및 삶의 질 향상
　2. 개발도상국의 발전 및 이를 위한 제반 제도·조건의 개선
　3. 개발도상국과의 우호협력관계 및 상호교류 증진
　4. 국제개발협력과 관련된 범지구적 문제 해결에 대한 기여
　5. 그 밖에 제1항의 기본정신을 달성하기 위하여 필요하다고 인정되는 사항

자료: http://www.law.go.kr/lsInfoP.do?lsiSeq=160744&efYd=20150416#0000.

국정철학에 뿌리를 두고 국제개발의 정책일관성이 정책결정기관과 집행기관까지 체계적으로 제도화되어야 하는데, 원조철학의 실종 내지 빈곤현상은 이러한 정책일관성을 훼손하는 심각한 결과를 초래하게 된다. 기본법의 기본정신 및 목표가 결국 기본법 전체의 기초적인 근간이 되고, 특히 제4조의 '기본원칙,' 제5조의 '국가 등의 책무,' 제7조의 '국제개발협력위원회,' 제8조의 '국제개발협력기본계획의 수립,' 제10조의 '국제개발협력 주관기관의 역할 및 기능,' 제11조의 '연간 국제개발협력 시행계획안 작성 등,' 제13조의 '국제개발협력에 대한 평가' 등의 기본법 주요 골격에 바로 영향을 주기 때문에 제3조 기본정신의 명확한 논리와 방향성을 다시 정립하는 것이 앞으로의 한국 개발협력계가 당면한 가장 근본적인 과제이다. 또한, ODA 관련 부처와 기관은 기본정신에 혼재되어 있는 국제개발의 기본가치 중 부처의 이해관계와 부합하는 특정 가치를 선택해서 강조함으로써, 분절적 추진체계에서 발생하는 부처이기주의적인 전략을 정당화할 수 있다. 기획재정부는 기본정신 중 협력대상국과의 경제협력관계를 강조하여 유상협력 중심의 개발주의의 주류화를 도모할 수 있고, 외교부는 지속가능발전 및 인도주의 실현 중심의 국제사회의 평화와 번영을 기본정신에서 취사선택하여 무상협력 사업의 중요성을 강조할 수 있는 것이다.

따라서, 국제개발의 국정철학이 체계적으로 준비되지 않으면 ODA 추진체계 및 정책일관성을 안정적으로 운영하기가 어려워서 지속가능하고 효과적인 국제개발협력의 성과가 양산되기 힘들어진다. 앞으로 한국적 경험과 한국의 중장기적인 광의의 국익을 바탕으로 한국 국제개발정책을 위한 국정철학이 새롭게 재구성되는 프로세스가 다양한 국제개발협력 행위주체 간의 소통과 협치를 통해 제도화되어야 한다. 인도주의의 북유럽형, 안보중심의 미국형, 중상주의의 일본형 등의 사례와 마찬가지로, 공여국이 가지고 있는 특유의 근대화 경험과 국익에 근거한 ODA의 철학을 한국도 재정립한다면 이를 토대로 정책일관성의 제고와 부처간 분절주의의 제어 등이 제도적 장치에 의해 효과적으로 추진될 것이다. 제5장에서 논의할 예정이지만, 한국의 새로운 국제개발 철학은 한국이 그동안 겪어 온 역사적 경험(식민지, 한국전쟁, 경제성장, 민주화, 외환위기 등)과 세계체제에서의 한국의 지정학적인 위치와 함께 국제사회의 평화적 번영에의 기여를 고려한 중장기적 비전이어야 한다.

② 선진공여국을 위한 선진화 프로세스와 한계

2010년부터 한국이 OECD DAC 회원국으로서 활동을 시작한 지 2020년에 10년 차가 된다. 선진공여국 클럽 회원으로 활동하기 위하여 한국정부는 국내 법규와 제도를 2010년 이후 꾸준히 도입하거나 개선해 왔다. [표 4-12]와 같이, 2010년대 한국에서 선진공여국으로 역량을 강화하고 법제를 갖출 수 있는 일련의 법률과 정책문서를 지속적으로 마련해 왔다. 앞서 논의한 2010년 1월 국제개발협력기본법 제정을 계기로 ODA 통합 추진체제를 구축하고, 2010년 10월 '국제개발협력선진화방안'을 통해 ODA 선진화 전략을 추진하게 되었다.

표 4-12 한국의 주요 ODA 법률 및 정책문서

구분	날짜	주요 내용
국제개발협력기본법	2010.01.	• 기본정신: 개도국 빈곤감소, 여성·아동의 인권향상과 성평등, 지속가능한 발전, 인도주의, 경제협력관계 증진, 국제사회의 평화와 번영(제3조) • 국제개발협력 체계: 국개위를 중심으로 유·무상간 양자·다자간 협력체계 구축을 통한 원조효과성 확보

국제개발 협력 선진화 방안	2010.10.	• 2015년까지 GNI 대비 ODA 규모, 유·무상 협력 비 율, 비구속성 비율에 대한 기본틀과 상향 목표 제시 • 3대 선진화 방안 제시: 개발협력 콘텐츠 개발, 원 조시스템의 효과적 개선, 국제활동 참여 강화
제1차 국제개발 협력 기본계획	2010.12.	• 선진화 방안을 실현하기 위한 무상/다자협력(UN 및 기타 국제기구) 및 유상/다자협력(다자개발은 행)으로 나누어 중기전략 제시 • 무상협력: 개발조사 사업 제고, 프로젝트 사업 비 중 강화, 초청연수 사업 시스템 개선, WFK 통합 운영 시스템 확립, 긴급구호 예산 확대, 비구속성 비율 확대 계획 • 유상협력: 기후변화 대응역량강화 및 성장기반 조 성을 위한 녹색성장 분야 중점지원, 다양한 민관 협력 연계모델을 수립하여 KSP 등과 연계, 프로그 램 차관 신규 도입 추진, 비구속성 비율 확대 계획
제1기 국가 협력전략 (CPS)	2011~ 2013	• 원조시스템의 효과적 개선을 위한 통합 국별협력 전략 수립 • 2011년 베트남, 가나, 솔로몬군도를 시작으로 2013년 총 26개국 CPS 수립 완료
한국형 ODA 모델 추진방안	2012.09.	• 한국의 발전경험을 분야별로 나누어 협력대상국 의 자립과 지속가능한 발전에 도움이 될 수 있는 총 159개의 프로그램을 정리 • ODA 추진원칙(효과성, 조화성, 진정성, 호혜성) 및 추진방식(선택과 집중, 현장과 성과, 참여와 협력, ODA 인프라 확충) 제시
제2차 국제개발 협력 기본계획	2015.11.	• ODA 규모 확대 목표 및 재원 운용계획 제시 • SDGs 이행 기여, 유·무상 통합전략 강화, 다자 원조의 통합적 추진, 원조 사업의 내실화, ODA 평가와 환류 강화, 범국민 이해와 참여 증진, 다 양한 민간재원 활용 확대 등 추진과제 제시
제2기 국가협력 전략 (CPS)	2015~ 2016	• 중점협력국가를 24개국으로 조정 • 2016년 12월 총 24개국의 유·무상 통합 국가협 력전략 완성

자료: 국제개발협력위원회(2017: 59-60).

2010년 12월에는 선진화 방안을 실현하기 위하여 외교부 중심의 무상협력과 UN 및 기타 국제기구와의 다자협력, 그리고 기획재정부 중심의 유상협력과 다자개발은행과의 다자협력으로 구분하여 중기전략을 제시하는 제1차 '국제개발협력기본계획(2011~2015)'을 제시하였다. 2012년 9월에는 한국의 발전 경험을 분야별로 나누어 협력대상국의 자립과 지속가능발전을 지원하기 위하여 159개의 프로그램을 정리하고 ODA 추진원칙과 추진방식을 제안한 '한국 ODA모델추진방안'의 전략문서가 발표되었다.[65] 2015년 11월에는 제2차 '국제개발협력기본계획(2016-2020)' 문서가 제1차 기본계획을 토대로 SDGs 국내외 이행, 유·무상 통합전략, 다자원조 통합추진, 원조사업의 내실화, ODA 평가와 환류 시스템 강화 등을 새롭게 추가하였다. 또한, ODA 협력대상국의 선택과 집중을 도모하기 위하여 2011년에서 2013년까지 26개의 중점협력국인 '제1기 국가협력전략(CPS)'을 수립했으며, 2015년부터 2016년까지는 '제2기 국가협력전략'을 24개 중점협력국을 중심으로 재수립하였다. 그동안의 한국 ODA 성과와 정책 및 집행에 대한 발전방안을 2014년과 2017년 두 차례에 걸쳐『대한민국 ODA 백서』로 국개위가 정리하여 발간하였다.

　　DAC 회원국으로서 한국의 국제개발 선진화를 위한 10여 년 동안의 노력에도 불구하고 선진화 전략에는 아직도 문제점이 발견되며 이를 개선하기 위한 사회적 재구성 노력이 필요하다. 먼저, 앞서 기본법에서도 지적하였듯이, 한국 ODA 관련 정책문서들에도 기본법과 동

---

65 정부는 국제사회의 논의 동향 등을 반영하여, '한국 ODA모델추진방안'에 우리나라의 ODA 추진원칙과 추진방식을 체계화하였는데, 추진원칙에는 효과성, 조화성, 진정성, 호혜성을 강조하고 추진방식으로는 선택과 집중, 현장과 성과, 참여와 협력, ODA 인프라 확충 등을 강조하고 있다.

일하게 한국 국제개발의 원조철학에 관한 정치학 고민의 흔적을 찾아보기 어렵다. 2010년 선진화방안에서 제시하는 3대 가치는 나름대로 기본법 제3조 기본정신의 틀 안에서 조율되었다고 강조하고 있지만, 3대 가치가 ㉠ '협력대상국에 희망을,' ㉡ '국제사회에 모범을,' ㉢ '국민에게 자긍심을'이라는 점에서 선진화방안이 한국 원조정책의 비전과 철학을 담아내기에는 아직 부족하다는 평가를 받을 수밖에 없었다. 마찬가지로, 2015년 제2차 기본계획도 ODA 비전과 기본방향을 '인류의 공동번영과 세계평화에 기여' 및 'SDGs 이행 목표 달성 기여'라고 제시하는 등 기본법의 기본정신을 포괄하는 상위의 비전처럼 해석되거나 지나치게 광범위한 비전을 제시하고 있어 구체적으로 어떠한 원칙과 목표를 설정하게 될지 예상하기가 어렵다는 것이 중론이다 (Kim, 2017). 무엇보다도 선진화방안과 기본계획에서 그려낸 중요한 내용들이 한국의 외교정책과 전략이라는 큰 프레임에서 어떠한 역할을 하게 되는가에 대한 고민이 부족하여 한국 ODA 정책과 외교정책 간에 어떠한 관계성을 갖게 되는가가 명확하게 설명되지 않는다. 이는 원조정책 내용의 빈약으로 연계되고 더 나아가서는 원조정채과 집행 단계에서 발생하는 모호한 경계선의 문제로 연결된다.

둘째, 2010년 선진화방안을 비롯하여 이명박 정부는 공공연히 2015년까지 GNI 대비 ODA를 0.25%까지 그 규모를 확대할 계획으로 국제사회와 약속했으나, 그 약속을 지키지 못하게 되는 결과를 초래하였고 실제 달성치는 0.14%로 하향 조정되었다([표 4-13]과 [그림 4-3] 참조). 2016년에는 GNI의 0.16% 수준으로 ODA 규모를 책정하였고, 제2차 기본계획에서 2020년 목표액을 0.25%로 설정했다가 0.20%로 다시 낮춰 잡았다. 2030년 SDGs가 종료되는 시점까지 공여액을 2021년부터 매년 0.01%씩 ODA/GNI 비율을 확대하여 0.30%로 올리겠다는 목표를 세웠으나(국제개발협력위원회, 2015), 이를 달성하기 위한

표 4-13 『국제개발협력 선진화 방안』과 『제2차 국제개발협력기본계획』의 ODA/GNI 계획

선진화방안	2011	2012	2013	2014	2015
ODA/GNI (%)	0.13	0.15	0.18	0.21	0.25
제2차 기본계획	2016	2017	2018	2019	2020
ODA/GNI (%)	0.15	0.16	0.17	0.18	0.20

자료: 관계부처합동(2010, 2015); 국제개발협력위원회(2017: 64).

구체적인 계획은 아직 설정하지 않은 상태라서 차후 ODA 규모를 늘리기 위한 계획을 수립하도록 2018년 OECD DAC 동료검토에서 권고하고 있다(OECD, 2018). 이에 비해 DAC 공여국의 ODA/GNI 비율 평균은 2018년 기준 0.31%를 기록했으며, 한국의 2018년 0.15%는 DAC 평균치의 50%에도 해당하지 못하는 ODA 규모이다([그림 4-3] 참

그림 4-3 2013-2018 ODA/GNI 실제 규모   (순지출 기준, %)

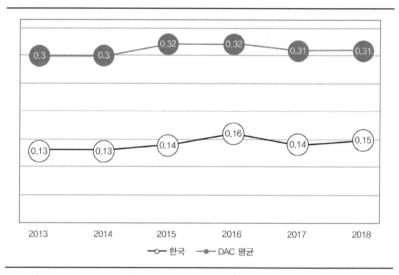

자료: OECD Stats (2019년 5월 9일 확인).

조). 한국정부는 1·2차 기본계획을 통해 지속적으로 한국은 국제사회의 책임 있는 일원으로서 MDGs 및 SDGs 달성을 위하여 노력을 다할 것을 약속하고 있지만, 목표로 설정한 기한 내에 목표치를 달성하지 못하는 경우가 계속 반복되고 있다. 더 이상 한국정부가 GNI 대비 ODA 규모에 대한 야심 찬 목표치를 국내 관련 기관들과 명확히 조율되지 않은 채 국제사회에 섣불리 약속하는 행위는 앞으로 삼가야 할 것이다. 이러한 문제의 뒤에는 기획재정부의 예산독점권과 ODA 정책결정과 집행에 있어 경제부처의 개발주의적 권력이 아직도 강력한 기득권으로 작동하고 있다는 원천적인 이유가 있다.

셋째, 10년 동안 다양한 정책문서를 통해 한국정부는 ODA 추진체계의 선진화를 도모했으나, 10년의 성과를 반추해보면 한국 ODA 추진체계의 가장 근본적인 문제인 유·무상협력, 정책결정·집행, 다자원조 집행의 분절화는 아직 해결되지 못한 채 오히려 분절된 구조를 기정사실로 인정하는 경향이 강해졌다. 앞서 [표 3-4]에서 확인했듯이, 제1차 기본계획과 제1차 기본계획이 모두 공통적으로 강조하고 있는 개선사항이 유상협력과 무상협력 간의 통합추진기반 구축 및 통합전략 강화이다. 유·무상 간의 분절적 구조는 정책결정과정과 집행과정 간의 분절화, 나사원조 집행의 분절화, 그리고 중점협력국 지정과정에서도 분절화 문제를 만들어내고 있다. 유상협력 주관기관인 기획재정부는 다자개발은행과의 다자협력사업을 책임지고 무상협력 주관기관인 외교부는 UN을 비롯한 기타 국제기구와의 다자협력을 책임지는 이분화된 구조 때문에, 세계은행과 UNDP가 파트너십을 구성하여 한국정부와 같이 협업하는 개발사업의 경우 한국에서 외교부와 기획재정부 간의 협업이 이루어지지 않아 통합된 다자협력이 어려워지는 딜레마가 발생한다. 중점협력국 지정과정에서도 이러한 분절화의 부작용이 목도된다. 경제협력을 위한 전략적 상대국가를 중점협력

표 4-14 2012년 DAC 동료검토 주요 권고사항

분야	권고 사항
국제개발협력 전략체계	국제개발협력의 전략체계 완성으로 법체계와 정책기반을 정치하게 구축: 전략체계로 명확한 목표, 중점사항, 결과 제시; 26개 중점협력국의 CPS 완성; 유·무상 통합전략; 포괄적 다자 ODA 전략 수립; 젠더·성평등·환경 및 기후변화의 주류화 위한 전략체계 수립 투명성과 책무성 강화: 국무조정실, 기획재정부, 외교부의 정보공개 강화
원조 이상의 개발협력 확장	정책일관성(PCD)을 강화하기 위한 정치적 역량 확보: 국개위의 감독하에 개발협력을 위한 친환경 구축을 전부처의 의제로 강조
원조규모와 배분	ODA 규모 증액의 목표 달성: 2015년까지 ODA/GNI 0.25% 정책약속 달성 권고; 다자·양자원조, 유상·무상원조 간 균형 유지; 취약국 및 고채무국에 유·무상원조 비율 신중히 고려
조직과 관리	한국 ODA 통합, 조정, 관리체계 향상: 국무조정실, 외교부, 기획재정부 및 KOICA, EDCF 간의 인력 강화 ODA 평가 절차 강화: 평가절차 독립 보장, 모니터링 강화
국제개발 협력의 영향(impact) 강화	원조효과성의 강화를 위한 노력: 원조효과성 원칙과 국제사회의 목표 간의 연계; 비구속성 원조 확대; 프로그램 접근법 강화; 협력대상국 시스템 활용 2015년까지 양자원조의 75%의 비구속화 이행
인도적 지원의 개선	인도적 지원 프로그램의 확장을 위한 구체적인 계획 수립

자료: OECD (2012: 12-22).

국으로 지정하려는 기획재정부와 외교전략상 중요한 개도국을 중점협력국으로 선정하려는 외교부 사이에 경쟁과 갈등이 발생할 가능성이 크다. 10년 동안 개혁하지 못한 구조적인 문제를 향후 10년 동안 해결해야 할 가장 우선적인 과제로 정부부처와 시민사회 간에 컨센서스

를 이루어내는 것이 관건이다.

③ DAC 동료검토(Peer Review)의 권고사항

한국의 국제개발을 사회적으로 재구성하기 위한 중요한 준거기준으로 OECD DAC이 회원국을 대상으로 4~5년에 한 차례씩 회원국의 ODA 정책 및 집행에 대한 상호 검토를 실시하는 동료검토의 권고사항을 활용할 수 있다. 지금까지 한국은 2010년 DAC에 가입하기 전 2008년에 특별검토를 받았으며, DAC 가입 후에는 2012년에 첫 번째 동료검토를 받았으며(임소진, 2013), 5년 뒤인 2017년에 두 번째 동료검토를 받고 2018년에 동료검토 결과문서가 발표되었다(OECD, 2018). [표 4 - 14]는 2012년 동료검토에서 제시한 24개의 권고사항을 요약한 것으로, 2017년 제2차 동료검토를 통해 제1차 동료검토의 24개 권고사항 중 8개는 이행 완료되었고, 13개는 부분 이행으로 판명되었으며, 나머지 3개는 미집행된 것으로 검토되었다.[66] 특히, 2012년 DAC는 동료검토를 통해 한국 원조집행 체계의 분절화 문제와 정책 일관성(PCD) 강화를 범정부적 의제로 수립할 것을 권고하였으나, 최종적으로 PCD 강화가 미이행된 것으로 2017년 동료검토에서 평가됨에 따라 앞으로 한국 ODA 추진체계에서 분절화와 이에 따른 국개위 강화 및 PCD 추진 등이 제도혁신의 최우선적 목표가 될 수 있도록 분절화의 문제는 다시 사회적으로 재구성되어야 한다(김형규, 2017).

또한, 부분적으로 이행된 권고사항 중 주목해야 할 이슈는 비구속성 원조과 인도적 지원이 전체 ODA에 차지하는 비율이다. 특히, 비구속성 원조와 인도적 지원은 2012년에 거론된 이후 2018년 동료검

---

66 2012년 DAC의 권고사항 중 미이행된 3가지 사항은 (1) PCD 실행을 위한 기술적·정치적 역량 확보, (2) 국내외 정책의 개도국 영향 분석, 그리고 (3) 2015년에 달성하기로 약속한 ODA/GNI 0.25%의 미달성 등이다(OECD, 2018).

표 4-15 한국 ODA의 구속성·비구속성 지원 현황 (약정액 기준, 백만 달러, %)

연도	총 양자간 원조	비구속성	부분구속성	구속성	비구속성 비율
2006	524.65	9.99	97.7	416.96	1.9%
2007	808.56	199.74	94.83	513.99	24.7%
2008	1,197.74	428.84	89.79	679.11	35.8%
2009	1,270.12	614.61	–	655.51	48.4%
2010	1,589.61	567.54	–	1,022.06	35.7%
2011	1,341.74	685.33	–	656.41	51.1%
2012	1,423.12	783.7	4.49	634.93	55.1%
2013	1,874.10	1,155.74	7.75	698.73	61.7%
2014	1,900.41	1,183.48	11.99	704.94	62.3%
2015	1,849.34	1,072.09	6.01	771.25	58.0%

자료: 국제개발협력위원회(2017: 109).

표 4-16 한국 ODA의 인도적 및 긴급구호 지원 현황 (약정액 기준, 백만 달러, %)

구분	2006	2007	2008	2009	2010	2011	2012	2013	2014	2015
인도적지원	24.62	35.63	56.08	14.39	20.72	21.21	16.64	36.84	72.92	44.19
지원비율	3.64%	3.38%	3.85%	0.99%	1.14%	1.31%	0.95%	1.65%	3.07%	1.91%
긴급구호	5.05	6.36	12.21	12.1	14.3	15.38	13.21	34.61	62.03	40.32
지원비율	0.75%	0.6%	0.84%	0.83%	0.79%	0.95%	0.75%	1.55%	2.61%	1.74%

자료: 국제개발협력위원회(2017: 109).

토에 다시 권고되고 있어서 앞으로 한국의 국제개발 정책에 심도 있게 반영해야 하는 중요한 쟁점이 되어야 한다([표 4-14]와 [표 4-17] 참조). 비구속성 원조 비율은 2006년 1.9%의 최악의 상태에서 2015년 58%까지 급속히 확장됨에 따라 2012년 DAC 권고사항을 한국정부가 적극적으로 수용하고 있다고 평가할 수 있지만 권고사항의 내용이 2015년까지 비구속성 원조 비율을 75%까지 올리는 주문이기 때문에 아직은 부분적으로 달성된 권고사항이다([표 4-15] 참조). 오히려 2014년 62.3%에서 2015년에는 58%로 소폭 감소했기 때문에 비구속성 원조에 대한 새로운 정책적 대안이 마련되어야 할 것이다. 한편, 인도적 지원의 경우는 전체 ODA 중 비율이 2012년 0.95%에서 2015년에 1.91%로 개선되었으나, DAC 동료검토 전인 2008년에 이미 3.85%까지 책정된 기록이 있어 사실 2015년의 책정치보다 많은 ODA 예산이 인도적 지원에 배분될 수 있다는 것을 반증한다.

2017년에 시행된 DAC 동료검토는 기존에 계속해서 지적되어 온 한국 ODA 추진체계 및 국제개발의 정책과 집행에 큰 반향을 줄 수 있는 권고사항을 제시하고 있다([표 4-17] 참조). 특히, 한국의 새로운 국제개발을 위한 사회적 재구성 과정에서 반드시 반영해야 할 중요한 이슈 세 가지를 제안하고 있다. 첫째, 한국의 정책결정과 집행의 제도 과정은 더 이상 중앙정부 주도의 하향식이 아닌 현장 중심의 상향식 거버넌스로 혁신되어야 한다. 이미 앞서 발전국가형 개발주의의 기반한 중앙정부의 하향식 개입에 관한 논의를 하였듯이, 한국의 ODA 추진체계가 당면한 현안 중의 하나가 현장의 목소리와 경험을 어떻게 ODA 정책결정과 집행의 핵심요소로 인지하고 제도화하는가에 있다. 이를 위해 DAC 동료검토는 사업승인 과정을 간소화하고, 사업 수준의 의사결정을 현장으로 분권화하며, 재외공관 및 현지사무소가 협력 대상국 정부의 모든 요청사항을 직접 관리하고 조정하는 것을 권고하고 있다. 둘째, 2018년 동료검토 보고서에서는 2012년 보고서와 달리 한국 ODA 추진체계의 분절화에 대한 직접적인 언급을 피하고 간접적으로 국개위 역할의 강화와 PCD 강화를 주문하고 있다. 국개위 역할 강화는 이미 2012년 보고서에서도 강조했던 권고사항이었고 그

표 4-17 2017년 DAC 동료검토 주요 권고사항

분야	권고 사항
ODA 추진체계	국개위의 역할 강화로 한국 ODA 체계 개선
성과관리 및 평가	• 위험분석 및 학습 필요성에 기반한 평가 대상 선정 • 평가결과 및 내부 교훈 공유 • 사업 예산 규모 및 개발성과에 대한 정보 접근성 개선
ODA 재원 및 비구속화	• 2030년까지 ODA 규모를 GNI의 0.3%로 확대 • 원조 비구속화 노력 지속
현지 파트너십	협력대상국 정부와 기존 조정기제 활용 및 타 공여기관과의 전략적 정책대화 심화·확대
사업 운영	• 협력대상국의 사업요청 과정을 체계적으로 운영 • 지원 종결 이후 협력대상국 정부가 사업 투자를 지속할 수 있도록 운영
인도적 지원	인도적 지원 전략 개정
취약국 지원	취약성 관련 정책그룹 내에서의 한국 활동 강화 필요
현장권한 확대	• 사업승인 과정의 간소화 • 사업수준의 의사결정을 현장으로 분권화
효과성 제고 및 소통강화	• 중점협력국에서 한국의 활동을 포괄적으로 점검 • 재외공관 및 현지사무소가 협력국 정부의 요청사항 관리 및 조정 • 체계 및 절차 일치 노력의 모니터링
역량강화	적절한 전문성을 갖출 수 있도록 인력계획 수립
정책일관성	SDGs 이행과정에서 개도국 관련 정책의 정합성 강화
시민사회와의 협력	이행 파트너이자 독자적 개발협력 주체로서 시민사회의 다양한 역할을 인정하는 규범적 틀을 마련함으로써 시민사회와의 협력을 심화

자료: OECD (2018: 15-22).

이후 제2차 기본계획 등을 통해 일정 수준 정부가 개선을 노력을 보였기 때문에 2018년 보고서에서 부분적이나마 이를 긍정적으로 평가

할 수 있었다. 그러나, PCD는 2012년에 권고한 사항이 미이행되었던 경우이기 때문에 DAC은 2018년 보고서에서 다시 한번 PCD 강화를 위한 한국정부의 정책적 노력을 권고하고 있다. PCD 강화를 위해 DAC 동료검토는 국내외 SDGs 관련 법규와 정책을 체계적으로 조정하고, 개도국에 대한 한국의 긍정적 및 부정적 전파 효과를 고려하여 경제·사회·환경정책 간의 우선순위 조정기제를 구축하도록 권고하고 있다. 마지막으로, DAC은 개발협력 이행파트너이자 독립된 개발협력 주체로서 시민사회의 다양한 역할을 인정하는 규범틀을 합의함으로써 시민사회와의 협력을 강화하라는 권고사항을 한국정부에 전달하고 있다. 이러한 DAC의 권고사항은 2019년 1월 제32차 국개위에서 이른바 '국제개발협력 분야 정부－시민사회 파트너십 기본정책'이 심의·의결되는 결과의 추동력이자 정부에 대한 압박으로 작동하였다 (국제개발협력위원회, 2019; 발전대안피다, 2019).

④ 정부-시민사회 개발파트너십 구축

한국 국제개발 분야의 전형적인 국가－시민사회 관계는 주창자로서의 CSO가 아니라 조력자로서의 CSO 역할에 그 무게중심이 실려 있다고 평가할 수 있다(김태균, 2017a; 손혁상, 2015). 이토록 불리한 구조적 조건을 국제개발 영역에서 CSO라는 행위자가 장기간 정부와의 협상 및 갈등과정을 통해 결국 극복한 최초의 결과물이 '국제개발협력 정부－시민사회 파트너십 기본정책(이하, 파트너십 기본정책)'이라는 점에서 개발CSO과 정부 모두에게 대단히 중요한 성과라 볼 수 있다 (발전대안피다, 2019; 국제개발협력위원회, 2019). 파트너십 기본정책은 정부와 CSO 간의 파트너십에 규범적 틀을 제공하는 포괄적인 정책문서로서, 정부와 시민사회가 공동으로 달성해야 할 목표를 설정하고 이를 실현하기 위한 상호 협력의 원칙과 이행방안을 담고 있다. 시민사회에서는 137개 회원단체를 대표하는 KCOC 및 24개 회원단체를 대표

표 4-18 정부의 ODA 투명성 개선 및 시민사회의 IATI 가입

분야	현황	개선 사항
정보공개 확대	(사업정보) IATI 공개항목(총 42개) 중 현재 29개 공개(반기별) ODA 지원실적은 별동 공개	분기별로 IATI 정보를 공개하고 공개항목의 순차적 확대 추진 2019년 2개 항목 추가 예정
	(기타정보) 기타 ODA 관련 주요 정보들(타당성 조사, 환경영향평가 등)은 대부분 비공개	주요 시행기관(EDCF, KOICA)은 관련 정보들에 대한 정보공개 방안 검토
공개방법 효율화	(홈페이지) ODA Korea 홈페이지 개편을 통해 통합적인 정보 제공	정보제공 플랫폼으로서의 기능 강화 및 정보 접근성 확대
	(통계시스템) 사용자 친화적이지 않아 이용에 불편	정보조회 기능 활성화 등, 시스템 개편을 통해 정보 활용성 증진
참여기관 확대	(민간) 개발협력 시민사회의 자체 기준에 따라 정보 공개 모든 정부 시행기관 참여 중	시민사회의 IATI 정보공개 참여 추진 및 정부의 기술 지원 방안 검토

자료: 맹준호(2019).

하는 KoFID를 중심으로 13개 단체가 자체적으로 협의체를 구성하여 정부와의 협상에 참여하고 시민사회의 의견을 개진하였다.

역설적이게도, 파트너십 기본정책은 시민사회와 정부에 의해 앞으로 문제해결과 문제제기의 원천으로 동시에 사용될 가능성이 농후하다. 먼저, 정부가 시민사회를 정부지원의 대상이 아닌 독립적인 개발협력 주체로 인정하고, 정부와 시민사회가 공동으로 기본정책의 내용을 작성했다는 점에서 정부와 시민사회 간에 진정한 협치가 최초로 성사되었다고 긍정적인 평가를 내릴 수 있다. 따라서 차후 개발협력 분야에서 시민사회와의 문제가 발생했거나 정부정책의 개선이 필요할 경우 시민사회는 파트너십 기본정책에 근거하여 정부에게 협치 및 시정을 요청할 수 있다. 반대로, 공동으로 작성한 기본정책의 내용은 정

부뿐만 아니라 시민사회에게도 그대로 적용되기 때문에 이 정책문서에 준하여 정부가 시민사회에게 지원을 요청하거나 내지 파트너십 기본정책을 준수하라고 요청할 경우 시민사회도 이에 적극적으로 대응해야한다. 일례로, 파트너십 기본정책이 발효되기 전에는 시민사회의 IATI 정보공개 참여를 정부가 강조하였지만 시민사회의 자체 기준에 따라 정보를 공개하도록 하는 유연한 방식이었다면, 기본정책 발효 후에는 시민사회 자체 기준이 아니라 IATI 정보공개 참여를 전체 개발CSO가 참여하도록 추진하고 있으며 이를 위해 정부가 기술지원 방안까지 검토할 정도로 공격적으로 시민사회에 개입하고 있다([표 4-18] 참조).

또한, 파트너십 기본정책의 'V. 파트너십 이행방안'이 앞으로 여러 측면에서 정부와 시민사회 간의 협치와 갈등이 발생하는 원천이 될 것으로 예상된다.[67] 특히, 'V. 파트너십 이행방안' 중 '1. 효과적인 국제개발협력 이행'에 관한 시민사회와 정부의 해석 차이가 발생할 것인데, 다음과 같은 우려사항이 있다. '효과적인 국제개발협력 이행'은 구체적으로 '우호적 환경 조성,' '정부-시민사회 정책협의회 정례화,' '시민사회협력사업 실무협의회 정례화,' '개발도상국 시민사회와의 협력'으로 구성되어 있는데, 4가지 모두 시민사회에게 정부가 협력하는 내용으로 이해될 수 있으나 역으로 정부는 이 이행조건을 가지고 시민사회와의 관계의 완급을 조절할 수 있다. '우호적 환경 조성' 중 "정부는 시민사회협력 프로그램을 다양화하고, 사업추진 성과 등을 반영하여 지원을 확대해 나간다"라는 내용이 핵심적인 합의사항 중 하나인데, 정부의 시민사회 지원 확대에는 명확히 조건이 달려 있고 시민사회단체의 사업추진 성과가 우수할 경우에만 지원 확대가 가능하다

---

67 파트너십 정책문서는 http://www.ngokcoc.or.kr/bbs/board.php?bo_table= paper01&wr_id=160. 참조.

는 조건을 달 수 있다. 따라서 정부기관, 특히 기획재정부는 개발CSO 평가를 위한 제도장치 개발을 준비할 수 있으며 매년 공공기관 평가와 유사한 방식으로 국제개발협력 분야의 시민사회에 대한 평가가 시작될 가능성도 배제할 수 없다. 물론, '정부－시민사회 정책협의회 정례화'와 '시민사회협력사업 실무협의회 정례화'를 통해 이러한 갈등의 소지를 개선하고 파트너십 확대 및 심화 방안을 논의할 수 있다. 그럼에도 불구하고, 이 또한 정부의 요구를 협의하기 위한 정책협의회와 실무협의회가 될 가능성이 있기 때문에, 시민사회도 파트너십 기본정책을 토대로 정부에게 요구할 수 있는 사안을 시민사회의 적극적인 연대를 통해 미리 준비하는 작업이 필요하다. 서로에게 도움을 주고 상호책무성을 강화할 수 있는 플랫폼으로 파트너십 기본정책이 중요한 역할을 해주고, 지속적인 소통으로 앞으로 진정한 민관협력의 표상으로 거듭나기를 희망한다.

(2) 사회적 재구성을 위한 국제 제도화 과정

위에서 살펴본 새로운 국제개발협력의 사회적 재구성을 위한 국내 제도화 과정과 함께, 국제사회에서 한국에 요구하는 글로벌 규범과 한국정부가 대외정책의 일환으로 ODA에 접근하는 제도화 과정에 관한 분석이 수반될 때 비로소 한국이 선진공여국으로서 혁신하기 위한 사회적 재구성의 필요조건들을 온전히 파악할 수 있다. 한국의 ODA를 재구성할 때 고려해야 할 첫 번째 국제 변수로 2011년 부산총회 이후 한국정부(특히, 외교부)가 HLF4를 대체할 후속조치로 글로벌 파트너십 플랫폼인 GPEDC에 무게중심을 두고 있는데 GPEDC의 확대·운영이 난관에 봉착해 있다는 사실이다(김태균, 2015).[68] GPEDC의 주축 국

---

68 2011년 부산총회부터 2015년 제70차 UN총회에서 '2030 Agenda for Sustainable

가들이 OECD 회원국이라는 점에서, 그리고 GPEDC 자체가 OECD의 HLF 후속조치라는 점에서 개도국의 입장에서는 선진공여국 자신들의 리그인 GPEDC가 모든 개도국의 참여를 UN과 유사하게 보장할 수 없을 것이라는 의혹을 가지고 있어 GPEDC의 보편적인 정당성(legitimacy)에 문제를 제기하게 된다(Janus, Klingebiel and Mahn, 2014). 이러한 문제를 유엔개발협력포럼(United Nations Development Cooperation Forum: UNDCF)이 GPEDC를 겨냥해 제기하고 있으며, UNDCF는 UN의 공식 국제개발 파트너십 플랫폼이기 때문에 보편적인 정당성을 보유하고 있다고 주장하면서 GPEDC와 개발협력 플랫폼의 적자논쟁을 벌이기도 하였다. 문제는 한국정부가 GPEDC 출범부터 깊숙이 관여해 왔고 UNDCF도 2015년 송도에서 UNDCF 고위급심포지움(High-Level Symposium)을 한국정부가 유치하는 등 일정 정도 한국정부가 개입하고 있다는 점이다(Kim, 2015). 부산총회의 주최국이자 GPEDC의 적자로서 정당성이 떨어지는 GPEDC를 포기하지 않고 앞으로 SDGs 시대 UN 중심의 글로벌 플랫폼인 UNDCF와 GPEDC 간의 균형 및 상호보완의 시너지 효과를 낼 수 있도록 한국정부의 역할을 재조정하는 것이 중요해질 것이다.

둘째, 한국은 중견국(middle power)의 대표주자로서 한국의 국익을 강대국 중심의 외교가 아닌 중견국 간의 협력과 연대를 통해 국제개발협력의 이슈영역 안에서 재구성할 수 있다. 물리적으로 자금 및 기

Development' 또는 SDGs가 통과되기까지 그 사이 기간을 '포스트-2015 개발 의제(post-2015 development agenda)' 형성과정이라 칭하였는데, 이 기간동안 포스트-2015 개발의제로 어떠한 목표들이 선택될 수 있는가에 대한 다양한 협의체가 구축되어 목표 선정에 있어 다양한 이견과 계획을 발표하게 된다. 이 중 OECD가 주축이 되어서 2015년 이후를 준비하는 파트너십 플랫폼 중의 하나가 GPEDC인 것이다(김태균, 2015).

술협력 등이 공여국에서 수원국으로 유입된다는 특징과 개발사업의 영향이 중장기적으로 수원국을 공여국의 이해관계에 도움이 되는 방향으로 인도한다는 특징이 모두 국제개발에 상존한다는 점에서 볼 때, 국제개발협력은 경성파워(hard power)와 연성파워(soft power)가 혼합된 방식의 복합물이라 평가할 수 있다(김태균, 2012). 따라서, 중견국인 한국이 국제개발 및 ODA를 중요한 외교정책의 자산으로 활용할 경우 경성파워를 확장하는 동시에, 강대국이 쉽게 얻지 못하는 연성파워까지 획득할 수 있다. 이는 개발원조를 남남협력 방식을 통해 추진하는 등, DAC의 신흥가입국으로서 한국이 개도국과 공여국 간에 오랜 기간 쌓여온 갈등과 불신을 어느 정도 해소시킬 수 있다는 기대감에서 비롯된다. 특히, 중견국 간에 연대체를 구축하여 공동의 과제로 남북협력(North-South Cooperation)에서 해결하지 못한 개도국의 저발전과 선진국에 대한 저항을 남남협력을 통해 해결할 수 있다면 중견국으로서 한국의 위상은 중장기적으로 높아질 것이 분명하다. 이러한 관점에서 한국이 포함된 중견국 모임인 MIKTA가 적합한 협력 의제로 개발협력을 선택하도록 제의하는 전략의 중요성을 예측할 수 있다(강선주, 2013; 이재현, 2015).[69] 마찬가지로, 문재인 정부가 추진하는 '신남방정책'과 한국 ODA 전략의 결합도 중견국의 남남협력이라는 맥락에서 접근하는 것이 중요하다(이재현, 2018).

선진공여국으로서 한국이 고려해야 할 세 번째 국제 변수는 취약국 지원, 인권중심접근 등의 글로벌 사회적 가치를 한국의 국제개발 정책에 핵심 경영원리로 강조하는 거시적인 방향을 제도화하는 것이

---

[69] MIKTA는 G20 안에서 G7과 BRICS를 제외한 국가 중 어느 그룹에도 속하지 못하지만 중견국으로서 역량을 구비하고 있고 영향력을 행사하는 멕시코, 인도네시아, 한국, 터키, 호주 등 5개 중견국의 비공식 모임을 의미한다.

다. 최근 KOICA가 사회적가치경영본부를 도입해서 사회공헌과 인권경영 등의 문재인 정부의 정책기조와 정합성을 갖는 새로운 시도를 추진하고 있어 그 행보와 성과에 귀추가 주목된다. 이러한 KOICA의 사례가 국가 차원에서 한국의 국제개발정책으로 승화될 경우, 기존 한국의 ODA 정책에 대단히 혁신적인 변화가 일어날 것이며 사회공헌과 인권중심접근과 같은 인도주의적 성향이 강한 개발원조사업은 동아시아 원조레짐에 있어서도 개혁적인 개발모델이 시도되는 대단히 중요한 역사적 전환점이 될 것이다. 제5장에서 다시 논할 것이지만, 동아시아의 주요 원조공여국인 한국, 중국, 일본은 모두 예외 없이 발전국가론에 근거한 국정관리 및 경제개발정책을 추진해왔고, 이러한 경향이 고스란히 대외원조 정책에 반영되어 있다. 따라서 한국이 이러한 동아시아 개발협력 모델과 탈동조화하는 인도주의 및 사회적 가치를 강조하는 국제개발정책을 취하면 한국은 동아시아에 있어 새로운 개발레짐과 개발효과성의 가치를 선도하는 국가로 거듭 발전할 것이다. 물론, 이러한 거대한 변환은 국내 부처 중 경제중심의 개발협력

그림 4-4 K-SDGs 수립을 위한 국내 프로세스

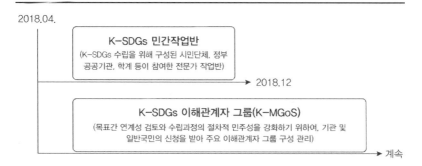

자료: 김태균(2019).

을 도모하는 기획재정부 등 경제부처의 적극적인 협조가 선행되어야 하며, 지금까지 한국 ODA 정책의 토대가 되었던 개발주의에 대형 수술이 필요하게 된다.

마지막으로, 한국이 새로운 사회적 재구성 작업에 반드시 포함해야 하는 글로벌 규범이 2030년까지의 인류공동 목표인 SDGs라는 사실을 누구도 부정하기는 어려울 것이다. 한국정부는 2016년 발 빠르게 UN 고위급정치포럼(High-Level Political Forum: HLPF)에 '자발적국별보고서(Voluntary National Review: VNR)'를 제출하면서 글로벌 규범인 SDGs를 국내 차원에서 이행하는 한국정부의 법적·제도적 정비작업을 국제사회에 보고하였다.[70] 또한, 한국정부는 제2차 기본계획에 SDGs 이행전략을 적극적으로 반영하는 등 한시적으로나마 환경부 산하 지속가능발전위원회를 중심으로 SDGs의 국내이행방안을 17개 목표와 169개 세부목표별로 의견과 해법을 종합하여 왔다(김태균·김보경·심예리, 2016). 2018년에는 글로벌 수준의 SDGs를 국내 수준의 한국형 SDGs인 'K-SDGs'로 전환하기 위하여 목표별·세부목표별로 한국 상황을 적용하여 새롭게 재해석하고 한국 맥락에 맞는 목표와 측정치를 찾아내는 프로세스를 진행하였고 마침내 동년 12월에 1차적으로 K-SDGs를 공개하였다([그림 4-4] 참조). K-SDGs 추출을 위한 국내 프로세스를 진행하기 위하여 2018년 4월 시민단체, 정부공공기관, 학계 등이 참여한 전문가 작업반으로 'K-SDGs 민간작업반'을 구성하였고, K-SDGs가 공개된 2018년 12월 이후에는 목표간 연계성 검토와 수립과정의 절차적 민주성을 확보하기 위하여 공공기관 및 일반 시민의 신청을 받아 'K-SDGs 이해관계자 그룹(K-MGoS)'를 조

---

70 https://sustainabledevelopment.un.org/memberstates/republicofkorea 참조.

직하여 정기적으로 K-SDGs를 점검하고 부족한 부분을 개선하는 작업을 추진할 계획이다(김태균, 2019). K-SDGs를 넘어서 2030년까지 한반도의 남한과 북한이 SDGs를 공동으로 추진할 수 있는 이른바 '한반도 SDGs'에 관한 논의와 연구가 현재 서울대를 비롯한 국립대학교 연합연구진에 의해 진행되고 있다.[71] 결론적으로, K-SDGs와 한반도 SDGs는 글로벌 규범의 한국 국내화 프로세스로 '글로벌-로컬 연계'의 좋은 사례임에 분명하지만, 이 연계를 구체적인 제도와 행동으로 옮기기 위해서는 국내정치 행위자 간의 합의와 지원이 필수적이다. 그러나 앞서 정권별 국제개발의 정치화 현상에서 논의했듯이, 현재 SDGs 국내이행의 핵심기관인 지속가능발전위원회가 아직도 환경부 산하에 배치되어 있다는 제도적 한계가 있고 이는 정권별로 정치적 의도와 부합되도록 제도화 과정을 활용해 왔다. 결국, 글로벌 규범의 국내화 과정의 성공여부는 로컬 단위의 행위자와 제도 간에 구성되는 사회적 합의에 달려 있다([그림 3-10] 참조).

---

71 2019년 6월 25일 "한반도 평화를 위한 국립대학교 공헌 방향 모색"이란 워크숍을 개최하여 서울대학교, 강원대학교, 충남대학교, 부산대학교, 전북대학교 등 5개 국립대학교가 '한반도 평화 국립대 네트워크'를 구축하고 그 중 공동연구의 하나로 '한반도 SDGs' 연구를 시작하였다.

도구적 가치로서의 開發 vs. 총체적 가치로서의 發展

도구적 가치로서의 開發 vs. 총체적 가치로서의 發展

짧게는 10년, 길게는 55년의 역사적 굴곡을 가진 한국의 국제개발 및 ODA 정책과 집행이 2010년 DAC 가입을 전후로 급격한 제도적 변화를 경험하였지만, 과거 제도의 유산인 발전국가형 개발주의의 영향력은 2010년 이후에도 강력한 도구적 가치로서 정부의 국제개발 정책결정 및 정책집행 제도화 과정에 깊이 스며들어 있다. 국정철학의 빈곤부터 부처 간 할거주의로 인한 ODA 추진체계의 분절화, 그리고 개발원조의 인식 부족으로 정부부처 내 PCD 제도화 미집행까지 도구적 가치로서의 개발주의 중심 거버넌스를 지금까지의 한국 국제개발정책의 원형(prototype)이라고 표현할 수 있다. 반면, 개발에 접근하는 관점을 광의의 협치와 연대에 기반하고 시민사회 등 비정부 행위자의 민주적 참여가 보장된 총체적 가치로서의 사회발전이 도구적 개발주의의 대안으로 제기된다(김태균, 2016a). 이는 국제개발의 사회적 공헌과 함께 SDGs 시대에 한국사회가 추구하기 위한 지속가능한 로드맵과 적극적으로 결합하면서 더욱 힘을 받고 있다. 현재 한국사회는 과거중심의 개발주의에 배태된 도구적 가치로서의 開發과 미래지향적인 총체적 가치로서의 發展이 혼재하는 과도기라는 터널을 지나가고 있으며, 역사적 과도기를 정리하고 지속가능발전시대의 '뉴노멀(new normal)'에 안착할 수 있는 전략과 제도가 필요한 것이다.

지금까지의 한국 국제개발정책과 집행을 해석하고 앞으로의 혁신 방향을 제안하는 접근방식으로 크게 도구적 가치로서의 개발과 총체적 가치로서의 발전으로 나누어 비교·분석을 시도한다. 각각의 접근방식은 제2장의 비판개발이론 범주로 소개되었던 ① 글로벌 수준의 구조적 접근, ② 국가 수준의 구조-행위자 관계성, ③ 글로벌-로컬 연계의 국제정치사회학 등의 세 가지 분석수준에 맞추어 재해석한다.

5.1. 도구적 가치로서의 開發: 개발주의의 사회적 배태성

국제개발정책과 집행과정에 관한 협의의 '開發' 중심 접근법은 다분히 국제개발 행위자와 구조 및 제도가 경제성장 중심의 개발가치를 공유하고 있으며 유상협력 중심의 개발협력사업에 선호도가 높고 발전국가형 개발주의가 사회적 가치로 폭넓게 인정받는 경우를 의미한다. 따라서 개도국의 경제성장을 지원하는 유상원조와 개발금융 등을 개도국의 진전한 발전보다는 공여국의 국익과 민간부문의 경제이익을 위한 정책 도구로서 적극 활용하고, 유상협력 중심의 개발주의에 ODA와 국제개발 추진체계의 철학적 그리고 실천적 토대를 구축한다. 도구적 가치로서의 개발주의는 성과의 척도를 ODA의 책무성보다는 효율성에 두기 때문에 민주주의와 인권 등의 사회적 가치에 대한 인식의 범위가 대단히 좁다. 발전국가형 개발주의는 한국 경제발전 역사과정에서 형성된 도구적 가치로서 저성장시대에 돌입해도 아직 유효한 제도적 유산임과 동시에 민주화 시대에 국제개발정책과 집행과정 혁신을 저해하는 제도적 족쇄가 되기도 한다.

(1) 글로벌 수준의 구조적 접근

글로벌 수준의 구조적 접근에 의하면 현재의 한국은 공여국으로서 최소한 반주변부의 최상위 또는 중심부 근처에 위치하고 협력대상국은 주변부에 위치한다는 구조적 관계를 이미 주어진 조건으로 받아들인다. 또한, 한국은 1950년대 주변부의 수원국으로 시작하여 고성장 단계를 지나 수원국을 졸업하고 세계 최초로 선진공여국으로 OECD DAC에 가입하였다는 점에서 세계체제론의 경제결정론적 시각에서는 세계체제 내에서 모범적으로 국가의 위치를 상향조정한 성공사례로 해석할 수 있다. 이러한 관점의 세계관은 한국이 해방과 한국전쟁 이후 국제사회로부터 받았던 대규모의 원조가 경제성장의 소중한 토대가 되었다고 판단하고, 이러한 원조와 경제개발 간의 정관계를 공여국으로서 한국정부가 ODA 정책을 집행할 때 반드시 반영해야 할 필수요소로 강조하게 된다. 글로벌 수준의 경제력에 따른 불평등한 구조를 저항 없이 받아들일 수 있는 접근법을 수용할 때, 자동적으로 한국의 원조철학은 경제성장 주심의 개발주의를 도구적 기제로 활용하여 공여국인 한국의 경제이익을 도모하고 협력대상국과의 경제협력을 강조하며 중앙정부의 경제부처 주도의 국제개발정책과 집행과징이 사회적으로 구성된다.

(2) 국가 수준의 구조 - 행위자 관계성

도구적 가치로서의 개발주의는 공여국 국내 정책결정 및 집행 단계에서 경제성장 중심의 개발가치에 배태된 구조와 행위자를 선호한다. 반면에 인도주의적 원조를 주요 개발협력 사업으로 채택하기 어려운 구조적 장벽이 있으며, 원조의 책무성과 관련된 제도적 장치보다는 원조의 효율성이 보장되는 장치로 구조와 행위자 관계성을 유도하게 된다. 이러한 개발주의적 국제개발 추진체계를 형성하기 위해서는 추진체계 내 경제부처의 입김이 강하게 작동하는 사회공학적 통치성(governmentality)의 시스템이 갖춰져야 하고(Gordon, 1991; Garon, 1997), DAC 회원국으로서 글로벌 규범 준수를 지향하더라도 실제 제도적 장치는 개발주의를 선호하는 그리고 예산권을 독점하고 있는 기획재정부 중심의 경제부처가 장악하게 된다.

발주의형 ODA 추진체계가 보여주는 실제 정책의 사례로 무상원조와 유상원조 비율, 양자원조와 다자원조 비율, 구속성원조와 비구속성원조 비율의 구성을 비교·검토할 수 있다. [그림 5-1]은 무상원조와 유상원조 간의 비율을 보여주고 있는데, 2016년도 기준 한국의 유상원조는 전체 양자원조 ODA의 약 40%를 차지하고 있으며 이러한 경향은 제2차 기본계획에서 2020년까지 유상 대 무상 비율을

그림 5-1 OECD DAC 회원국의 무상원조와 유상원조 비율　　(2016년 기준)

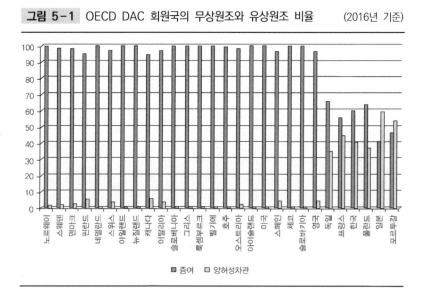

자료: OECD Stats (2019년 5월 9일 확인).

40:60으로 유지하겠다고 밝히고 있어 계속 유지될 것으로 예상된다.

개최근 DAC에 가입한 신흥원조국인 포르투갈과 폴란드를 제외하고는 DAC 회원국 중 2016년 기준으로 오직 일본(59.2%), 프랑스(44.6%)만이 유상원조 비율이 한국보다 큰 것으로 집계된다. 한국의 유상원조 비율인 40.2%는 2016년 기준 DAC 전체 회원국의 유상원조 평균인 89.3%에 크게 못 미치는 것으로 나타난다. 발전국가 시대의 개발주의에 입각한 중상주의적 ODA 정책을 유지하기 위해서는 유상원조 비율이 높을 수밖에 없으며, DAC 회원국 중에 최근에 들어와 자국의 ODA 정책을 경제협력 중심으로 전환하고 있는 프랑스와 독일이 점차 유상원조 비율이 높아지고 있다. 상업주의형 ODA를 고수하고 있는 일본의 유상원조는 가히 최악의 사례라 평가할 수 있다. OECD 통계에 따르면, 일본이 유상협력을 실시했던 협력대상국으로부터 받은 이자의 총액을 포함할 경우 일본은 유상원조로 책정한 예산보다 수원국으로부터 받는 이자의 규모(약 26억 달러)가 더 크다는 충격적인 사실을 [표 5−1]에서 확인할 수 있다. 결국, 일본은 개도국을 지원하는 ODA를 통해 수익을 창출하는 구조를 확보하고 있다는 해석이 가능하다.

비구속성 원조와 인도주의적 지원의 경우도 마찬가지로 DAC 회원국 평균에 한국이 못 미치는 것으로 이미 확인되었다([표 4-15]와 [표 4-16] 참조). 이는 이미 2012년과 2017년 두 차례의 OECD DAC 동료검토에서 지속적으로 권고되었던 사항으로 아직도 한국이 자국의 행위자와 상품이 원조와 같이 진출하고 긴급구호와 같은 인도주의적 원조보다는 경제협력 위주의 가시성이 높은 원조에 더 많은 투자와 지원을 하고 있다는 사실을 증명한다. 특히, 비구속성원조의 경우는 국내의 국제개발협력 선진화방안, 제1차 기본계획, 그리고 제2차 기본계획에서 공히 중요한 사안으로 계속 강조하고 있다. 또한, 1991년

표 5-1 수원국이 지불한 유상원조 이자총액　　　　　　(단위: 백만 달러)

공여국	2007	2008	2009	2010	2011
호주	–	–	–	–	12.75
오스트리아	0.72	0.29	0.21	0.14	0.1
벨기에	2.91	2.59	2.43	–	3.04
캐나다	–	–	1.97	2.18	2.28
덴마크	2.15	0.66	0.82	–	–
핀란드	0.1	–	0.04	0.02	0.02
프랑스	473.44	544.4	424.14	407.89	–
독일	327.82	492.32	307.53	292.27	322.82
일본	2,146.46	2,249.39	2,367.87	2,120.7	2,562.03
이탈리아	0.37	0.95	0.43	–	7.62
한국	30.06	26.46	24.68	28.09	32.01
네델란드	58.72	30.78	26.59	–	–
포르투갈	1.52	8.97	11.22	13.28	17.87
스페인	14.45	38.08	6.31	59.11	55.2
영국	21.72	–	–	–	–
합계	3,407.06	3,853.71	3,462.95	3,156.62	3,243.84

자료: OECD Stats (2019년 8월 7일 확인).

이래 한국의 역대 정권별로 ODA의 결정요인을 분석한 연구에서 보수정권과 진보정권 예외 없이 인도주의적 요인이 결정요인으로 작동한 적이 없다고 비판하고 있다(Sohn et al., 2011). 양자원조와 다자원조 비율도 개발주의형 국제개발협력을 추진하는 한국의 경우는 예외 없이 다자원조의 비율이 압도적으로 낮게 집계된다([그림 5-2] 참조). 다자원조의 사례도 DAC 동료검토에서 지속적으로 다루었던 엄중한 권고

그림 5-2 한국 ODA의 양자원조와 다자원조 비율 (단위: 백만 달러, 기준년도: 2017)

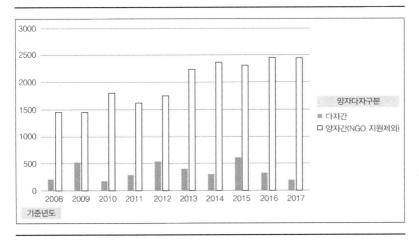

자료: OECD Stats (2019년 5월 9일 확인).

사항이었다. 국제 수준의 DAC 동료검토와 국내 수준의 정책문서에 끊임없이 제기하고 있는 다자원조·비구속성원조·인도적 지원 제고를 위한 권고사항에도 불구하고 한국의 ODA 정책은 크게 변화가 없는 이유를 우리는 궁극적으로 발전국가형 개발주의에 배태된 한국 ODA 추진체계의 구조적 폐쇄성에 찾을 수 있다.

발전국가형 개발주의의 전형적인 증표는 유상협력과 무상협력의 분절화 구조와 분절된 구조에 각자도생하는 다양한 행위자이다. ODA 예산이 늘어나고 있는 과정에서는 부처별로 그 영향력을 최대치로 확장하려고 노력하기 때문에 분절화 구조가 의도적으로 통합되기에 대단히 어려운 조건임에 틀림없다(김태균, 2010). 최근 경제·인문사회연구원의 연구에서는 분절화된 구조를 의도적으로 통합하는 방안보다는 ODA 사업 심의를 담당하는 전문관리위원회를 설치하자는 제안을 제기하기도 한다(임원혁 외, 2019). DAC 동료검토를 비롯하여 한

Part 05. 도구적 가치로서의 開發 vs. 총체적 가치로서의 發展 **207**

국 ODA 추진체계의 분절화 현상을 혁신하기 위하여 다양한 방안이 제시되었지만, 가장 합리적인 대안은 현재 추진체계를 유지하되 무상협력의 외교부와 유상협력의 기획재정부를 조정하는 국개위의 권한을 최대한 강화하는 방향으로 수렴될 수 있다(주동주·차문중·권율 외, 2012; 김상태·한상연, 2018; 이학교 외, 2011).

그럼에도 불구하고, 분절화 문제로 인하여 ODA 집행기관인 EDCF와 KOICA가 바라보는 한국의 국제개발협력에 대한 접근 또한 분절적으로 갈려 사실상 국개위에서 제도적으로 유·무상 통합관리를 시도하는 협치가 가능할지 의심스럽다. 기본적으로 KOICA는 무상원조의 현대화를 추구하고, EDCF는 양허성 차관의 경제효율성 강화를 기관의 최상목표로 설정하고 있다. 2017년 한국수출입은행 은행장 직무대행이었던 홍영표의 EDCF 30년사 발간 기념사를 보면, "EDCF는 개발도상국의 포용적 성장을 뒷받침하고, 우리 기업의 해외진출에 기여하고 있습니다"라는 전형적인 개발주의에 입각한 표현을 숨기지 않고 공개적으로 사용하고 있다(한국수출입은행, 2017). 주지하다시피, 이는 국제사회가 권고하는 비구속성 원조에 정면으로 반하는 구속성 형태의 양허성 차관(유상원조)을 오히려 권장하고 있는 역설적인 현상을 보여준다. EDCF의 공식 홈페이지에는 구체적으로 어떠한 비전과 유상원조 관련 철학이 있는가에 대한 설명이 나와 있지 않다. 반면, 증여방식의 무상원조 이행을 전담하고 있는 KOICA는 EDCF와 달리 글로벌 개발규범과의 친밀도가 상대적으로 높다고 평가할 수 있으며, 이에 따라 KOICA는 조직의 목표 및 비전을 KOICA 2018－2023 중장기 경영목표의 미션으로 "누구도 소외받지 않는 사람 중심의 평화와 번영을 위한 상생의 개발협력", 그리고 비전으로 "글로벌 사회적 가치를 실천하는 대한민국 개발협력 대표기관"을 표방하고 있어 공여국으로서 한국과 협력대상국으로서의 개도국 간의 상생과 글로벌 사회적 가치를 강조하고 있다는 것을 확인할 수 있다. 상위의 비전과 목표가 다른 이 두 원조기관은 현장에서의 개발사업에서도 상당히 다른 방향의 결과물을 생산할 수밖에 없으며 이러한 통합되지 않은 원조의 방향성은 개발협력 정책과 사업 전체에 있어 구조적인 문제의 원천이 될 수 있다.

또한, 분절적인 ODA 추진체계가 현 체제에 맞게 유상협력사업과 무상협력사업 간의 교통정리마저 되지 않고 있다는 증거가 확인되고 있다. KSP는 성격상 유상협력이 아닌 지식공유의 무상원조사업임에도 불구하고, 현재 추진체계에서 유상협력을 관장하는 기획재정부와 EDCF가 KSP를 담당하는 형국이다. 더욱이, KSP의 내용 대부분이 경제발전에 관한 지식경험이며, 공식적인 명칭 자체가 '한국경제발전경험공유사업'이라는 사실에서 우리는 경제협력 중심의 유상협력이 무상협력사업까지 침투하고 있음을 알 수 있다. 경제협력을 최우선적인 국제개발의 가치이자 목표로 설정하는 순간, KSP를 무상협력임에도 불구하고 한국형 모델을 수출하기 위하여 유상협력 기관이 독점할 수 있게 되며, 중점협력국 지정에서 경제협력의 결정요인이 강조되고, 개발재원의 해석이 개발금융으로 비약할 수 있는 것이다.

(3) 글로벌-로컬 연계의 국제정치사회학

도구적 가치로서 개발주의는 경제성장 중심으로 개도국이라는 새로운 글로벌 시장과 한국의 ODA 정책 간의 연계를 강화하려는 전략을 세우게 된다. 유상원조 중심의 민관협력으로 한국 기업의 개도국 시장진출 및 청년실업 문제 해결 등 전형적인 중상주의적 국제개발 모델을 도입하게 되고, 이를 달성하기 위하여 글로벌 규범을 자의적으로 재해석하고 개도국과의 관계를 설정한다. 한국이 2011년 부산총회에서 전 세계의 찬사를 받으며 도입한 원조효과성에서 개발효과성으로의 전환이 무색하게도 한국정부는 개도국을 공여국인 한국경제의 탈출구로 인식하고 한국 ODA의 원조효과성 제고만을 강조하고 있다. 개도국은 협력대상국으로 ODA를 통해 상호책무성을 강화하고 개도국의 경제성장뿐만 아니라 사회발전을 지원하는 개발파트너이지, 공여국의 이익을 창출하기 위한 도구가 아니다. 작금의 동아시아 국제개발 모델은 전형적인 중상주의의 길을 걷고 있다. 앞서도 논의했지만, 일본은 상업주의 ODA 정책을 일관되게 추진하고 있고, 중국 또한 자국의 원조백서에 따르면 유상원조가 63.8%에 달하기 때문에 일본을 능가하는 유상원조 중심의 남남협력 신흥원조국으로 자리매김하고 있다(Information Office of the State Council, 2014). 대규모의 유상원조를 가시성이 높고 고비용의 인프라 중심으로 개발사업을 구상하게 되고, 인프라 사업의 책무성보다는 효율성을 배가하는 방안을 모색하게 되며, 자국의 기업과 노동력이 인프라 사업에 투입될 수 있도록 구속성원조를 거리낌 없이 활용한다(김태균, 2018). 결론적으로, 도구적 가치로서의 개발주의는 국제사회론의 시각에서 보면 국제사회의 국제개발 영역에서 세계체제론적 국제질서 유지를 강조하고 자국의 이익을 극대화하는 다원주의(pluralism)에 가깝다고 해석할 수 있다(김태균, 2016b).

5.2. 총체적 가치로서의 發展: 사회발전론의 소환

도구적 가치로서의 개발주의를 극복하기 위한 대안적인 접근법으로 총체적인 가치로서 사회발전이 제시된다. 한 국가의 발전은 단순히 경제성장으로 수렴될 수 없다. 물론, 경제성장을 배제하고 발전을 논할 수 없다. 특정 발전목표로 국제개발정책을 압도할 수 없으며, 경제성장을 통한 사회발전과 사회발전을 통한 경제성장은 총체적 가치로서 발전을 기획해야 한다. 따라서, 경제중심의 개발주의가 대세인 한국의 국제개발정책에는 사회발전론의 소환이 필요하다. 사회발전론적 시각은 협소한 의미의 개발을 광의의 발전으로 전환하는 데 일조할 것이며, 경제성장 중심의 개발주의와 경쟁하거나 이를 상쇄시키는 긍정적인 효과를 창출할 것이다.

(1) 글로벌 수준의 구조적 접근

총체적 가치로서 사회발전은 기본적으로 개도국과의 관계를 상생과 연대에서 찾는다. 사회발전론적 원조철학은 세계체제론처럼 글로벌 수준에서 이미 정해진 위치의 상생이 아니라 제3세계의 개도국이 각자의 조건과 맥락에서 경제성장과 민주화를 달성할 수 있도록 제3자로서 공여국이 지원하는 글로벌 남반구 자생을 위한 상생에서 시작한다. 따라서 국제사회론의 연대주의(solidarism)가 강조하는 국제사회의 사회정의를 원조철학의 핵심 구성요소로 인식하고 글로벌 상생과 번영을 공여국의 국익으로 상정한다(김태균, 2016b). 같은 맥락에서 글로벌 수준의 구조적 접근을 공여국과 개도국이 서로 연결되어 있는 일종의 가치사슬로 인식하게 되고, 국제개발사업을 통해 공여국은 글로벌 사회공헌을 도모하고 개도국은 자국의 발전을 통해 글로벌 가치사슬에 기여할 수 있다. 이를 국제정치에서 논하는 '국제자유질서(international liberal order)'라고 표현할 수 있으며(Ikenberry, 2011), 경제성장과 함께 민주주의, 인권, 젠더 등의 사회발전론적 요소가 동시에 고려될 때 진정한 의미의 발전이 가능하게 되는 것이다.

(2) 국가 수준의 구조 – 행위자 관계성

총체적 시각에서 발전을 조명할 때, 공여국 내부의 구조 – 행위자 관계성은 기든스(Giddens)가 제안했던 구조화이론(structuration theory)에 그 근간을 찾을 수 있다. 구조가 행위자를 압도하는 것이 아니라, 행위자의 선택과 협력으로 구조를 개선해 나갈 수 있다는 전제가 사회적으로 구조화된다. 원조철학도 이러한 맥락에서 정부중심이 아니라 개발원조에 관련된 행위자를 동등한 파트너를 대우하고 소통과 협치를 통해 정부와 시민사회가 갈등이 아닌 시너지 효과를 창출할 수 있는 개발협력의 동반자로 인식하는 가치들로 구성될 수 있다. 개발과 평화를 연계하고, 개도국의 민주주의 정착을 지원하며, 개발협력에 인권중심의 접근법을 사용하고, 젠더와 환경과 같은 범분야이슈와 국제기구를 지원하는 다자원조의 비율을 늘리는 방향으로 원조철학과 ODA 추진체계, 그리고 집행과정을 체계적으로 연결할 수 있다.

구체적으로 2019년 한국정부와 시민사회는 파트너십 기본정책에 합의하면서 이미 상호간에 건설적 파트너십을 구성하는 실적을 올렸으며, 이는 총체적 가치로서의 사회발전에 적합한 성공사례라 평가할 수 있다. 또한, 국개위(2019)는 DAC 동료검토에서 권고한 SDGs 이행지원 등 국제적 노력에 동참하고, 인도적 지원과 비구속성원조를 더욱 강화하는 등 한국 ODA의 질적 향상을 위하여 제도적 개선을 도모하고 있다.[72] 그러나 이러한 사회발전론적 변화는 정부 스스로 결정하고 시민사회와 국제사회를 선도하는 것이 아니라, 반대로 국내에서는 시민사회가 장기간에 걸쳐 개혁을 요구하고 국제사회에서는 DAC

---

72 제32차 국개위(2019)에 따르면, 2019년 인도적 지원으로 1,432억원을 책정하고 있으며, 이는 20188년 대비 41억원이 증가한 수치라고 보고하고 있다.

의 동료검토와 SDGs와 같은 글로벌 규범이 한국정부에게 압력을 가할 때 비로소 총체적 가치로서의 발전적 혁신이 가능해지는 것이다. 결론적으로, 사회발전론적 혁신은 정부 또는 시민사회의 독자적인 프로젝트로 접근해서는 불가능하고, 서로 협치하고 의존하는 이른바 혼합적 거버넌스(mixed governance) 방식으로 재구성되어야 한다.

표 5-2 정부의 ODA 책무성 개선 노력

분야	현황	개선 사항
사업절차 투명성	• (기획) 사업기획 요건(공관 의견수렴, 타당성조사, 민간 참여 등) 충족 중 • (착수) 입찰결과 공개 중이나, 사업 시행(위탁) 기관에 대한 정보공개 미흡 • (수행) 현지 공관에서 모니터링 시행 중이나, 점검 결과의 차년도 사업반영 미흡 • (평가) 소위평가 및 자체평가 시행 중이며, 평가결과 보고서 공개	• (기획) 기본요건 심사 및 사전타당성조사 강화, 민간전문가 참여 확대 • (착수) 실제 사업 수행기관에 대한 정보공개 추진(ODA Korea 활용) • (수행) 현지 공관 모니터링 결과의 차년도 사업 반영 제도화 • (평가) 평가전략 수립 및 기관평가 도입을 추진하고, 평가결과 환류 강화
환경사회 영향평가	일부 기관(EDCF, KOICA)에서 환경사회영향평가 정책을 마련하여 시행 중	무상원조(전체)에 대한 환경사회영향평가 제도 도입 추진
기타 리스크관리	원조집행 과정의 부정부패 방지를 위한 리스크관리 제도 도입	투명한 사업절차 운영을 위한 조직차원의 윤리경영 제도 확립 추진
민주적 참여	시민사회 간담회 추진 및 ODA 민관협력 사업 참여, ODA 사업 기획 시 민관전문가 참여	정책협의 정례화를 통한 정책결정 과정 참여, 정부-시민사회 파트너십 기본전략 수립

자료: 맹준호(2019).

마지막으로, 총체적 발전론에서 중요하게 간주하는 원조의 책무성 문제에 관한 한국의 상황을 국내 수준에서의 구조-행위자 관계의 사례로 소개한다. [표 5-2]가 보여주듯이, 시민사회의 강력한 요구로 한국정부는 ODA 사업의 책무성을 강화하기 위하여 사업절차 투명성, 환경사회영향평가, 기타 위험관리, 그리고 민주적 참여 보장 등의 다양한 개선의 노력을 추진하고 있다. 이는 2019년 합의한 정부-시민사회 파트너십 기본정책을 통해 가능해진 정책협의 정례화로 한국 ODA 사업의 책무성에 대한 점검이 강화될 것으로 예상된다. 환경사회영향평가의 경우, 최근에 EDCF와 KOICA가 제도화 작업에 착수했음에도 불구하고 실질적으로 각 기관의 사업에 적용되지 않고 있어 그 제도적 한계가 분명히 드러나고 있다. 특히, EDCF는 환경사회영향평가의 기존 자료를 외부에 공개하지 않고 있고 인프라 중심의 대규모 사업으로 피해를 본 현지주민가 이용할 수 있는 구제제도가 갖춰지지 않아 유상원조의 책무성은 계속해서 시민사회의 주요 감시대상이 되고 있다.

(3) 글로벌-로컬 연계의 국제정치사회학

총체적 가치로서 사회발전론은 앞으로 한국이 지향해야 하는 국제 개발의 청사진을 제시한다. 글로벌 규범으로서 SDGs의 국내이행을 위한 구체적인 전략과 제도를 시민사회와 함께 구축해 나가는 혼합적 거버넌스가 우선적으로 제도화되어야 한다. 한국 원조정책의 진정한 선진화 방안은 원조의 목적을 뚜렷하게 명시하고, 이에 맞게 원조전략과 집행의 일관성을 구축하고 명확한 정책기관과 집행기관 간의 업무분담이 이루어져야 한다. 한국의 국익과 일치하면서도 개도국의 빈곤감소와 지속가능한 발전을 성취할 수 있도록 조정된 원조정책-전략-집행의 연계구조를 정부주도가 아닌 다양한 이해당사자와 함께 이루어 나가야 할 것이다.

사회발전론적 글로벌－로컬 연계 프로젝트로 당장 한국이 처한 분단의 현실과 한반도 평화프로세스, 그리고 국제개발을 연결하는 '평화－개발 넥서스(peace-development nexus)'를 제안할 수 있다. 평화와 발전의 연계는 이미 UN을 비롯한 국제사회에서는 오랫동안 논의해 온 이슈영역으로, 한반도의 지속가능한 발전을 위하여 국제개발을 이용한 평화구축 및 평화정착을 도모할 수 있다(Muscat, 2015; Manning and Malbrough, 2010). 한반도 평화 안착과 정착을 위한 로드맵으로서 '평화조건(peace conditionality)'에 입각한 원조조건을 대북지원을 추진하는 모든 원조기관에게 적용할 수 있으며, 평화조건 이외에 글로벌 규범으로 활용되고 있는 다양한 기제들을 적극적으로 한반도 평화를 위하여 수용하고 개발프로젝트와 연계할 수 있다(Boyce, 2002). 이는 최근에 한국사회에서 거론되고 있는 남한과 북한의 개별적인 SDGs 이행방안을 넘어서서 한반도 전체를 아우르는 '한반도 SDGs'와 연결되며, 국제사회와 한국사회를 한반도 SDGs로 연계하고 혼합적 거버넌스를 통해 시민사회, 민간기업, 그리고 정부가 같이 이행할 수 있는 2030년까지의 한반도 평화 로드맵으로 한반도 SDGs를 활용할 수 있다.

PART

6

나가며: 국제개발의 발전적 성찰

Part 06 │ 나가며: 국제개발의 발전적 성찰

한국 비판국제개발론의 모든 논의는 국제개발의 국정철학에서 시작해서 국정철학으로 종결되어야 한다. 이유인즉슨 한국사회가 아직 온전한 의미의 원조철학을 가지고 있지 못하기 때문이다. 한국의 국제개발 정책과 집행이 과거 발전국가형 개발주의에 매몰되어 있는 이유도 궁극적으로는 원조철학이 명확하게 설정되지 않았기 때문이다. 이제부터라도 앞으로 한국 ODA 및 국제개발이 어떠한 원조철학과 기본정신으로 발전되어야 하는가에 대한 논의를 시작해야 한다. 본 연구는 비판국제개발론의 시각에서 도구적 가치로서의 개발이 아닌 총체적 가치로서의 발전적 성찰을 강조한다. 압축적 근대성의 표상인 개발주의를 극복하고 아시아에서 인도주의를 실천하는 국제개발정책으로 한국을 국제사회에 각인시키고 개발담론을 선도할 수 있는 역량을 키우는 것이 한국의 국익과도 부합한다(김태균, 2016a; 장경섭, 2009). 총체적 사회발전론에 입각한 한국 국제개발 미래의 로드맵을 동아시아의 노르딕 국가로 한국을 탈바꿈시키는 제안으로 갈음한다.

동아시아의 북유럽으로 한국 국제개발의 국정철학과 정책방향의 궤적을 전환한다는 로드맵은 인도주의와 인권, 그리고 민주주의를 한국 원조철학의 새로운 토대로 강조하고 이에 입각한 무상원조 중심의

ODA 정책을 추구하자는 제안이다.[73] 이는 단순히 글로벌 규범을 중시하고 국익을 무시하며 개발주의를 혐오하는 학자의 안일하거나 순진한 사고에서 나온 해답이 아니다. 냉엄한 국제정치 현실과 한국의 국내 상황을 모두 고려한 철저히 현실주의적이고 합리적 선택에 의한 사회구성주의적 해법이다. 북유럽 공여국들도 역사적 경험과 현실주의적 계산으로 인도주의적 원조를 합리적으로 선택한 것이지 애초부터 인도주의를 선호한 국가들이 아니다(김미경, 2012; Browning, 2007; Bergman, 2007; Lawler, 2007). 총체적 가치로서의 사회발전적 국정철학이 현실주의적인 동아시아의 노르딕과 부합하는가에 대한 이유는 아래와 같이 네 가지로 정리할 수 있다.

첫째, 한국은 원조강대국이 아니라, 동아시아의 원조강대국에 둘러싸여 있는 신흥원조국에 지나지 않는다. 북유럽 4개국은 역사적으로 러시아, 영국 등의 강대국에 둘러싸여 있었으며 20세기에 들어올 때까지 강대국의 영향권 안에서 자국의 발전권을 제대로 영위하지 못했다. 또한, 북유럽 국가들은 GNI 대비 ODA의 비율이 0.7%가 넘는 전 세계 공여국 중 가장 국제규범을 잘 준수하는 모범 공여국으로 알려져 있지만, 북유럽 국가의 ODA 실제 규모는 한국과 비슷하거나 심지어 핀란드의 경우 한국보다 작을 정도로 대규모의 원조를 시행하는 공여국이 아니다. 한국도 지정학적으로 강대국인 중국, 일본, 러시아에 둘러싸여 있고 한국의 원조는 일본과 중국에 비해 경쟁할 수 없을 정도로 작은 규모이다. 현실적으로 북유럽 국가는 주변 강대국과 차별화되는 국제개발정책을 고민할 수밖에 없는 상황이었고, 한국도 이와 유사한 상황에 처해 있는 것이다. 일본과 중국과 같은 도구적 개

---

73 김태균, "대한민국 국제개발협력을 위한 '변명'" (한겨레신문, 2018년 3월 12일) 참조.

발주의에 입각한 원조정책을 취할 경우 한국원조의 가시성을 대단히 낮아질 것이 분명하다.

둘째, 한국은 식민지 경험을 북유럽 국가와 같이 공유하고 있으며, 근대화 과정에서 민주화를 경험하였다. 경제성장의 경험과 함께 식민지와 민주화의 경험은 한국 국제개발의 총체적 가치에 있어 대단히 중요한 자산이 된다. 북유럽 국가도 제2차 세계대전 과정에 식민지 경험이 있으며, 전후 사회민주주의 원칙과 복지국가가 국내 규범으로 제도화되었고, 국내사회에 내재화된 규범이 북유럽 국가의 비전략적·규범적·인도주의적 개발원조정책로 승화되었다(Smith, 1990; Noel and Therien, 1995; Lumsdain, 1993; Ingebritsen, 2002; 권율·정지선, 2009). 식민지 경험과 민주화 경험을 보유한 공여국이 민주주의와 인권, 그리고 발전권을 논할 때 제국주의 경험이 있는 공여국과 비교할 수 없는 설득력을 지니게 된다. 한국은 중국과 일본과 다르게 식민지의 아픔을 개도국과 공유할 수 있고, 민주화의 경험을 개도국과 나눌 수 있다. 따라서 한국의 ODA 정책은 경제성장과 더불어 민주주의와 인도적 지원을 핵심 레퍼토리로 재구성되어야 한다.

셋째, 한국과 북유럽은 국제사회에서 중견국의 지위와 영향력을 발휘하는 '소강국'의 경험을 공유한다. 북유럽 국가들의 '小國의 정체성'은 한국의 중견국 외교와 일치하는 점이 많다. 이는 강대국의 원조방식과 다른 원칙과 정책을 도입하여 소국이 누릴 수 있는 틈새전략을 극대화하며, 단기적인 국제개발정책이 아닌 중장기적으로 연성파워를 축적할 수 있는 원조전략을 세우는 것이다. MIKTA를 통해 중견국들이 연합해서 국제사회에 새로운 원조규범과 실천방식을 제안할 수도 있으며, 소강국으로서 개도국과 선진공여국을 잇는 가교 역할도 전략화할 수 있다. 하지만 소강국인 한국이 강대국인 일본과 중국처럼 유상원조를 앞세워 상업주의적 원조를 고집할 때 한국원조의 흔적은 강대국에 가려 찾아보기 어려울 것이다.

마지막으로, 한국 개발원조의 가시성과 지속가능성을 높이기 위하여 한국은 인도주의적 원조를 합리적인 해법으로 선택하고 전략화해야 한다. 앞서도 논의했지만, 북유럽 국가들이 결코 민주주의를 사랑하고 인도적 지원을 선호해서 인도주의적 원조를 원조철학으로 선택한 것이 아니다. 이는 기존의 공여국이 선택한 길을 반복하지 않고 북유럽 국내의 국내 복지레짐과 사회민주주의의 정체성을 적극적으로 반영하여 인도주의라는 새로운 대안을 전략화하여 국제사회에서 인도주의 개발담론을 장악하는 철저히 현실주의적 해법이었다. 소규모의 원조로, 국제사회에 뒤늦게 합류한 후발주자로, 강대국이 아닌 중견국의 입장에서 기존 강대국이 취한 방식의 원조철학과 정책집행을 그대로 답습한다면 북유럽 국가나 한국은 영원히 국제사회에 그 입지를 굳힐 수 없으며 협력대상국에게도 독자적인 인상을 남기기 어려울 것이다. 특히, 동아시아 원조공여국인 한국, 일본, 중국은 모두 발전국가의 경험과 개발주의 중심의 원조를 추구하고 있다. 유상원조와 양자원조 중심의 철저한 중상주의와 개발주의에 입각한 중국원조와 일본원조를 한국이 그대로 따라가는 전략을 취한다면 대규모인 일본원조와 중국원조에 가려 한국원조의 존재는 찾아보기 어려울 것이다. 또한 일본과 중국은 한국처럼 경제성장의 노하우를 보유하고 있는데 반해, 한국은 일본과 달리 식민지 경험과 시민에 의한 민주화 경험이 있고 중국과 달리 민주화 경험을 가지고 있다. 따라서 동아시아에서 노르딕을 꿈꾸며 일본원조와 중국원조와 차별화가 가능한, 그리고 한국 민주주의의 가치가 실린 총체적 가치로서 인도주의적 원조를 향후 한국이 추구할 원조철학이자 국제개발 추진체계의 토대가 될 수 있도록 전략화해야 할 것이다. 이에 준하여 무상원조, 다자원조, 그리고 비구속성원조를 대폭 확장하고 개발주의적 제도를 혁신하는 작업이 수반되어야 할 것이다. 그리고 환경·사회·인권친화적 국제개발협력을 위한 세이프가드와 책무성 제도를 강화하고 권리기반의 인권중심 접근법이 주류 방법론으로 제도화되어야 할 것이다.

물론, 한국형 국제개발은 북유럽 모델과 모든 면이 일치하는 복사품이 아닐 것이다. 한국이 처한 국제정세와 국내 정치상황이 북유럽과 모든 면에서 일치한다고 외부변수를 무리하게 일반화할 수 없다. 그러나, 지금까지 논의한 비판국제개발론을 한국에 적용하고 도구적인 개발주의의 극복과 총체적인 가치로서 사회발전론의 도입을 위한 북유럽 사례는 단순한 지적 유희에 그치지 않고 국제개발의 발전적 성찰로서 중요한 시사점을 우리에게 제공한다. 이를 토대로 앞으로 한국의 국제개발이 나가야 할 원조철학과 제도화 과정에 대한 논의가 활성화되길 희망한다.

참고문헌

강선주. 2013. "한국의 중견국 외교: MIKTA 출범과 개발협력." 『주요국제문제분석』 No. 2013-31. 국립외교원 외교안보연구소.

강정구 외. 2003. 『한국사회발전연구』. 파주: 나남출판.

고승제. 1960. "전환기에 선 한국경제의 전망과 과제." 『사상계』 2월호.

관계부처합동. 2010. 『국제개발협력 선진화 방안』. 세종: 국무총리실.

관계부처합동. 2015. 『제2차 국제개발협력 기본계획(안)』. 세종: 국무총리실.

구정우·김대욱. 2011. "세계사회와 공적개발원조 : 한국 ODA 결정요인 분석, 1989-2007." 『한국사회학』 제45권 1호. 한국사회학회.

국민호. 2002. "동아시아 발전과 한국의 근대화와 아시아적 가치." 한국비교사회학회 편. 『동아시아 발전사회학』. 서울: 아르케.

국제개발협력민간협의회. 2018a. "2018 OECD DAC Peer Review." 『KCOC 이슈팡팡』 제36호. 국제개발협력민간협의회.

국제개발협력민간협의회. 2018b. 『2017 한국 국제개발협력 CSO 편람』. 서울: 국제개발협력민간협의회.

국제개발협력위원회. 2014. 『대한민국 ODA 백서』. 세종: 국제개발협력위원회.

국제개발협력위원회. 2017. 『대한민국 ODA 백서』. 세종: 국제개발협력위원회.

국제개발협력위원회. 2019. 『제32차 국제개발협력위원회 의결안건(제32-1호)』. 세종: 국제개발협력위원회.

권율·정지선. 2009. 『북유럽 주요국의 언타이드 원조정책과 시사점』. 서울: 대외경제정책연구원.

권태환·임현진·송호근 편. 2001. 『신사회운동의 사회학: 세계적 추세와 한국』. 서울: 서울대학교출판부.

기획재정부. 2015. 『경제백서 2015』. 세종: 기획재정부.

김기식 의원·ODA Watch. 2012. 『2012 정무위원회 국정감사 정책자료집: 이명박 정부 ODA 정책 평가와 차기 정부에 대한 제언』. http://pida.or.kr/data/?q=YToxOntzOjEyOiJrZXl3b3JkX3R5cGUiO3M6 MzoiYWxsIjt9&bmode=view&idx=570786&t=board&category=70765 yu260.

김다혜·김태균·손혁상·문경연. 2018. "한국 ODA 사업의 정책일관성 연구: 영국, 네델란드와 비교분석을 중심으로." 『동서연구』 제30권 2호. 연세대학교 동서문제연구원.

김대환. 1981. "1950년대 한국경제의 인식." 진덕규·한배호·김학준·한승주·김대환 외. 『1950년대의 인식』. 서울: 한길사.

김미경. 2012. "ODA와 노르딕 예외주의: ODA와 복지국가 상관성에 관한 재검토." 『평화연구』 제20권 2호. 고려대학교 평화와민주주의연구소.

김상태. 2012. "개발협력과 민간기업 참여활성화: 일본사례를 중심으로." 『국제개발협력』 제1호. 한국국제협력단.

김상태·한상연. 2018. "균열적 대립과정의 시각으로 본 한국의 공적개발원조(ODA) 정책과정과 관료정치." 『아태연구』 제25권 1호. 경희대학교 국제지역연구원.

김석우·이슬기. 2017. "개발파트너십 유형의 결정요인 분석: SIDA 사례." 『국제정치논총』 제5/권 1호. 한국국제정치학회.

김양화. 1985. "미국의 대한원조와 한국의 경제구조." 송건호·박현채 외, 『해방 40년의 재인식 Ⅰ』. 서울: 돌베개.

김윤태. 2017. "발전주의 복지국가의 전환: 역사적 경로의존성과 제도적 역동성." 김윤태 편, 『발전국가: 과거, 현재, 미래』. 파주: 한울.

김은미·조희정·박민정·송지선. 2016. "OECD DAC 개발협력 주요 이슈 논의동향과 한국 국제개발협력 전략 연계방안." 『국제개발협력연구』 제8권 2호. 국제개발협력학회.

김인춘. 2017. "자본주의의 다양성과 한국의 새로운 발전모델." 김윤태 편, 『발

전국가: 과거, 현재, 미래』. 파주: 한울.

김정해·권율·이원희·이창길·유종선. 2012. 『한국형 공적개발원조(ODA)의
효과적 추진을 위한 통합체계 연구』. 서울: 한국행정연구원.

김종철. 1986. "종속과 독재와 저항." 박현채·한상진 외, 『해방 40년의 재인
식 Ⅱ』. 서울: 돌베개.

김종태. 2017. "한국의 발전국가와 발전주의." 김윤태 편, 『발전국가: 과거,
현재, 미래』. 파주: 한울.

김지영. 2014. "한중일의 대 아프리카 ODA 분석을 통한 아시아 원조모델 분
석." 『사회과학연구』 제21권 1호. 서강대학교 사회과학연구소.

김철규. 2002. "20세기 발전주의의 형성과 한계." 한국비교사회학회 편. 『동
아시아 발전사회학』. 서울: 아르케.

김태균. 2010. "국제개발협력을 위한 가치지향의 이중적 구조: 일본 사례에
관한 소고," 『국제·지역연구』 제19권 2호. 서울대학교 국제학연구소.

김태균. 2011. "부산총회 이후: 국제개발원조레짐의 변화와 한국." 『EAI 논평』
제23호. 동아시아연구원.

김태균. 2012. "개발협력 의제의 사회적 구성: 글로벌 거버넌스에서 복합네트
워킹의 정치학." 『국제개발협력연구』 제4권 1호. 국제개발협력학회.

김태균. 2013a. "개발 원조의 변용성과 원조조건의 정치경제학," 『경제와 사
회』 제99호. 비판사회학회.

김태균. 2013b. "글로벌 거버넌스와 개발협력의 책무성: 수용과 남용의 딜레
마," 『국제정치논총』 제53집 4호. 한국국제정치학회.

김태균. 2015. "포스트−2015 개발시대의 분절적 글로벌 개발협력 거버넌스:
유엔개발협력포럼(UNDCF)과 부산글로벌파트너십(GPEDC)을 중심으로."
『국제·지역연구』 제24권 3호. 서울대학교 국제학연구소.

김태균. 2016a. "국제개발에서 사회발전으로: 한국 사회의 국제개발 정책에
대한 비판적 고찰과 사회발전론의 재조명." 『경제와 사회』 제109호. 한국
비판사회학회.

김태균. 2016b. "개발원조의 인식론적 전환을 위한 국제사회론: 국익과 인도

주의의 이분법을 넘어서.”『한국정치학회보』제50집 1호. 한국정치학회.

김태균, 2017a. “조력자에서 주창자로: 한국 국제개발 시민사회단체의 정체성
에 관한 연구.”『담론201』제20권 3호. 한국사회역사학회.

김태균, 2017b. “2030 지속가능발전시대 기업의 사회적 책임: 글로벌 거버넌
스와 제도주의 접근을 중심으로.”『국제개발협력연구』제9권 1호. 국제개
발협력학회.

김태균. 2018.『대항적 공존: 글로벌 책무성의 아시아적 재생산』. 서울: 서울
대학교출판문화원.

김태균. 2019. “SDGs와 K－SDGs 연계방안.” 임원혁 외,『국제협력 비전, 전
략 추진체계: 국제개발협력 중심으로』. 세종: 경제인문사회연구회.

김태균·김보경·심예리. 2016. “국제개발 규범의 국내화 과정에 관한 연구:
지속가능발전목표(SDGs)와 한국의 국내이행 정책수립에 관하여.”『국제·
지역연구』제25권 1호. 서울대학교 국제학연구소.

김태균·이일청. 2018. “반둥 이후: 비동맹주의의 쇠퇴와 남남협력의 정치세
력화.”『국제정치논총』제58권 3호. 한국국제정치학회.

김태균·이일청. 2014. “국제개발 재원조달의 다중전환과 공적개발원조의 중
심성: 한국적 재해석을 위한 단상,”『지역발전연구』제23권 2호. 연세대학
교 빈곤문제국제개발연구원.

김형규. 2017. “우리나라의 “개발을 위한 정책일관성(PCD)” 제고를 위한 법
적·제도적 기반 확충에 관한 연구.”『국제개발협력연구』제9권 4호. 국제
개발협력학회.

나종일. 1992.『세계사를 보는 시각과 방법: 나종일 사론집』. 서울: 창작과
비평사.

마상윤. 2008. “영국학파의 국제사회론.”『세계정치』제10권. 서울대학교 국
제문제연구소.

맹준호. 2019. “파트너십 기본정책과 정부의 ODA 투명성 제고.”『한국 개발
CSO 투명성 토론회 발표문』. 국제개발협력민간협의회.

문경연. 2013. “영국 대외원조 정책 및 추진체계 변화에 대한 연구.”『국제개

발협력연구』제5권 1호. 국제개발협력학회.

문경연·김형성. 2017. "한국 ODA 협업체계 구축에 관한 연구: 전문성·효율성 달성을 위한 네트워크 거버넌스 적용 방안."『국제개발협력연구』제9권 4호. 국제개발협력학회.

박명준·이준구·김태균·윤효원·장대업·배규식·채준호.『어서와요 노동존중 CSR: 세계의 공장화 시대, 위태로운 노동시민권을 지켜주는 기업』. 서울: 해피스토리.

박성우·손병권. 2018.『한국형 발전국가의 국가이념과 정치제도』. 고양: 인간사랑.

박은하. 2011. "부산 세계개발원조총회 주요 성과 및 향후 과제."『국제개발협력』제4호. 한국국제협력단.

박찬승 편. 2010.『한국근현대사를 읽는다』. 파주: 경인문화사.

박태균. 2013.『원형과 변용: 한국경제개발계획의 기원』. 서울: 서울대학교출판문화원.

발전대안피다. 2018. "한국 개발협력, 5년간 얼마나 달라졌나? 두 번째 OECD DAC 동료검토 결과."『Watch』13호. 발전대안피다.

발전대안피다. 2019. "'국제개발협력분야 정부－시민사회 파트너십 기본정책' 수립의 맥락과 의미."『Watch』18호. 발전대안피다.

보건사회부. 1965.『보건사회백서』. 서울: 보건사회부.

손혁상. 2011. "부산 개발원조총회(HLF4)와 세계시민사회의 대응전략: Better Aid와 Open Forum을 중심으로."『국제개발협력』제3호. 한국국제협력단.

손혁상. 2015.『시민사회와 국제개발협력: 한국 개발NGO의 현황과 과제』. 서울: 집문당.

윤상우. 2005.『동아시아 발전의 사회학』. 파주: 나남출판.

외교부 ODA 독립패널. 2014.『효과적 개발협력을 통한 중견국 외교 실현: 외교부 무상원조 개선방안 제언 20』. 서울: 외교부.

우창빈·이주하·김태균. 2019. "지속가능발전목표(SDGs) 달성을 위한 거버넌스와 공공행정 추진전략: 한국의 국제개발정책을 중심으로."『국정관리

연구』 제14권 2호. 성균관대학교 국정전문대학원.

이대근. 1983. "재생산구조의 외연적 심화과정."『사회과학』제20권. 성균관대학교 사회과학연구소.

이련주. 2010. "국제개발협력 선진화 방안."『국제개발협력』제4호. 한국국제협력단.

이미숙. 2017. "발전국가론적 관점에서 본 새마을운동과 정부 역할: 개도국 적용의 유용성."『농촌경제』제36권 3호. 농촌경제연구원.

이성훈. 2011. "시민사회가 바라보는 부산총회의 성과와 향후 과제."『국제개발협력』제4호. 한국국제협력단.

이승주. 2012. "주요 공여국의 개발협력 정책." 이숙종 편,『글로벌 개발협력 거버넌스와 한국』. 서울: 동아시아연구원.

이연호. 2009.『발전론』. 서울: 연세대학교출판부.

이재현. 2015. "MIKTA는 중견국외교인가?."『아산정책연구원 이슈브리프』. 아산정책연구원.

이재현. 2018. "신남방정책이 아세안에서 성공하려면?."『아산정책연구원 이슈브리프』. 아산정책연구원.

이주하. 2017. "발전국가와 국가중심적 거버넌스." 김윤태 편,『발전국가: 과거, 현재, 미래』. 파주: 한울.

이태주. 2011. "프로젝트를 추적하다: 국제개발과 인류학적 참여."『비교문화연구』제17권 1호. 서울대학교 비교문화연구소.

이태주. 2003. "한국의 대외원조 정책에 대한 인류학적 연구: "선진국 만들기"와 발전 담론."『비교문화연구』제9권 1호. 서울대학교 비교문화연구소.

이학교 외. 2011.『ODA 사업의 분절성 극복을 위한 추진체계의 재정립 방안』. 국회예산정책처 연구용역사업.

임소진. 2013. "OECD DAC 동료검토의 이해 및 의의."『국제개발협력』제1호. 한국국제협력단.

임원혁. 2019. "총론: 한국 국제협력의 비전과 전략." 임원혁 외,『국제협력 비전, 전략 추진체계: 국제개발협력 중심으로』. 세종: 경제인문사회연구회.

임현진. 1987. 『현대 한국과 종속이론』 서울: 서울대학교출판부.

임현진 편저. 1987. 『제3세계, 자본주의, 그리고 한국: 이론과 현실』. 서울: 법문사.

임현진. 1997. "종속이론은 죽었는가? 한국의 발전위기에 대한 해석." 『경제와 사회』 제36권. 한국비판사회학회.

임현진. 2009. "21세기 한국의 발전 모델 탐색: 소강(小康) 강중국(强中國) 발전 모델을 향하여." 박삼옥·양승목·윤영관·이근·임현진, 『지속가능한 한국발전모델과 성장동력』. 서울: 서울대학교출판문화원.

임혜란. 2018. 『동아시아 발전국가모델의 재구성』. 서울: 서울대학교출판문화원.

장경섭. 2009. 『가족·생애·정치경제: 압축적 근대성의 미시적 기초』. 파주: 창비.

장상환. 1985. "해방 후 대미 의존적 경제구조의 성립과정." 송건호·박현채 외, 『해방 40년의 재인식 Ⅰ』. 서울: 돌베개.

정우진. 2010. 『한국형 개발협력모델: 한국적 경험과 비교우위에 근거한 섹터별 프로그램』. 성남: 한국국제협력단.

주동주. 2016. 『70억의 별: 위기의 인류 – 지속가능한 미래를 위한 한 개발학자의 고민과 제언』. 서울: 한국학술정보.

주동주. 2009. "북유럽 국가의 ODA 발전과정과 현황: 덴마크와 핀란드를 중심으로." 『국제지역연구』 제13권 3호. 국제지역학회.

주동주·차문중·권율 외. 2012. 『한국형 ODA 모델 수립』. 서울: 산업연구원.

지주형. 2011. 『한국 신자유주의의 기원과 형성』. 서울: 책세상.

참여연대 국제연대위원회. 2010. "2009 참여연대 ODA 정책보고서: 한국 유상원조의 현황과 문제점 그리고 개선과제." 『국제개발협력연구』 제2권 1호. 국제개발협력학회.

최상오. 2013. 『원조, 받는 나라에서 주는 나라로』. 파주: 나남.

최원규. 1996. 『외국민간원조단체의 활동과 한국 사회사업발전에 미친 영향』. 서울대학교 사회복지학과 박사학위논문.

최호진. 1958. "미원조의 삭감과 경제자립." 『사상계』 6월호.

카바40년사편찬위원회 편. 1995. 『외원사회사업기관활동사: 외국민간원조기관한국연합회 40년사』. 서울: 홍익재.

하영선. 1995. 『현대국제정치이론』. 서울: 나남.

한국국제협력단. 2013. 『국제개발협력의 이해』. 파주: 한울아카데미.

한국국제협력단. 2001. 『한국국제협력단 10년: 1991－2000』. 서울: 한국국제협력단.

한국국제협력단. 2011. 『한국국제협력단 20년: 1991－2010』. 성남: 한국국제협력단.

한국군사혁명사편찬위원회. 1963. 『한국군사 혁명사 제1집(하)』. 서울: 국가재건최고회의.

한국수출입은행 편. 2016. 『한국수출입은행 40년사: 1976－2016』. 서울: 한국수출입은행.

한국수출입은행 편. 2017. 『ECDF 30년사, 1987－2017』. 서울: 수출입은행.

한국은행조사부. 1963. 『경제통계연보』. 서울: 한국은행.

한재광. 2016. "국제개발협력 분야 정부－시민사회 협력관계 연구: 1995～2015년 KOICA의 민관협력 프로그램 분석을 중심으로." 『한국행정학회 학술발표논문집』. 한국행정학회.

한재광. 2010. "지구촌 빈곤감축을 위한 시민사회의 노력." 『국제개발협력』 제4호. 한국국제협력난.

홍성유. 1965. 『한국경제의 자본축적 과정』. 서울: 고려대학교 아세아문제연구소.

Amsden, Alice H., *Asia's Next Giant: South Korea and Late Industrialization* (Oxford: Oxford University Press, 1989).

Al－e Ahmad, Jalal, *Gharbzadegi: Weststruckness* (Santa Ana: Mazda Publishers, 2012).

Al－e Ahmad, Jalal, *Occidentosis: A Plague from the West* (Berkeley: Mizan Press, 1984).

Alexander, Arthur J., *In the Shadow of the Miracle: The Japanese Economy since the End of High−Speed Growth* (Lanham: Lexington Books, 2002).

Amadi, Luke, "Africa: Beyond the "New" Dependency: A Political Economy," *African Journal of Political Science and International Relations* 6(8), 2012.

Amin, Samir, *The Long Revolution of the Global South: Toward a New Anti−Imperialist International* (New York: Monthly Review Press, 2019).

Amin, Samir, *Imperialism and Unequal Development* (New York: Monthly Review Press, 1977).

Anderson, Benedict, *Imagined Communities: Reflections on the Origin and Spread of Nationalism* (London: Verso, 1983).

Anievas, Alexander and Kamran Matin (eds.), *Historical Sociology and World History: Uneven and Combined Development over the Longue Durée* (London: Rowman & Littlefield, 2016).

Arrighi, Giovanni, *The Long Twentieth Century: Money, Power, and the Origins of Our Times* (London: Verso, 2010).

Arrighi, Giovanni and Jessica Drangel, "The Stratification of the World−Economy: An Exploration of the Semiperipheral Zone," *Review* X(1), 1986.

Ashley, Richard K., "The Poverty of Neorealism," *International Organization* 37(3), 1984.

AusAid, "Mutual Accountability: 'Orphan' Principle of the Paris Declaration," *ODE Issues Note* (Canberra: Office of Development Effectiveness, 2008).

Bader, Marieline, *Rethinking Korea' ODA Policies within the Developmental State Thesis*, M.A. Thesis, Seoul National University, 2017.

Baran, Paul A. and Paul M. Sweezy, *Monopoly Capital: En Essay on the American Economic and Social Order* (New York: Monthly Review Press, 1966).

Basaran, Tugba, Didier Bigo, Emmanuel—Pierre Guittet and R.B.J. Walker (eds.), *International Political Sociology: Transversal Lines* (Abingdon: Routledge, 2017).

Bates, Robert H., *Prosperity & Violence: The Political Economy of Development* (New York: W. W. Norton & Company, 2010).

Bebbington, Anthony, John Farrington, Kate Wellard and David Lewis, *Reluctant Partners? Non—Governmental Organizations, the State and Sustainable Agriculture* (New York: Routledge, 1993).

Beck, Ulrich, *The Cosmopolitan Vision* (Cambridge: Polity, 2006).

Beck, Ulrich, "Redefining the Sociological Project: The Cosmopolitan Challenge," *Sociology* 46(1), 2012.

Berger, Peter and Thomas Luckmann, *The Social Construction of Reality: A Treatise in the Sociology of Knowledge* (New York: Penguin Press, 1967).

Bergman, Annika, "The Co—constitution of Domestic and International Welfare Obligations: The Case of Sweden's Social Democratically Inspired Internationalism," *Cooperation and Conflict* 42(1), 2007.

Berman, Paul, *The Study of Macro and Micro Implementation of Social Policy* (Santa Monica: Rand Corporation, 1978).

Bexell, Magdalena and Ulrika Mörth (eds.), *Democracy and Public—Private Partnerships in Global Governance* (Basingstoke: Palgrave, 2010).

Blank, Robert H. and Shou—Hsia Cheng, "Mixed Governance and Healthcare Finance in East Asian Healthcare Systems," in Ellen Kuhlmann, Robert H. Blank, Ivy Lynn Bourgeault and Claus Wendt (eds.), *The Palgrave International Handbook of Healthcare Policy and Governance* (Basingstoke: Palgrave, 2015).

Bovens, Mark, Robert E. Goodin, and Thomas Shillemans (eds.), *The Oxford Handbook of Public Accountability* (Oxford: Oxford University Press, 2014).

Boyce, James K., "Aid Conditionality as a Tool for Peacebuilding: Opportunities and Constraints," *Development and Change* 33(5), 2002.

Braudel, Fernand, *The Mediterranean and the Mediterranean World in the Age of Philip II* (New York: Harpercollins, 1992).

Brautigam, Deborah, *The Dragon's Gift: The Real Story of China in Africa* (Oxford: Oxford University Press, 2009).

Brech, Viktor and Niklas Potrafke, "Donor Ideology and Types of Foreign Aid," *Journal of Comparative Economics* 42(1), 2014.

Browning, Christopher S., "Branding Nordicity: Models, Identity and the Decline of Exceptionalism," *Cooperation and Conflict* 42(1), 2007.

Bryant, Christopher and David Jary (eds.), *Giddens' Theory of Structuration: A Critical Appreciation* (London: Routledge, 1991).

Bull, Hedley, *The Anarchical Society: A Study of Order in World Politics* (New York: Columbia University Press, 1977).

Bull, Hedley and Adam Watson (eds.), *The Expansion of International Society* (Oxford: Oxford University Press, 1984).

Buntaine, Mark T., "Accountability in Global Governance: Civil Society Claims for Environmental Performance at the World Bank," *International Studies Quarterly* 59(1), 2014.

Burawoy, Michael, "Introduction: Reaching for the Global," in Michael Burawoy, Joseph A. Blum, Sheba George, Zsusa Gille, and Millie Thayer, *Global Ethnography* (Berkeley: University of California Press, 2000).

Burawoy, Michael, "What Is to Be Done? Theses on the Degradation of Social Existence in a Globalizing World," *Current Sociology* 56(3), 2008.

Burnell, Peter, "From Evaluating Democracy Assistance to Appraising Democracy Promotion," *Political Studies* 56(2), 2008.

Buzan, Barry, *An Introduction to the English School of International Politics* (Cambridge: Polity Press, 2014).

Buzan, Barry, *From International to World Society? English School Theory and the Social Structure of Globalisation* (Cambridge: Cambridge University Press, 2004).

Buzan, Barry and Richard Little, "Why International Relations Has Failed as an Intellectual Project and What to Do about It," *Millennium* 30(1), 2001.

Calder, Kent E., *Crisis and Compensation: Public Policy and Political Stability in Japan* (Princeton: Princeton University Press, 1988).

Cardoso, Fernando Henrique and Enzo Faletto, *Dependency and Development in Latin America* (Berkeley: University of California Press, 1979).

Carr, Marilyn, Martha Alter Chen and Jane Tate, "Globalization and Home-Based Workers," *Feminist Economics* 6(3), 2000.

Carroll, Toby and Darryl S. Jarvis (eds.), *Asia after the Developmental State: Disembedding Autonomy* (Cambridge: Cambridge University Press, 2017).

Carter, Becky, "Literature Review on China's Aid," *K4D Helpdesk Report* (Brighton: Institute of Development Studies, 2017).

Castells, Manuel, *The Rise of the Network Society* (Malden: Blackwell Publishers, 1996).

Césaire, Aimé, *Discourse on Colonialism* (New York: Monthly Review

Press, 1972).

Chand, Vikram K., "Democratisation from the Outside in: NGO and International Efforts to Promote Open Elections," *Third World Quarterly* 18(3), 1997.

Chang, Kyung—Sup, *South Korea under Compressed Modernity: Familial Political Economy in Transition* (Abingdon: Routledge, 2010).

Chang, Kyung—Sup, "The End of Developmental Citizenship? Restructuring and Social Displacement in Post—Crisis South Korea," *Economic and Political Weekly* 42(50), 2007.

Chang, Kyung—Sup, *Developmental Liberalism in South Korea: Formation, Degeneration, and Transnationalization* (Basingstoke: Palgrave, 2019).

Chaturvedi, Sachin, Thomas Fues and Elizabeth Sidiropoulos (eds.), Development Cooperation and Emerging Powers: New Partners or Old Patterns? (London: Zed Books, 2012).

Choi, Jin—Wook, "From a Recipient to a Donor State: Achievements and Challenges of Korea's ODA," *International Review of Public Administration* 15(3), 2011.

Chun, Hong—Min, Elijah N. Munyi, and Heejin Lee, "South Korea as an Emerging Donor: Challenges and Changes on its Entering OECD/DAC," *Journal of International Development* 22(6), 2010.

Chung, Soyoon, Young Ho Eom and Heon Joo Jung, "Why Untie Aid? An Empirical Analysis of the Determinants of South Korea's Untied Aid from 2010 to 2013," *Journal of International Development* 28(4), 2015.

Clark, Dana, Jonathan Fox and Kay Treakle (eds.), *Demanding Accountability: Civil—Society Claims and the World Bank Inspection Panel* (Lanham: Rowman & Littlefield, 2003).

Cox, Robert, *Production, Power and World Order* (New York: Columbia

University Press, 1987).

Cox, Robert and Timothy J. Sinclair, *Approaches to World Order* (Cambridge: Cambridge University Press, 1996).

Cumings, Bruce, "Webs with No Spiders, Spiders with No Webs: The Genealogy of the Developmental State," in Meredith Woo–Cumings (ed.), *The Developmental State* (Ithaca: Cornell University Press, 1999).

Darracq, Vincent and Daragh Neville, *South Korea's Engagement in Sub–Saharan Africa: Fortune, Fuel and Frontier Markets* (London: Chatham House, 2014).

De Marchi, Valentina, Elisa Giuliani, and Roberta Rabellotti, "Do Global Value Chains Offer Developing Countries Learning and Innovation Opportunities?" *European Journal of Development Research* 30(3), 2018.

Deacon, Bob, *Global Social Policy & Governance* (London: Sage, 2007).

Deakin, Nicholas, *In Search of Civil Society* (London: Palgrave, 2001).

DFID, *UK Aid: Tackling Global Challenges in the National Interest* (London: DFID, 2015).

Du Bois, W. E. B., *Color and Democracy: Colonies and Peace* (New York: Harcourt, Brace and Co., 1945).

Dugay, Christine, "What does Japan's New Charter Mean for Development?" *Devex*, 27 February 2015.

Dunne, Tim, *Inventing International Society: A History of the English School* (Basingstoke: Palgrave, 1998).

Durkheim, Emile, *The Division of Labor in Society* (New York: Free Press, 2014).

Easterly, William, *The White Man's Burden: Why the West's Efforts to Aid the Rest Have Done So Much Ill and So Little Good* (New York:

Penguin Press, 2006).

Elmore, Richard F., "Backward Mapping: Implementation Research and Policy Decisions," *Political Science Quarterly* 94(4), 1980.

Evans, Peter B., "In Search of the 21st Century Developmental State," *CGPE Working Paper* No. 4 (Brighton: University of Sussex, 2008).

Evans, Peter B. (ed.), *State—Society Synergy: Government and Social Capital in Development* (Berkeley: University of California Press, 1997).

Evans, Peter B., *Embedded Autonomy: States and Industrial Transformation* (Princeton: Princeton University Press, 1995).

Fanon, Frantz, *The Wretched of the Earth* (New York: Grove Press, 1963).

Fanon, Frantz, *Black Skin, White Masks* (New York: Grove Press, 1952).

Farole, Thomas and Deborah Winkler, *Making Foreign Direct Investment Work for Sub—Saharan Africa. Local Spillovers and Competitiveness in Global Value Chains* (Washington, D.C.: World Bank, 2014).

Fox, Jonathan A. and L. David Brown (eds.), *The Struggle for Accountability: The World Bank, NGOs, and Grass—roots Movements* (Cambridge: MIT Press, 1998).

Frank, Andre Gunder, *World Accumulation 1492—1789* (New York: Algora Publishing, 2007).

Fukuyama, Francis, *The Origins of Political Order: From Prehuman Times to the French Revolution* (New York: Farrar, Straus and Giroux, 2011).

Fukuyama, Francis, *Political Order and Political Decay: From the Industrial Revolution to the Globalization of Democracy* (New York: Farrar, Straus and Giroux, 2014).

Gaddis, John Lewis, *Strategies of Containment: A Critical Appraisal of*

American National Security Policy during the Cold War (Oxford: Oxford University Press, 1982).

Gailmard, Sean, "Accountability and Principal—Agent Theory," in Mark Bovens, Robert E. Goodin and Thomas Schillemans (eds.), *The Oxford Handbook of Public Accountability* (Oxford: Oxford University Press, 2014).

Garon, Sheldon, *Molding Japanese Minds: The State in Everyday Life* (Princeton: Princeton University Press, 1997).

George, Vic and Paul Wilding, *Globalization and Human Welfare* (Basingstoke: Palgrave, 2002).

Gereffi, Gary and Joonkoo Lee, "Why the World Suddenly Cares about Global Supply Chains," *Journal of Supply Chain Management* 48(3), 2012.

Giddens, Anthony, *The Constitution of Society: Outline of the Theory of Structuration* (Berkeley: University of California Press, 1984).

Giddens, Anthony, *Central Problems in Social Theory: Action, Structure and Contradiction in Social Analysis* (Berkeley: University of California Press, 1979).

Giddens, Anthony, *The Nation—State and Violence* (Cambridge: Polity Press, 1985).

Giuliani, Elisa, "Multinational Corporations and Patterns of Local Knowledge Transfer in Costa Rican High—Tech Industries," *Development and Change* 39(3), 2008.

Go, Julian and George Lawson (eds.), *Global Historical Sociology* (Cambridge: Cambridge University Press, 2017).

Goetz, Anne Marie and Rob Jenkins, *Reinventing Accountability: Making Democracy Work for Human Development* (Basingstoke: Palgrave Macmillan, 2005).

Goldman, Michael, *Imperial Nature: The World Bank and Struggles for Social Justice in the Age of Globalization* (New Haven: Yale University Press, 2005).

Gordon, Colin, "Governmental Rationality: An Introduction," in Graham Burchell, Colin Gordon, and Peter Miller (eds.), *The Foucault Effect: Studies in Governmentality* (Chicago: University of Chicago, 1991).

Gouldner, Alvin W., *The Coming Crisis of Western Sociology* (New York: Basic Books, 1970).

Government of Sweden, "Policy Framework for Swedish Development Cooperation and Humanitarian Assistance," *Government Communication* 2016/17:60 (Stockholm: Government of Sweden, 14 December 2016).

Grindle, Merilee S., *Going Local: Decentralization, Democratization, and the Promise of Good Governance* (Princeton: Princeton University Press, 2007).

Groves, Leslie and Rachel Hinton (eds.), *Inclusive Aid: Changing Power and Relationships in International Development* (London: Earthscan).

Harriss, John, *Depoliticizing Development: The World Bank and Social Capital* (London: Anthem Press, 2001).

Held, David and Mathias Koenig−Archibugi (eds.), *Global Governance and Public Accountability* (Oxford: Blackwell, 2005).

Held, David, Anthony McGrew, David Goldblatt, and Jonathan Perraton, *Global Transformation* (Cambridge: Polity, 1999).

Helgesson, Karin Svedberg, "Partnerships, Boundary Blurring and Accountable Actorhood," in Magdalena Bexell and Ulrika Mörth (eds.), *Democracy and Public−Private Partnerships in Global Governance* (Basingstoke: Palgrave, 2010).

Heller, Patrick, "Social Capital as a Product of Class Mobilization and State Intervention: Industrial Workers in Kerala, India," *World Development*

24(6), 1996.

Hielscher, Stefan, Jan Winkin, Angela Crack and Ingo Pies, "Saving the Moral Capital of NGOs: Identifying One−Sided and Many−Sided Social Dilemmas in NGO Accountability," *Voluntas* 28(4), 2017.

Hirschman, Albert O., *The Strategy of Economic Development* (New Haven: Yale University Press, 1958).

Hoffman, Stanley, "An American Social Science: IR," in Stanley Hoffman (ed.), *Janus and Minerva: Essays in International Relations* (Boulder: Westview, 1987).

Hsu, Jennifer, "The Developmental State of the Twenty−first Century: Accounting for State and Society," *Third World Quarterly* 39(6), 2017.

Hung, Ho−Fung, *China and the Transformation of Global Capitalism* (Baltimore: Johns Hopkins University Press, 2009).

Huntington, Samuel P., *Political Order in Changing Societies* (New Haven: Yale University Press, 1968).

Hurrell, Andrew, "Order and Justice in International Relations: What is at Stake?" in Rosemary Foot, John Lewis Gaddis, and Andrew Hurrell (eds.), *Order and Justice in International Relations* (Oxford: Oxford University Press, 2003).

Ikenberry, G. John, *Liberal Leviathan: The Origins, Crisis, and Transformation of the American World Order* (Princeton: Princeton University Press, 2011).

Information Office of the State Council, *China's Foreign Aid* (Beijing: The People's Republic of China, 2014).

Ingebritsen, Cristine, "Norm Entrepreneurs: Scandinavia's Roles in World Politics," *Cooperation and Conflict* 37(1), 2002.

Iriye, Akira, "The Internationalization of History," *American Historical Review* 94(1), 1989.

Jackson, Robert, *The Global Covenant: Human Conduct in a World of States* (Oxford: Oxford University Press, 2000).

James, Estelle, *The Nonprofit Sector in International Perspective: Studies in Comparative Culture and Policy* (New York: Oxford University Press, 1989).

Janus, Heiner, Stephan Klingebiel, and Timo Mahn, "How to Shape Develop－ment Cooperation? The Global Partnership and the Development Cooperation Forum." *German Development Institute/ Deutsches Institut für Entwicklungspolitik Briefing Paper*, 2014.

Jha, Abhas K., Jennifer Duyne Barenstein, Priscilla M. Phelps, Daniel Pittet, and Stephen Sena, *Safer Homes, Stronger Communities: A Handbook for Reconstructing after Natural Disasters* (Washington, D. C.: International Bank for Reconstruction and Development/World Bank, 2010).

Johnson, Chalmers, "The Developmental State: Odyssey of a Concept," in Meredith Woo－Cumings (ed.), *The Developmental State* (Ithaca: Cornell University Press, 1999).

Johnson, Chalmers, *MITI and the Japanese Miracle: The Growth of Industrial Policy, 1925－1975* (Stanford: Stanford University Press, 1982).

Kalinowski, Thomas and Hyekyung Cho, "Korea's Search for a Global Role between Hard Economic Interests and Soft Power," *European Journal of Development Research* 24, 2012.

Kalinowski, Thomas and Minjoung Park, "South Korean Development Cooperation in Africa: The Legacy of a Developmental State," *Africa Spectrum* 51(3), 2016.

Kendall, Jeremy, *The Voluntary Sector: Comparative Perspectives in the UK* (London: Routledge, 2003).

Keohane, Robert O. (ed.), *Neorealism and Its Critics* (New York: Columbia University Press, 1986).

Keohane, Robert and Helen Milner (eds.), *Internationalization and Domestic Politics* (Cambridge: Cambridge University Press, 1996).

Killick, Tony, Ramani Gunatilaka and Ana Marr, *Aid and the Political Economy of Policy Change* (London: Routledge, 1998).

Kim, Eun Mee, *Big Business, Strong State: Collusion and Conflict in South Korean Development, 1960–1990* (Albany: State University of New York Press, 1997).

Kim, Eun Mee, Pil Ho Kim, and Jinkyung Kim, "From Development to Development Cooperation: Foreign Aid, Country Ownership and the Developmental State in South Korea," *Pacific Review* 26, 2013.

Kim, Eun Mee and Jae Eun Lee, "Busan and Beyond: South Korea and the Transition from Aid Effectiveness to Development Effectiveness," *Journal of International Development* 25(6), 2013.

Kim, Eun Mee and Jinhwan Oh, "Determinants of Foreign Aid: The Case of South Korea," *Journal of East Asian Studies* 12(2), 2012.

Kim, Jiyoung, "Foreign Aid and Economic Development: The Success Story of South Korea," *Pacific Focus* 26(2), 2011.

Kim, Soyeun and Hanee Kang, "Young and Dynamic? The Curious Case of Korea's National Level Post-2015 Process," *Journal of International Development* 27(6), 2015.

Kim, Sung–Mi, "The Domestic Politics of International Development in South Korea: Stakeholders and Competing Policy Discourses," *The Pacific Review* 29(1), 2016.

Kim, Taekyoon, "Reconsidering Korea's Aid Policies in the New Era of the 2030 Agenda for Sustainable Development: In Search of Transformative and Strategic 4Governance for Development Effectiveness," *Journal of*

Contemporary Korean Studies 4(1), 2017.

Kim, Taekyoon, "Towards a Transformative Global Partnership for a Post—2015 Development Era." Issue Brief for the 2015 UNDCF High—level Symposium in Incheon, Republic of Korea, April 2015.

Kim, Taekyoon, "Translating Foreign Aid Policy Locally: South Korea's Modernization Process Revisited," *Asian Perspective* 37(3), 2013.

Kim, Taekyoon, "Social Construction of Welfare Control: A Sociological Reviwe on State—Voluntary Sector Links in Korea," *International Sociology* 23(6), 2008.

Kim, Taekyoon, Huck—Ju Kwon, Jooha Lee and Ilcheong Yi, "Poverty, Inequality, and Democracy: "Mixed Governance" and Welfare in South Korea," *Journal of Democracy* 22(3), 2011.

Kim, Taekyoon and Sojin Lim, "Forging Soft Accountability in Unlikely Settings: A Conceptual Analysis of Mutual Accountability in the Context of South—South Cooperation," *Global Governance* 23(2), 2017.

Knapp, Michael S. and Susan B. Feldman, "Managing the Intersection of Internal and External Accountability: Challenge for Urban School Leadership in the United States," *Journal of Educational Administration* 50(5), 2012.

Kohli, Atul, *State—Directed Development: Political Power and Industrialization in the Global Periphery* (New York: Cambridge University Press, 2004).

Kwon, Huck—Ju, "Advocacy Coalition and Health Policy in Korea," *Social Policy Administration* 41(1), 2007.

Kwon, Huck—Ju, and Min Gyo Koo (eds.), *The Korean Government and Public Policies in a Development Nexus, Volume 1* (Cham: Springer, 2014).

Lam, Wai Fung, "Institutional Design of Public Agencies and Coproduction: A Study of Irrigation Associations in Taiwan," *World Development* 24(6), 1996.

Lamy, Steven L., John S. Masker, John Baylis, Steve Smith, and Patricia Owens, *Introduction to World Politics* (Oxford: Oxford University Press, 2017).

Lawler, Peter, "Janus−Faced Solidarity: Danish Internationalism Reconsidered," *Cooperation and Conflict* 42(1), 2007.

Lee, Christopher J., "Introduction − Between a Moment and an Era: The Origins and Afterlives of Bandung," in Christopher J. Lee (ed.), *Making a Wolrd after Empire: The Bandung Moment and its Political Afterlives* (Athens: Ohio University Press, 2010).

Lee, Geun, "A Theory of Soft Power and Korea's Soft Power Strategy," *Korean Journal of Defense Analysis* 21(2), 2009.

Lee, Jooha and Taekyoon Kim, "Social Politics of Welfare Reforms in Korea and Japan: A New Way of Mobilising Power Resources," *Voluntas* 30(2), 2019.

Lee, Joonkoo and Hyun−Chin Lim, *Mobile Asia: Capitalism, Value Chains and Mobile Telecommunication in Asia* (Seoul: Seoul National University Press, 2018).

Lee, Kye Woo, "Do Emerging Donors Allocate Aid as DAC Members Do? The Case of Korea in the Millennium Era," *Journal of International Development* 24(8), 2012.

Lewis, David, *Non−Governmental Organizations, Management and Development* (Abingdon: Routledge, 2014).

Lewis, David and Nazneen Kanji, *Non−Governmental Organizations and Development* (Abingdon: Routledge, 2009).

Lipsky, Michael, *Street−Level Bureaucracy: Dilemmas of the Individual in Public Services* (New York: Russell Sage Foundation, 2010).

Lumsdaine, David Halloran, *Moral Vision in International Politics: The Foreign Aid Regime, 1949−1989* (Princeton: Princeton University Press, 1993).

Mahoney, James and Dietrich Rueschemeyer (eds.), *Comparative Historical Analysis in the Social Sciences* (Cambridge: Cambridge University Press, 2003).

Magubane, Zine, "Following "the Deeds of Men": Race, "the Global," and International Relations," in Julian Go and George Lawson (eds.), *Global Historical Sociology* (Cambridge: Cambridge University Press, 2017).

Mann, Michael, *The Sources of Social Power Volume 4: Globalization, 1945−2011* (Cambridge: Cambridge University Press, 2014).

Manning, Carrie and Monica Malbrough, "Bilateral Donors and Aid Conditionality in Post−Conflict Peacebuilding: The Case of Mozambique," *Journal of Modern African Studies* 48(1), 2010.

Marx, Axel and Jadir Soares, "South Korea's Transition from Recipient to DAC Donor: Assessing Korea's Development Cooperation Policy," *International Development Policy* 4(2), 2013.

Matland, Richard E., "Synthesizing the Implementation Literature: The Ambiguity−Conflict Model of Policy Implementation," *Journal of Public Administration Research and Theory* 5(2), 1995.

McAdam, Doug, John D. McCarthy, and Mayer N. Zald (eds.), *Comparative Perspectives on Social Movements: Political Opportunities, Mobilizing Structures, and Cultural Framings* (Cambridge: Cambridge University Press, 1996).

McKinlay, Alan and Philip Taylor, *Foucault, Governmentality and Organization: Inside the Factory of the Future* (New York: Routledge,

2014).

Memmi, Albert, *The Colonizer and the Colonized* (Boston: Beacon Press, 1965).

Meyer, John W. and Brian Rowan, "Institutionalized Organizations: Formal Structure as Myth and Ceremony," *American Journal of Sociology* 83(2), 1977.

Milner, Helen and Dustin Tingley, "The Domestic Politics of Foreign Aid: American Legislators and the Politics of Donor Countries," *Economics and Politics* 22(2), 2010.

Moncrieffe, Joy, *Relational Accountability: Complexities of Structural Injustice* (London: Zed Books, 2011).

Moore, Barrington Jr., *Social Origins of Dictatorship and Democracy: Lord and Peasant in the Making of the Modern World* (Boston: Beacon Press, 1966).

Moore, Mick, "Between Coercion and Contract: Competing Narratives on Taxation and Governance," in Deborah Bräutigam, Odd–Helge Fjeldstad and Mick Moore (eds.), *Taxation and State–Building in Developing Countries: Capacity and Consent* (Cambridge: Cambridge University Press, 2008).

Murphy, Craig N., *International Organization and Industrial Change: Global Governance Since 1850* (Cambridge: Polity, 2004).

Muscat, Robert J., *Investing in Peace: How Development Aid Can Prevent or Promote Conflict* (Abingdon: Routledge, 2015).

Myrdal, Gunnar, "What is Development?" *Journal of Economic Issues* 8(4), 1974.

Nauta, Wiebe and Tae–Joo Lee, "South Korean Civic Actors in Rwanda: Promoting Rural Development and an Emerging Civil Society in Contexts Controlled by the State," in Arndt Graf and Azirah

Hashim (eds.), *African—Asian Encounters: New Cooperations and New Dependencies* (Amsterdam: Amsterdam University Press, 2018).

Nederveen Pieterse, Jan, *Development Theory: Deconstructions/ Reconstructions* (London: Sage, 2010).

Nederveen Pieterse, Jan, "The Development of Development Theory: Towards Critical Globalism," *Review of International Political Economy* 3(4), 1996.

Nisbet, Robert, *Social Change and History: Aspects of the Western Theory of Development* (New York: Oxford University Press, 1969).

Noël, Alain and Jean—Philippe Thérien, "From Domestic to International Justice: The Welfare State and Foreign Aid," *International Organization* 49(3), 1995.

North, Douglass C., *Institutions, Institutional Change and Economic Performance* (Cambridge: Cambridge University Press, 1990).

Nurkse, Ragnar, *Problems of Capital Formation in Underdeveloped Countries* (Oxford: Blackwell, 1955).

Nye, Joseph S., *Soft Power: The Means to Success in World Politics* (New York: PublicAffairs, 2004).

OECD DAC, *Measuring Total Official Support for Sustainable Development* (Paris: OECD, 2015).

OECD, *OECD Development Cooperation Peer Review: Korea 2018* (Paris: OECD Publishing, 2018).

OECD, *Korea: Development Cooperation Committee (DAC) Peer Review 2012* (Paris: OECD Publishing, 2012).

Offe, Claus, *Contradictions of the Welfare State* (Cambridge: MIT Press, 1984).

Okihiro, Gary Y., *Third World Studies: Theorizing Liberation* (Durham: Duke University Press, 2016).

Olson, Mancur, *The Logic of Collective Action: Public Goods and the Theory of Groups* (Cambridge: Harvard University Press, 1965).

Omoteso, Kamil and Hakeem Yusuf, "Accountability of Transnational Corporations in the Developing World," *Critical Perspectives on International Business* 13(1), 2017.

Ostrom, Elinor, "Crossing the Great Divide: Coproduction, Synergy, and Development," *World Development* 24(2), 1996.

Ostrom, Elinor, *Governing the Commons: The Evolution of Institutions for Collective Action* (Cambridge: Cambridge University Press, 1990).

Padmore, George, *Pan−Africanism or Communism? The Coming Struggle for Africa* (New York: Doubleday Anchor, 1972).

Palan, Ronen. "The New Dependency Theory." *New Left Project*, 9 January 2013.

http://www.newleftproject.org/index.php/site/article_comments/the_ne w_dependency_theory (accessed 3 July 2019).

Parsons, Talcott, *The Social System* (Glencoe: The Free Press, 1951).

Patil, Vrushali, "Sex, Gender, and Sexuality in Colonial Modernity: Towards a Sociology of Webbed Connectivities," in Julian Go and George Lawson (eds.), *Global Historical Sociology* (Cambridge: Cambridge University Press, 2017).

Paul, T. V. (ed.), *The China−India Rivalry in the Globalization Era* (Washington, D.C.: Georgetown University Press, 2018).

Peet, Richard, *Unholy Trinity: The IMF, World Bank and WTO* (London: Zed Books, 2010).

Peruzzotti, Enrique, "Civil Society, Representation, and Accountability: Restating Current Debates on the Representativeness and Accountability of Civic Associations," in Lisa Jordan and Peter Van Tuiji (eds.), *NGO Accountability: Politics, Principles and Innovations* (London: Earthscan,

2007).

Petersson, Fredrik, "Hub of the Anti—Imperialist Movement: The League Against Imperialism and Berlin, 1927—1933," *Interventions: International Journal of Postcolonial Studies* 16(1), 2014.

Phạm, Quỳnh N. and Robbie Shilliam, "Reviving Bandung," in Quỳnh N. Phạmand Robbie Shilliam (eds.), *Meanings of Bandung: Postcolonial Orders and Decolonial Visions* (London: Rowman & Littlefield, 2016).

Pirie, Iain, *The Korean Developmental State: From Dirigisme to Neo—Liberalism* (Abingdon: Routledge, 2008).

Pirie, Iain, "The New Korean State," *New Political Economy* 10(1), 2005.

Pempel, T. J., "The Developmental Regime in a Changing World Economy," in Meredith Woo—Cumings (ed.), *The Developmental State* (Ithaca: Cornell University Press, 1999).

Poggi, Gianfranco, *The Development of the Modern State: A Sociological Introduction* (Stanford: Stanford University Press, 1978).

Pomeranz, Kenneth, *The Great Divergence: China, Europe and the Making of the Modern World Economy* (Princeton: Princeton University Press, 2000).

Powell, Walter W. and Paul J. DiMaggio (eds.), *The New Institutionalism in Organizational Analysis* (Chicago: University of Chicago Press, 1991).

Prashad, Vijay, *The Poorer Nations: A Possible History of the Global South* (New York: Verso, 2012).

Prashad, Vijay, *The Darker Nations: A People's History of the Third World* (New York: New Press, 2007).

Preston, P. W., *Theories of Development* (Abingdon: Routledge, 1982).

Rapley, John, *Understanding Development: Theory and Practice in the*

Third World (Boulder: Lynne Rienner, 2007).

Riddell, Roger C., *Does Foreign Aid Really Work?* (Oxford: Oxford University Press, 2007).

Ringen, Stein, Huck—Ju Kwon, Ilcheong Yi, Taekyoon Kim and Jooha Lee, *The Korean State and Social Policy: How South Korea Lifted Itself from Poverty and Dictatorship to Affluence and Democracy* (New York: Oxford University Press, 2011).

Rosenstein—Rodan, Paul N. "The International Development of Economically Backward Areas," *International Affairs* 20(2), 1944.

Rothstein, Bo, *Just Institutions Matter: The Moral and Political Logic of the Universal Welfare State* (Cambridge: Cambridge University Press, 1998).

Roy, Ewan, "What are the Biggest Challenges of Managing Global Supply Chains?" *Trade Ready*, 31 March 2017. http://www.tradeready.ca/2017/topics/supply—chain—management/bi ggest—challenges—managing—global—supply—chains/ (accessed 2 July 2019).

Sabaticr, Paul, "An Advocay Coalition Framework of Policy Change and the Role of Policy—Oriented Learning Therein," *Policy Sciences* 21(2/3), 1988.

Sabatier, Paul and Daniel Mazmanian, "The Implementation of Public Policy: A Framework of Analysis," *Policy Studies Journal* 8(4), 1980.

Sabatier, Paul and Christopher M. Weible (eds.), *Theories of the Policy Process* (Boulder: Westview Press, 2014).

Salamon, Lester, *Partners in Public Services: Government—Nonprofit Relations in the Modern Welfare State* (Baltimore: Johns Hopkins University Press, 1995).

Sartre, Jean—Paul, *Black Orpheus* (New York: French & European

Publications, 1948).

Sassen, Saskia, *A Sociology of Globalization* (New York: W. W. Norton & Company, 2007).

Scharpf, Fritz W., *Governing in Europe: Effective and Democratic?* (Oxford: Oxford University Press, 1999).

Schraeder, Peter J., Steven W. Hook and Bruce Taylor, "Clarifying the Foreign Aid Puzzle: A Comparison of American, Japanese, French and Swedish Aid Flows," *World Politics: A Quarterly Journal of International Relations* 50(2), 1998.

Searle, John, *Making the Social World: The Structure of Human Civilization* (New York: Oxford University Press, 2010).

Sen, Amartya, *Development as Freedom* (Oxford: Oxford University Press, 1999).

Shihata, Ibrahim F. I., *The World Bank Inspection Panel: In Practice* (Washington, D.C.: World Bank, 2000).

Shilliam, Robbie, "The Perilous but Unavoidable Terrain of the Non−West," in Robbie Shilliam (ed.), *International Relations and Non−Western Thought* (London: Routledge, 2011).

Singham, A. W. and Shirley Hume, *Non−Alignment in an Age of Alignment* (London: Zed Books, 1986).

Singh, Jewellord T. Nem and Jesse Salah Ovadia (eds.), *Developmental States beyond East Asia* (Abingdon: Routledge, 2019).

Smith, Brian, "Non−Governmental Organisations in International Development: Trends and Future Research Priorities," *Voluntas* 4(3), 1993.

Smith, Brian H., *More Than Altruism: The Politics of Private Foreign Aid* (Princeton: Princeton University Press, 1990).

Sohn, Hyuk−Sang, Sungsik Ahn and Jiyoung Hong, "What Matters in

Determining Korean ODA Allocation: An Empirical Analysis of Bilateral Aid since 1991," *Korean Political Science Review* 45(6), 2011.

Sohn, Hyuk−Sang and Nari Yoo, "Motivation for Aid Allocation and Political Ideology: A Case Study of South Korea," *Pacific Focus* 30(3), 2015.

South Commission, *The Challenge of the South: The Report of the South Commission* (New York: Oxford University Press, 1990).

Stallings, Barbara and Eun Mee Kim, *Promoting Development: The Political Economy of East Asian Foreign Aid* (Basingstoke: Palgrave, 2017).

Steets, Julia, *Accountability in Public Policy Partnerships* (Basingstoke: Palgrave Macmillan, 2010).

Stewart, Rory and Gerald Knaus, *Can Intervention Work?* (New York; W. W. Norton & Company, 2011).

Stuenkel, Oliver, *The BRICS and the Future of Global Order* (London: Lexington Books, 2015).

Thelen, Kathleen and Sven Steinmo, "Historical Institutionalism in Comparative Politics," in Sven Steinmo, Kathleen Thelen and Frank Longstreth (eds.), *Structuring Politics: Historical Institutionalism in Comparative Analysis* (Cambridge: Cambridge University Press, 1992).

Thérien, Jean−Philippe, "Debating Foreign Aid: Right versus Left," *Third World Quarterly* 23(3), 2002.

Thérien, Jean−Philippe and Alain Noël, "Political Parties and Foreign Aid," *American Political Science Review* 94(1), 2000.

Tilley, Helen, *The Political Economy of Aid and Accountability: The Rise and Fall of Budget Support in Tanzania* (Abingdon: Routledge, 2014).

Tilly, Charles, *Coercion, Capital and European States, AD 990−1992*

(Oxford: Blackwell, 1990).

Tingley, Dustin, "Donors and Domestic Politics: Political Influences on Foreign Aid Effort," *Quarterly Review of Economics and Finance* 50(1), 2010.

Trent, Deborah L., "NGO Accountability from an NGO Perspective: Perceptions, Strategies and Practices," *Public Administration and Development* 36(4), 2016.

United Nations, *Who Will Be Accountable? Human Rights and the Post−2015 Development Agenda* (New York: United Nations, 2013).

United Nations, *Transforming Our World: The 2030 Agenda for Sustainable Development* (A/RES/70/1) (New York: United Nations, 2015).

Utting, Peter (ed.), *Social and Solidarity Economy: Beyond the Fringe?* (London: Zed Books, 2015).

van Wolferen, Karel, *The Enigma of Japanese Power: People and Politics in a Stateless Nation* (New York: Vintage Books, 1989).

Wade, Robert, *Governing the Market: Economic Theory and the Role of Government in East Asian Industrialization* (Princeton: Princeton University Press, 1990).

Waever, Ole, "The Sociology of a Not So International Discipline," *International Organization* 52(4), 1998.

Wallerstein, Immanuel, *The Modern World−System IV: Centrist Liberalism Triumphant, 1789−1914* (Berkeley: University of California Press, 2011).

Wallerstein, Immanual, "Semi−Peripheral Countries and the Contemporary World Crisis," *Theory and Society* 3(4), 1976.

Ware, Alan, *Between Profit and State: Intermediate Organizations in Britain and the United States* (Cambridge: Polity Press, 1989).

Walter, Andrew and Xiaoke Zhang, *East Asian Capitalism: Diversity, Continuity and Change* (Oxford: Oxford University Press, 2012).

Watson, Adam, *The Evolution of International Society: A Comparative Historical Analysis* (Abingdon: Routledge, 1991).

Watson, Iain, *Foreign Aid and Emerging Powers: Asian Perspectives on Official Development Assistance* (Abingdon: Routledge, 2014).

Weaver, Catherine, *Hypocrisy Trap: The World Bank and the Poverty of Reform* (Princeton: Princeton University Press, 2008).

Weiss, Linda, "Developmental States in Transition: Adapting, Dismantling, Innovating, Not 'Normalizing'," *Pacific Review* 13, 2000.

Wendt, Alexander, *Social Theory of International Politics* (Cambridge: Cambridge University Press, 1999).

Wendt, Alexander, "Anarchy is What States Make of It: The Social Construction of Power Politics," *International Organization* 46(2), 1992.

Wight, Martin, *International Theory: The Three Traditions* (London: Leicester University Press, 1991).

Williams, Michelle, "Rethinking the Developmental State in the Twenty—First Century," in Michelle Williams (ed.), *The End of the Developmental State* (Abingdon: Routledge, 2014).

Williams, Oliver F., C. S. C., *Sustainable Development: The UN Millennium Development Goals, the UN Global Compact, and the Common Good* (Notre Dame: University of Notre Dame Press, 2008).

Woo—Cumings, Meredith, "Introduction: Chalmers Johnson and the Politics of Nationalism and Development," in Meredith Woo—Cumings (ed.), *The Developmental State* (Ithaca: Cornell University Press, 1999).

Woods, Ngaire, "Multilateralism and Building Stronger International

Institutions," in Alnoor Ebrahim and Edward Weisband (eds.), *Global Accountabilities: Participation, Pluralism and Public Ethics* (Cambridge: Cambridge University Press, 2007).

Woods, Ngaire, "Making the IMF and the World Bank More Accountable," *International Affairs* 77(1), 2001.

World Bank, *The East Asian Miracle: Economic Growth and Public Policy* (Washington, D.C.: International Bank for Reconstruction and Development, 1993).

Worsley, Peter, *The Third World: Culture and World Development* (London: Weidenfeld and Nicholson, 1964).

Wright, Richard, *White Man Listen!* (New York: Perennial, 1957).

Yi, Ilcheong, and Thandika Mkandawire (eds.), *Learning from the South Korean Developmental Success: Effective Developmental Cooperation and Synergistic Institutions and Policies* (Basingstoke: Palgrave, 2014).

Yi, Ilcheong, Hyuk−Sang Sohn and Taekyoon Kim, "Synergistic Interactions between Social Policy and SSEs in Developing Countries: Interfaces in Discourse and Practice," *Development and Society* 47(2), 2018a.

Yi, Ilcheong, Hyuk−Sang Sohn and Taekyoon Kim, "A Critical Review of Alternative Pathways to New Social Policy in the Developmental Context," *Korea Social Policy Review* 25(2), 2018b.

Zoellick, Robert, *The End of the Third World? Modernizing Multilateralism for a Multipolar World* (Washington, D.C.: World Bank, 2010).

사항색인

저자약력

김태균

서울대학교 사회학과와 같은 대학교 국제대학원을 졸업하고, 영국 옥스퍼드대학교와 미국 존스홉킨스대학 고등국제관계대학원(SAIS)에서 각각 사회정책학, 국제관계학 박사학위를 받았다. 프랑스 파리4대학(소르본) 방문교수(2009), 일본 와세다대학교 고등 연구소 조교수(2008~2011), 이화여자대학교 행정학과 조교수(2011~2012)를 거쳐 현재 서울대학교 국제대학원 교수 및 부원장으로 재직 중이다. 주요 연구분야는 국제개발학, 평화학, 국제정치사회학, 글로벌 거버넌스이며, 최근 저서인 『대항적 공존: 글로벌 책무성의 아시아적 재생산』(서울대학교출판문화원, 2018)이 2019년도 대한민국 학술원 우수학술도서로 선정된 바 있다. 공저로는 *The Korean State and Social Policy: How South Korea Lifted Itself from Poverty and Dictatorship to Affluence and Democracy* (Oxford University Press, 2011), 『북한의 역량발전을 위한 국제협력 방안』(통일연구원, 2012), 『어서와요 노동존중 CSR: 세계의 공장화 시대, 위태로운 노동시민권을 지켜주는 기업』(해피스토리, 2017) 등 다수가 있고, "Forging Soft Accountability in Unlikely Settings: A Conceptual Analysis of Mutual Accountability in the Context of South–South Cooperation" [Global Governance 23(2), 2017], "Poverty, Inequality, and Democracy: "Mixed Governance" and Welfare in South Korea" [Journal of Democracy 22(3), 2011], "개발원조의 인식론적 전환을 위한 국제사회론: 국익과 인도주의의 이분법을 넘어서"[『한국정치학회보』 50(1), 2016], "반둥이후: 제3세계론의 쇠퇴와 남남협력의 정치세력화"[『국제정치논총』 58(3), 2018] 등 다수의 논문이 있다.

연세빈곤문제연구총서 9

한국비판국제개발론: 국제開發의 發展적 성찰

초판발행   2019년 8월 30일

지은이   김태균
펴낸이   안종만·안상준

편 집   이승현
기획/마케팅   손준호
표지디자인   조아라
제 작   우인도·고철민

펴낸곳   (주) **박영사**
             서울특별시 종로구 새문안로3길 36, 1601
             등록 1959. 3. 11. 제300-1959-1호(倫)

전 화   02)733-6771
f a x   02)736-4818
e-mail   pys@pybook.co.kr
homepage   www.pybook.co.kr
ISBN   979-11-303-0803-6   93350

* 잘못된 책은 바꿔드립니다. 본서의 무단복제행위를 금합니다.
* 저자와 협의하여 인지첩부를 생략합니다.

정 가   19,000원

본 연구는 정부의 재원으로 한국연구재단의 지원을 받아 수행된 연구임
(NRF-2016S1A5B8925203).